LIVROS SAPIENCIAIS
E POÉTICOS

Dados Internacionais de Catalogação na Publicação (CIP)
(Câmara Brasileira do Livro, SP, Brasil)

Lorenzin, Tiziano
　　Livros Sapienciais e Poéticos / Tiziano Lorenzin ; tradução de Francisco Morás. – Petrópolis, RJ : Vozes, 2020. – (Introdução aos Estudos Bíblicos)
　　Título original: Esperti in umanità – Introduzione ai libri sapienziali e poetici.
　　ISBN 978-85-326-6306-1
　　1. Bíblia – Interpretação 2. Bíblia – Estudo e ensino 3. Sabedoria – Ensino bíblico 4. Bíblia. A.T. Livros Sapienciais – Crítica e interpretação
　　I. Título. II. Série.

19-29777　　　　　　　　　　　　　　　　　　　　　　　CDD-223

Índices para catálogo sistemático:
1. Livros Poéticos : Bíblia : Estudo e ensino 223

Iolanda Rodrigues Biode – Bibliotecária – CRB-8/10014

LIVROS SAPIENCIAIS E POÉTICOS

TIZIANO LORENZIN

INTRODUÇÃO AOS ESTUDOS BÍBLICOS

Tradução de Francisco Morás

EDITORA VOZES

Petrópolis

© 2013 Editrice ELLEDICI

Título do original em italiano: *Esperti in umanità – Introduzione ai libri sapienziali e poetici*

Direitos de publicação em língua portuguesa – Brasil:
2020, Editora Vozes Ltda.
Rua Frei Luís, 100
25689-900 Petrópolis, RJ
www.vozes.com.br
Brasil

Todos os direitos reservados. Nenhuma parte desta obra poderá ser reproduzida ou transmitida por qualquer forma e/ou quaisquer meios (eletrônico ou mecânico, incluindo fotocópia e gravação) ou arquivada em qualquer sistema ou banco de dados sem permissão escrita da editora.

CONSELHO EDITORIAL

Diretor
Gilberto Gonçalves Garcia

Editores
Aline dos Santos Carneiro
Edrian Josué Pasini
Marilac Loraine Oleniki
Welder Lancieri Marchini

Conselheiros
Francisco Morás
Ludovico Garmus
Teobaldo Heidemann
Volney J. Berkenbrock

Secretário executivo
João Batista Kreuch

Editoração: Leonardo A.R.T. dos Santos
Diagramação: Sheilandre Desenv. Gráfico
Revisão gráfica: Alessandra Karl
Capa: Editora Sacerdotal

ISBN 978-85-326-6306-1 (Brasil)
ISBN 978-88-01-04710-3 (Itália)

Editado conforme o novo acordo ortográfico.

Este livro foi composto e impresso pela Editora Vozes Ltda.

Sumário

Apresentação da coleção original italiana, 7

Introdução à literatura sapiencial, 11

Provérbios, 35

Jó, 63

Eclesiastes (ou Coélet), 91

Eclesiástico (ou Sirácida), 114

Livro da Sabedoria, 147

A literatura sapiencial e a teologia, 175

O Livro dos Salmos, 185

Cântico dos Cânticos, 249

Índice, 269

Apresentação da coleção original italiana
Manuais de introdução à Escritura

Em continuação ideal com *Il Messaggio della Salvezza* [A mensagem da salvação] e *Logos* [Logos], coleções que marcaram a divulgação e a formação bíblica nos estudos teológicos italianos depois do Concílio Vaticano II, em 2010 um grupo de biblistas decidiu, de comum acordo com a Editora Elledici, proceder à elaboração de um novo projeto. Nasce assim esta série de volumes, intitulada *Graphé – Manuais de Introdução à Escritura*. O vocábulo grego *"graphé"* indica, como termo técnico, aquilo que chamamos a "Escritura": com efeito, no Novo Testamento é comumente empregado, junto com o plural *"graphái"* [Escrituras], para indicar a coleção dos livros sagrados da tradição hebraica, aceitos também pela comunidade cristã e integrados com as novas obras dos apóstolos, centradas em Jesus Cristo. Além do título, evocativo do ambiente das origens cristãs, o subtítulo esclarece de que se trata.

O objetivo visado pelo projeto é o de propor um curso completo de estudos bíblicos básicos, fornecendo manuais úteis para os cursos bíblicos nas faculdades de teologia, nos seminários e demais institutos. Não se trata, portanto, de pesquisas novas sobre assuntos particulares, mas do enquadramento global da matéria, proposto de maneira séria e acadêmica aos estudantes que iniciam o estudo da Sagrada Escritura. Faltam também ensaios de exegese específica, porque estes são deixados à iniciativa particular dos docentes, que, assim, dentro da lição frontal, podem inserir os aprofundamentos sobre a base introdutória oferecida por estes volumes.

Os autores dos vários volumes são biblistas italianos, comprometidos há anos no ensino da específica disciplina que apresentam: por isso, podem mais facilmente dirigir-se de modo realista aos efetivos destinatários da obra e propor assim, de maneira orgânica, cursos já realizados e, portanto, efetivamente realizáveis nos atuais planos de estudo.

O plano da obra prevê dez volumes com a divisão da matéria segundo os habituais módulos acadêmicos. Determinam a moldura do conjunto o primeiro volume, dedicado à introdução geral, e o décimo, que oferecerá algumas linhas de teologia bíblica. Dos outros volumes, quatro tratam dos livros do Antigo Testamento (Pentateuco, Livros Históricos, Livros Sapienciais e Poéticos, Livros Proféticos) e quatro introduzem o Novo Testamento (Evangelhos sinóticos e Atos dos Apóstolos, cartas de Paulo, literatura paulina e cartas católicas, literatura joanina).

Cada volume procura apresentar de maneira clara o quadro global de referência para as várias seções bíblicas, propondo o estado atual da pesquisa. De maneira geral, as componentes constantes de cada tomo são: a introdução geral aos problemas da seção, depois a introdução a cada livro segundo a sucessão considerada escolasticamente mais útil e, por fim, o tratado dos temas teológicos importantes, mais ou menos transversais às várias obras do setor.

A articulação das introduções aos diversos livros varia necessariamente segundo o tipo de volume; mas um elemento é constante e constitui a parte mais original desta coleção: trata-se de um *guia à leitura*, no qual o autor acompanha o leitor através de todo o texto, mostrando suas articulações, seus problemas e seus desenvolvimentos. Longe de ser um simples resumo, constitui uma concreta introdução ao conteúdo e aos problemas de todo o livro, com a possibilidade de apresentar o conjunto do texto literário para fazer que o estudante capte a maneira em que o texto se desenvolve.

O estilo dos textos é intencionalmente simples e claro na exposição, sem períodos demasiadamente longos e complexos, com um uso moderado de termos técnicos e raros, explicados e motivados caso por caso. As palavras em língua original, hebraica e grega, são propostas sempre em transliteração e o recurso a elas é limitado ao estritamente indispensável: a transliteração e a acentuação dos termos gregos e hebraicos respondem unicamente à exigência de legibilidade para aqueles que não conhecem adequadamente tais línguas, sem contudo comprometer o reconhecimento dos termos para os competentes. Onde, por necessidade, se usarem termos estrangeiros, sobretudo alemães, oferece-se a tradução; da mesma forma, as notas de rodapé são muitíssimo limitadas e usadas só para oferecer o indispensável documento daquilo que é afirmado no texto. Para facilitar a leitura, o conteúdo é organizado em parágrafos não excessivamente longos e é marcado por numerosos pequenos títulos que ajudam a seguir a argumentação.

Em cada volume estão presentes algumas seções de bibliografia comentada, onde se apresenta – sem as indevidas exigências de exaustividade – o que é disponível no mercado atual sobre o tema tratado. Durante o tratado, porém, as referências bibliográficas são o mais possível limitadas a algum envio significativo ou circunscrito, não presente na bibliografia posterior.

Há milênios, a Escritura é testemunha do encontro entre a Palavra de Deus viva e gerações de crentes que nesses livros encontraram motivos e alimento para sua caminhada. Esta coleção quer pôr-se hoje a serviço desse encontro sempre renovado e renovável. Aos que hoje, no século XXI, pretendem pôr-se à escuta daquele que, através desses testemunhos escritos, continua a se manifestar, estes volumes querem oferecer os conhecimentos (históricos, literários, teológicos) adequados para fazê-lo. E, ao mesmo tempo, são dirigidos também a quem não considera a inspiração mais alta, para que possam experimentar o valor dos testemunhos fiéis que a Bíblia contém e confrontá-los com as perguntas e as opções de seu pessoal itinerário de vida.

Claudio Doglio
Germano Galvagno
Michelangelo Priotto

Introdução à literatura sapiencial

Tanto os livros da tradição sapiencial (Pr, Jó, Ecl, Eclo e Sb) quanto os livros mais emblemáticos da poesia hebraica (Sl e Ct) representam um lugar de *releitura* do caminho da história da salvação que se desenvolve nas outras partes do Antigo Testamento, em particular no Pentateuco e nos Profetas.

No Pentateuco (ou Torá), Israel reconhece os textos fundadores da própria experiência de povo de Deus, partindo das origens (os patriarcas), continuando com a libertação da escravidão do Egito, através do caminho do deserto até a terra prometida e a entrada na mesma. Nesses textos Deus se revela como criador, libertador, salvador; como aquele que entra na história dos homens para transformá-la numa história de salvação.

Os Profetas (*Nebí'ím*) são "aqueles que enxergam mais longe", porque observam o hoje do alto com o olho de Deus, reconhecendo a sua ação nos fatos da história presente. Eles falam em nome dele, convidando o povo à conversão.

Os livros que examinaremos representam uma ulterior seção do Antigo Testamento e são colocados na terceira parte das Escrituras hebraicas, a dos "Escritos" (*Ketubím*). Essa seção oferece elementos de síntese, visto que esses livros representam uma reflexão sobre o homem inserido na criação (cf. Gn 1–11) e na cotidianidade de sua existência e de sua relação com Deus. A vida do homem é fragmentada, dispersa, aparentemente insignificante. A sabedoria revela seu sentido, lhe dá unidade, reconhece nela a presença de Deus. O Deus que fala por meio dos *profetas* e está presente no Templo e na Torá (zelada e anunciada pelos *sacerdotes*) é igualmente o Senhor da vida cotidiana e responde às perguntas dos homens mediante os *sábios* por ele inspirados. Profetas, sacerdotes e sábios são para Jeremias as três instituições fundamentais de Israel: "Não faltará ensinamento ao sacerdote, nem conselho ao sábio, nem a palavra ao profeta" (Jr 18,18). Os textos dos sábios de Israel são oferecidos como chaves de interpretação não somente para o israelita, mas também para qualquer homem enquanto tal. O Saltério, nos últimos séculos antes de Cristo, representava a "pequena Torá dos pobres", daqueles que não estavam em condições de comprar o grande e caríssimo rolo da Torá, disponível apenas em alguns grandes centros urbanos. No Saltério se podiam encontrar as propostas de vida espiritual sábia já presentes nas outras partes da Bíblia. Entre os Livros Sapienciais os estudiosos geralmente colocam também o Cântico dos Cânticos, enquanto nele se celebra o amor humano.

Nos últimos trinta anos do século passado ouve uma redescoberta da literatura sapiencial. Trata-se de um fato não totalmente novo: J. Leclercq[1] e B. Smalley[2] ilustraram como esses livros foram muito apreciados e comentados na Idade Média. O despertar moderno teve início, sobretudo, com G. von Rad que, após ter aprofundado sua pesquisa sobre os livros do Pentateuco, chegou a compor primeiramente uma teologia do Antigo Testamento (1957-1960)[3] e depois um ensaio sobre a sabedoria de Israel (1970), obras que já se tornaram clássicas. A primeira razão do atual interesse se ressente do longo tempo em que esses textos foram negligenciados pelos estudos exegéticos: sente-se a exigência de novas pesquisas sobre o tema. Um segundo motivo da atual atenção está ligado à descoberta de textos de caráter sapiencial provenientes do Egito e da Mesopotâmia, que permitem inserir a sabedoria bíblica no contexto cultural do Antigo Oriente Médio. Além disso, no século XX também se constatou que na África continua a ser transmitida uma sabedoria de forte destaque social, que mostra surpreendentes semelhanças com a do Antigo Testamento.

A sabedoria do Oriente Médio Antigo

Não somente o israelita, mas o homem em geral sempre tentou descobrir, na trama confusa de sua vida, aquelas leis duradouras que lhe conferem

---

1. LECLERCQ, J. *La spiritualità del Medioevo*: da S. Gregorio a S. Bernardo; 6.-12. secolo. Bolonha: EDB, 1986 [Storia della Spiritualità 4A].

2. SMALLEY, B. *Lo Studio della Bibbia nel Medioevo*. Bolonha: Il Mulino, 1972.

3. Von RAD, G. *Teologia dell'Antico Testamento*. Vols. I-II. Bréscia: Paideia, 1972-1974 [Biblioteca teologica, 6-7] [orig. alemão: 1957-1960].

regularidade e segurança, procurando defendê-la dos perigos e torná-la feliz. A sabedoria é a arte de saber pilotar a própria existência observando os acontecimentos do mundo, perscrutando tanto a própria experiência quanto a dos outros. Os sábios antigos, diferentemente dos filósofos gregos, não remontam aos primeiros princípios, mas se interessam pela orientação prática da vida. Tanto os antigos egípcios quanto os sumérios e os babilônios deixaram depoimentos escritos dessa tentativa de resolver os problemas vitais do homem com o auxílio da razão. Em geral se trata de coletâneas de ditos, mas também de obras mais extensas que contêm diálogos e considerações sobre o destino do homem.

São reflexões que contemplam o homem enquanto tal, e que, portanto, prescindem de situações contingentes. Portanto, é uma literatura que passar de um povo ao outro. Não se trata de uma sabedoria puramente profana, pois, para o homem do Oriente Médio Antigo, a realidade nunca é somente profana. É uma sabedoria que é oferecida sob a forma de conselho e não de preceito, enquanto fruto de experiência.

A sabedoria egípcia

A literatura sapiencial egípcia se estende do ano 2800 ao ano 100 a.C., e conserva um caráter bastante unitário, ligado à concepção de uma ordem divina (*maat*) ativa no mundo. Os sábios, perscrutando essa ordem, retiram dela as normas para o próprio comportamento e o de seus discípulos. Considerações sobre a *maat* podem ser encontradas no *Ensinamento de Ptahhopet*[4] (Reino Antigo, 2815-2110 a.C.), texto conservado por inteiro. Ele considera todos os domínios da vida e da atividade de um funcionário real. As atitudes aconselhadas são a veracidade e a submissão, mas mais ainda a modéstia e o bom-senso na corte, a justiça no tribunal, a bondade para com os pobres e a respeitabilidade em casa. O comportamento à mesa de uma pessoa distinta deve ser muito prudente. Ao jovem que serve de mensageiro é requerida uma fidelidade absoluta. Os amigos sejam postos à prova. As mulheres maliciosas sejam evitadas.

Um gênero típico da sabedoria egípcia é o ensinamento paterno aos filhos. O texto mais antigo é o *Ensinamento de Kaghemni*[5], feito pelo Vizir Kaires

---

4. ROCCATI, A. (org.). *Sapienza egizia*. Bréscia: Paideia, 1994, p. 33-53.

5. Ibid., p. 29-31.

ao seu filho, destinado, por sua vez, a tornar-se vizir. Nele se encontram conselhos relativos à moderação e ao controle das próprias palavras. Ao mesmo período remonta o *Ensinamento de Herdedef*[6], o mais antigo exemplo de gênero literário com objetivos instrutivos e didáticos, do qual até agora só temos a parte inicial, que contém algumas afirmações interessantes sobre a morte:

> Cuida de tua morada da necrópole, dota a tua sede do Ocidente. A casa do morto pertence ao vivo[7].

Essa sabedoria tradicional foi posta em dúvida com a crise política e religiosa do Primeiro Período Intermediário (*c.* 2300-2050 a.C.), marcado pela destruição da cidade do Bronze antigo por incentivo dos nômades, que mais tarde fundaram pequenos centros habitados. Desse período temos algumas composições carregadas de pessimismo, que serão apresentadas na introdução do Livro de Jó: *Relato do camponês eloquente*[8] e a *Disputa entre um homem e a sua alma*[9], na qual se questiona o otimismo do *Ensinamento de Herdedef,* afirmando que a sepultura é uma amargura e um luto que torna o homem miserável. Além disso, no *Canto do harpista*[10] faz-se um convite a desfrutar do momento presente porque após esta vida não há mais nada.

Mais recentes (Império Médio, *c.* 2000-1800 a.C.) são as *Instruções de Khety,* filho de *Duauf*[11], uma sátira social que denigre todos os mistérios exceto o do escriba e termina com o convite a tornar-se escriba.

O caráter originariamente mais religioso da sabedoria egípcia se manifesta no *Ensinamento de Amenemope*[12], que remonta ao período do Império Novo (*c.* 1000-600 a.C.), uma obra literária que contém trinta capítulos de conselhos de um escriba ao filho a fim de que tenha sucesso na vida. Nele se ensina como conquistar um sólido equilíbrio psicológico e moral para ter sucesso na carreira, para obter vida longa e uma velhice vigorosa. É um texto que se tornou famoso por sua íntima conexão com Pr 22,17–24,22.

---

6. Ibid., p. 25-27.

7. Ibid., p. 26.

8. BRESCIANI, E. *Letteratura e poesia dell'antico Egitto* – Introduzione, traduzioni originali e note. 2. ed. Turim: Einaudi, 1990, p. 146-161.

9. Ibid., p. 198-205.

10. Ibid., p. 206-207.

11. ROCCATI, A. (org.). *Sapienza egizia.* Op. cit., p. 79-87.

12. Ibid., p. 123-141.

Algum interesse egípcio pela natureza pode ser percebido num *onomástico* de um autor, também ele de nome Amenemope, como no texto precedente. Trata-se de uma forma sapiencial que enumera, sob títulos genéricos, 610 entidades organizadas hierarquicamente: objetos celestes, cidades, povos, ofícios, construções, tipos de regiões, produtos agrícolas. É uma das primeiras enciclopédias do saber e pode constituir a chave para compreender as máximas relativas às árvores, aos animais, aos pássaros e aos peixes atribuídas a Salomão (1Rs 5,13).

Inicialmente a sabedoria egípcia cultivada nas escolas se dirigia aos funcionários e escribas, ao passo que mais tarde começou a considerar a natureza humana em geral. Do ponto de vista literário as instruções da sabedoria egípcia são estruturadas artisticamente. Só raramente são mencionados os deuses com o seu nome próprio. É uma sabedoria que quer indicar aos discípulos o "caminho da vida" submetendo-se ao único ordenamento de natureza divina que reina no mundo. A maior parte da produção sapiencial egípcia tem um tom otimista dado que os sábios estão convencidos de que a vida não termina com a morte, por conseguinte todos os problemas se redimensionam.

A sabedoria dos sumérios

Os textos mais antigos desta literatura remontam ao ano 2400 a.C. e foram compilados na "casa das tabuinhas", a *e-duba*, onde os escrivães copiavam as várias obras e ensinavam seus discípulos, mesmo se algumas podiam ser de origem popular. Os gêneros literários mais comuns são os *provérbios*, em forma de paralelismo sinonímico, antitético e sintético, os *apotegmas* em forma de exortação ou de condenação, os *diálogos* nos quais se discute sobre quem tem razão e quem está equivocado. Uma coleção de ditos sumérios se encontra nos *Preceitos de Shuruppak*[13], onde são colecionadas as instruções que esse personagem chamado Shuruppak transmite ao seu filho.

A sabedoria assírio-babilônica

Na Babilônia e na Assíria se desenvolve ao longo dos séculos uma riquíssima tradição sapiencial, geralmente ligada ao culto e à magia; muitos

---

13. ASTER, B. *The Instructions of Šuruppak* – A Sumerian Proverb Collection. Copenhage: Akademisk, 1974.

textos são similares aos do Antigo Testamento. Sábio era, sobretudo, o rei, mas também o artesão, o arquiteto, o agente do culto, o adivinho, o músico, o médico, o escriba, os conselheiros, o professor, cujas profissões exigiam habilidade.

Os *Conselhos da sabedoria*[14] são uma compilação de provérbios em cerca de 150 versículos, talvez composta por volta do século XIV ou XIII a.C. São advertências de um vizir ao próprio filho, que lembram aqueles do sábio egípcio e hebreu, em forma de máximas nascidas da constatação feita da experiência ou dos princípios da religião. Eis alguns exemplos:

> Evita o intrigante e os parasitas, seja prudente no falar, não use uma linguagem inconveniente. Usa de bondade para com os indigentes e para com os socialmente humildes. Pratica a religião e experimentarás suas vantagens.

A *Sabedoria de Ahiqar*[15] narra a história desse conselheiro de Senaquerib (704-681 a.C.) e de seu filho Esarhaddon [Assaradão] (680-669 a.C.): trata-se do relato mais difundido no mundo antigo e está conservado em várias línguas. O que chegou até nós é a versão aramaica dos arquivos judaicos de Elefantina (séc. V a.C.). A obra consiste no relato da história de Ahiqar, proscrito por uma calúnia de um personagem chamado Nadan. Condenado à morte, é salvo com um subterfúgio. Sua história tem como pano de fundo conselhos, proibições e exortações que ele dá ao seu neto. Nele se encontram, sobretudo, ensinamentos acerca da discrição, da modéstia, da moderação e da retidão. Recomenda-se severidade e educação com os filhos, usando também a vara para os preservar do mal.

O problema do "justo sofredor" é bem representado na literatura da Mesopotâmia. Ocupam-se desse tema alguns textos religiosos. O mais famoso é o poema *Ludlul bel nemeqi*[16], que será apresentado na introdução do Livro de Jó em razão de algumas afinidades entre as duas obras. No estilo ele se assemelha a um hino e foi escrito na segunda metade do II milênio. Um texto que, ao contrário, não é associado ao Eclesiastes é um poema do ano 1000 a.C., denominado *Diálogo sobre a miséria humana* ou

---

14. CASTELLINO, G.R. (org.). *Testi sumerici e accadici*. Turim: Utet, 1977, p. 512-515.

15. CONTINI, R. & GROTTANELLI, C. (org.). *Il saggio Ahiqar*: fortuna e trasformazione di uno scritto sapienziale – Il testo più antico e le sue versioni. Bréscia: Paideia, 2005.

16. CASTELLINO, G.R. (org.). *Testi sumerici e accadici*. Op. cit. p. 478-492.

Teodiceia babilônica[17]. A obra é um acróstico de 27 estrofes de 11 linhas cada uma. Aqui é desenvolvida a ideia de que o sofrimento e o mal estão em contraste com a justiça dos deuses. São os deuses os responsáveis pela tendência humana ao mal. Outro texto que pode ser confrontado com o Livro do Eclesiastes é o *Diálogo pessimista*[18]. Aqui se relata a conversa entre um patrão e um escravo. Qualquer atividade proposta com entusiasmo pelo patrão é acolhida pelo escravo com o mesmo entusiasmo. Quando o patrão afirma que quer seguir o plano oposto, também o escravo reverte a própria posição enumerando as vantagens da nova posição e as desvantagens da primeira. Conclui-se que nada é absoluto, que não vale a pena fazer coisa alguma, que a única resposta é a morte. A diferença entre essa obra e a o Eclesiastes está, sobretudo, na fé do autor.

A sabedoria siro-fenícia

Esta sabedoria floresceu principalmente em Ugarit, mesmo se as tabuinhas descobertas em sua biblioteca contenham, sobretudo, poemas épicos. Nelas se encontram conselho de ordem prática: prudência no falar, evitar litígios, escolher a esposa com inteligência, preferir os sábios aos estúpidos. Em alguns textos aparece o tema do justo sofredor que permanece fiel a Deus. A questão da morte é tratada nos termos conhecidos à literatura sapiencial mesopotâmica.

Em conclusão: o que caracteriza a sabedoria egípcia diante daquela mesopotâmica e siro-fenícia é a crença na imortalidade da alma. A morte é vista nas diferentes culturas com um olhar diferente.

A sabedoria em Israel

Definição da sabedoria

Podemos assumir a definição de sabedoria sugerida por L. Alonso Schökel: "uma oferta de bom-senso"[19]. Senso, segundo M. Priotto[20], indica não somente o assim chamado bom-senso, mas também o significado mais profundo de um acontecimento, de uma opção ou de uma inteira existência,

---

17. Ibid., p. 493-500.

18. Ibid., p. 501-508.

19. ALONSO SCHÖKEL, L. & VÍLCHEZ LÍNDEZ, J. *Proverbi*. Roma: Borla, 1988, p. 20.

20. PRIOTTO, M. La sapienza in Israel. *Parole di vita* 48/1, 2003, p. 7.

da história e do mundo, para além dos aspectos exteriores. É também uma oferta, porque o mestre de sabedoria usa não a alavanca da autoridade da Lei para impor seu ensinamento, mas a livre proposta convincente. O sábio está convencido de oferecer um bem precioso, que se imporá por si e produzirá frutos em termos de autorrealização do homem tanto na esfera privada quanto na profissional.

Terminologia

Os nossos termos sabedoria e sapiência, sábio ou sapiente derivam dos vocábulos latinos *sapientia, sapiens,* que se referem ao verbo *sapere*: saborear, perceber, compreender, desfrutar. A Vulgata usa os verbetes *sapientia* e *sapiens*, tradução dos termos gregos da LXX *Sophía* e *sophós*, os quais fazem as palavras derivar da raiz hebraica *chkm*: *chokmáh*, sabedoria, e *chakám*, sábio. Outros termos usados são: conhecimento (*da'át, gnósis*), inteligência (*bináh, sýnesis*), educação (*musár, paideia*). O sentido global desses termos parece indicar que a sabedoria pode ser adquirida mediante uma contínua educação. Esta busca compreender o mundo real em que vivemos. O sábio é alguém que "sabe fazer" e "sabe viver", iluminado por alguns valores morais e religiosos, como o temor do Senhor. Ele se dirige às pessoas simples, aos *peta'ím*, aqueles que podem ser influenciados pelo bem e pelo mal. O sábio, ao contrário, prefere ficar longe do insensato, o *kesíl,* porque é "melhor encontrar uma ursa que perdeu os filhotes do que um insensato com sua insensatez" (Pr 17,12).

Delimitação da seção sapiencial

Comumente são classificados como "literatura sapiencial" três livros da Bíblia Hebraica inseridos na seção dos "Escritos" (*Ketubím*): Provérbios, Jó e Eclesiastes. Este último pertence ao grupo dos "cinco rolos" (*megillót*) junto ao Cântico dos Cânticos, Rute, Lamentações e Ester. Entre os textos sapienciais alguns incluem também Tb 4,3-21; 14,8-11 e o poema em Br 3,9–4,4. Discutiu-se vivamente sobre a presença de influências sapienciais em outros livros como o Cântico dos Cânticos, a história de José (Gn 37–50), o Deuteronômio, Amós e Ester. A versão grega dos LXX acrescenta outros dois Livros Sapienciais: Eclesiástico e Sabedoria. Os cristãos católicos e ortodoxos consideram esses dois livros inspirados (entre os deuterocanônicos); para os cristãos protestantes e anglicanos, ao contrário, são escritos de grande valor espiritual, mas não inspirados e, portanto, apócrifos e não canônicos. O motivo pelo qual não foram aceitos no cânon está no fato que nem mesmo pelos hebreus estes foram considerados canônicos: Sabedoria porque escrito em grego; Eclesiástico, escrito originariamente em hebraico, por razões mais obscuras. Os cinco livros indicados são compostos num arco de tempo que vai do século VIII a.C. até o século I a.C.

Alguns estudiosos falam de um *corpus* sapiencial, uma espécie de pentateuco sapiencial, mas só em parte é verdadeiro. Os três Livros Sapienciais da Bíblia Hebraica fazem parte dos Escritos, porém nada, ao nível formal, os une entre si; o vínculo é relevante somente em nível de conteúdo. À sabedoria otimista dos Provérbios se opõem Jó e Eclesiastes, cuja especulação se coloca em polêmica com as concepções tradicionais da experiência religiosa de Israel. Observou-se que, se tivéssemos somente esses livros, se poderia pensar numa conclusão fracassada da sabedoria veterotestamentária. No Novo Testamento e em Qumran percebe-se novamente o tom sereno, típico dos sábios dos Provérbios. O que aconteceu entre esses dois momentos? Os livros do Eclesiástico e da Sabedoria, inseridos na Bíblia dos LXX, encontram maior serenidade e conduzem ao limiar da era cristã.

Formas literárias

As formas literárias da literatura sapiencial são várias segundo os livros; entretanto, as máximas e as advertências são certamente as mais frequentes.

1) Máximas

A máxima é uma proposição expressa geralmente em forma indicativa e baseada na experiência. Normalmente é expressa mediante um paralelismo de dois versos. Mesmo se todas as máximas são frutos da experiência, faz-se a distinção entre máxima puramente *empírica* e aquela que, ao contrário, manifesta uma intenção claramente *didática*.

Máxima empírica: baseando-se na experiência ela ilustra ao leitor as condições da realidade sem dar conselho sobre o modo de agir; assim ocorre, por exemplo, em Pr 13,12: "A esperança que tarda aflige o coração, mas o desejo realizado é árvore de vida". Trata-se somente de uma observação psicológica.

Máxima didática: é de ordem prática e estimula a uma conduta moral justa e sábia; seu valor pode depender da referência a Deus ("Quem oprime o pobre insulta o seu criador, mas honra-o quem tem pena do pobre", Pr 14,31) ou basear-se no senso moral comum ("O justo jamais vacilará, mas os ímpios não habitarão a terra", Pr 10,30).

2) Advertências

As advertências se distinguem em ordens e proibições.

Ordem: geralmente é expressa com um imperativo ou com uma forma volitiva, como em Pr 16,3: "Expõe ao Senhor tuas obras, e teus projetos se realizarão"; às vezes uma ordem torna explícito aquilo que é expressão indiretamente numa máxima didática: confronte-se, por exemplo, a ordem em Pr 16,3 com a máxima em 16,20: "Quem é prudente no falar encontrará o bem, mas quem confia no Senhor é feliz".

Proibição: é uma advertência negativa, que pode ser acompanhada de proposições que lhe dão também a motivação, por exemplo:

Não explores o pobre porque é pobre,
e não oprimas o pobre no tribunal,
porque o Senhor defenderá sua causa e despojará da vida quem o espoliou (Pr 22,22-23).

3) Algumas máximas e advertências se distinguem por alguma expressão particular

A máxima *bom*: geralmente usa-se a expressão "não é bom". Por exemplo:

Não é bom agir sem reflexão,
e quem anda apressado erra o caminho (Pr 19,2).

A máxima *melhor*: Eclesiastes escreve:

Mais vale escutar a repreensão do sábio
do que escutar os elogios dos insensatos (Ecl 7,5).

A máxima *numérica*: ela apresenta um número de elementos que têm uma característica comum. Por exemplo, as formigas, as marmotas, os gafanhotos e as lagartixas são quatro animais pequenos, mas sábios:

Quatro coisas pequenas há na terra,
porém são mais sábias do que os sábios:
as formigas, seres sem força, que preparam suas provisões no verão; as marmotas, animais sem poder, mas que fazem suas tocas na rocha; os gafanhotos, que não têm rei, e contudo avançam todos em formação; as lagartixas, que podem ser pegas com a mão, e contudo estão nos palácios reais (Pr 30,24-28).

A máxima *abominação*: o termo hebraico para abominação *to'ebáh* pertence à linguagem litúrgica e indica uma impiedade em relação a Deus. Às vezes é usado também para descrever práticas desonestas nos negócios, por exemplo:

O Senhor detesta a balança fraudulenta,
mas o peso exato é do seu agrado (Pr 11,1).

A máxima *feliz*: esta se conserva também no Novo Testamento, nas bem-aventuranças:

Feliz o homem que se aplica à sabedoria
e raciocina com sua inteligência (Eclo 14,20).

A máxima *a fortiori*: à base de uma afirmação aceita por todos se faz outra afirmação, por exemplo:

Quem é honrado na pobreza, quanto mais o será na riqueza!
E quem é desprezado na riqueza, quanto mais o será na pobreza!
(Eclo 10,31).

4) Instruções

Trata-se de uma longa estrofe em poesia que contém uma advertência instrutiva do mestre aos seus discípulos, que são imediatamente interpelados diretamente ("meu filho, minha filha"). E a isto se acrescenta uma motivação ao ensinamento que se pretende transmitir. O tema privilegiado da instrução é a questão da justiça e do sentido da vida. Em geral a instrução se conclui ilustrando as consequências do comportamento sábio ou insensato. Exemplo desses poemas sapienciais se encontra em Pr 1–9, nos discursos de Jó, em todo o Eclesiástico e no Livro da Sabedoria.

A língua: estética da palavra

Para nós modernos, um livro de filosofia ou de teologia moral deve ser escrito numa linguagem científica e concisa. Os antigos sábios hebreus, ao contrário, se interessavam muito pela estética das palavras além do conteúdo, e escreviam numa linguagem agradável.

1) Paralelismo

Os sábios oferecem seu ensinamento numa linguagem poética que faz uso do paralelismo, um artifício literário difundido na Bíblia e em muitas outras literaturas. Trata-se de uma associação entre duas (por vezes três) unidades paralelas (estíquio [verso] ou hemistíquio [metade do verso]) que torna a apresentar o pensamento completo de quem escreve. Tais agrupamentos podem ocorrer de vários modos. Por vezes os versos parecem repetir-se (paralelismo sinonímico); mas, na realidade, não são perfeitamente sinônimos, já que o segundo enfoca mais agudamente a afirmação do primeiro. Por exemplo:

> Estabelece planos com conselhos,
> depois, com estratégia, faze a guerra (Pr 20,18).

Às vezes os dois versos apresentam alguma oposição, mesmo expressando o mesmo conceito geral (paralelismo antitético). Por exemplo:

> Quem ama a disciplina ama o saber,
> quem detesta a correção é imbecil (Pr 12,1).

Outras vezes o segundo verso completa o primeiro (paralelismo sintético):

> Lançam-se os dados sagrados para tirar a sorte,
> mas toda a decisão vem do Senhor (Pr 16,33).

2) Paronomásia

Em nossas línguas é praticamente impossível recriar alguns jogos de palavras e sons característicos do hebraico. Por exemplo: é possível que num mesmo verso de quatro palavras estejam presentes três artifícios literários: aliteração (repetição dos mesmos sons vocálicos ou consonânticos em palavras sucessivas para tirar delas vários efeitos, por exemplo, onomatopeicos), assonância (parcial identidade de sons), quiasmo (disposição cruzada da ordem das partes simétricas de duas frases, de modo que formem uma antítese ou um paralelo):

> *Tob shem mishshémen tob*
> [Mais vale um bom nome do que um bom perfume] (Ecl 7,1).

3) Justaposição

Outra particularidade, que se perde na tradução, é a justaposição das frases principais sem a ligação. Por exemplo:

> *poréa' musár mo'és napshó*
> [literalmente: recusar a disciplina, [é] desprezar a si mesmo]
>
> Quem rejeita a advertência despreza a si mesmo (Pr 15,32).

Estilo sapiencial

É importante compreender o estilo da sabedoria para aprofundar seu conteúdo. Certas afirmações aparentemente simplistas de alguns provérbios parecem mais inteligentes quando se leva em conta o estilo em que são formuladas. Os sábios, de fato, tinham consciência da ambiguidade e dos paradoxos da vida. Se ainda é verdade que a vitória vem de Deus ("Prepara-se o cavalo para o dia do combate, mas a vitória depende do Senhor", Pr 21,31), é igualmente certo que não se pode fazer nada sem conselheiros ("Pois com estratégias farás a guerra, e a vitória estará no grande número de conselheiros", Pr 24,6). Às vezes "até o amargo é doce" (Pr 27,7). A pobreza nem sempre é fruto da preguiça; também o pobre merece consideração: "Quem zomba do pobre insulta o Criador" (Pr 17,5); "Quem oprime o fraco insulta o Criador" (Pr 14,31). Mesmo querendo transmitir um ensinamento seguro e testado pela experiência, os sábios reconhecem as incertezas que derivam tanto dos limites do conhecimento humano quanto do conhecimento que o humano tem do Senhor. Nenhuma sabedoria ou conselho pode opor-se ao Senhor: "Não há sabedoria, nem inteligência, nem conselho diante do Senhor" (Pr 21,30). O ser humano pode projetar, mas a última palavra é do Senhor: "Do coração humano vêm os projetos, mas do Senhor, a resposta da língua" (Pr 16,1). O Eclesiastes (Coélet), que enquanto grande sábio "estudou, indagou e pôs em ordem muitos provérbios" (Ecl 12,9b), no final de seu estudo teve que reconhecer: "Observei toda a obra de Deus em seu conjunto e percebi que ninguém é capaz de descobrir tudo o que se realiza debaixo do sol. Por mais que alguém se esforce por descobrir, não o conseguirá; ainda que o sábio pretenda sabê-lo, não o conseguirá" (Ecl 8,17).

Para o leitor moderno, levar em conta o estilo dos sábios significa então não absolutizar suas afirmações particulares, que geralmente refletem só um aspecto da realidade. É fundamental, portanto, perscrutar o contexto efetivo a que o provérbio se refere. Assim, por exemplo, se numa circunstância particular é prudente ter presente o dito popular "olhe antes de saltar", em outras situações não tomar alguma decisão pode ser fatal, pois, "quem hesita está perdido".

Características da sabedoria

Algumas particularidades são características nesta literatura. Em primeiro lugar é evidente uma *ausência de referência às tradições fundamentais*, como as promessas patriarcais, o êxodo, o Sinai, o deserto, a terra. As exceções de Ecl 44–50 e de Sb 10–19 confirmam a regra. Além disso, a tradição sapiencial se interessa diretamente não pela relação com Deus no culto e na liturgia, mas pela *relação com os próprios semelhantes*, incluídos os "outros", como os estrangeiros e os inimigos. Esta parece ser para os sábios a via prática para encontrar-se com Deus e ouvi-lo.

Trata-se de uma literatura que privilegia as relações horizontais entre as pessoas de diferentes estratos sociais e religiosos, tirando frequentemente instruções da natureza para torná-las mais harmoniosas e serenas. O *liber naturae* se torna uma experiência a ser lida continuamente e em profundidade, porque cheia de ensinamentos para a vida humana.

Esse conjunto de obras não enfrenta os problemas sociais e políticos entre o povo e o rei, possessão da terra, forma de Estado, fronteiras nacionais, relações com os povos vizinhos. Esse conjunto, ao contrário, se interroga e oferece indicações sobre os comportamentos para viver bem em sociedade e para gerenciar sabiamente o bem comum. E dessa experiência tira sugestões práticas sobre como viver quando se apresentam – geralmente de improviso – situações contrapostas de bem e mal, de imbecilidade e sabedoria, de sorte e desgraça, de pobreza e riqueza, de saúde e sofrimento. Acolher essa alternância com serenidade, sem resignação e sem maledicência, é a única via sábia para não sucumbir e para não viver na impaciência.

Enfim, nessa literatura se percebe um certo *espírito internacional*. Isso aparece evidente na presença de não israelitas como Agur e Lemuel em Pr 30–31; em Jó com os seus três amigos; na explícita comparação da sabedoria de Salomão com a dos povos orientais e do Egito (1Rs 5,9-14); na influência evidente da Sabedoria extrabíblica sobre a hebraica (cf., por exemplo, a sabedoria de Amenemope em Pr 22,17–24,22).

Conteúdos e lugares da sabedoria

1) A sabedoria como conhecimento prático da vida

Ao sábio interessa a arte de viver, reconhecer no desenrolar da vida a presença de uma lógica do bem, que está na base da existência do indivíduo, da família, dos grupos sociais, do Estado e dos povos. Ele aprendeu a viver de modo harmonioso e, portanto, em paz com o mundo, com os homens, consigo mesmo, com a vida, com a morte, com Deus. Graças à sua conduta justa ele reforça essa lógica do bem, por ele assimilada não por uma revelação, mas por meio da razão. Não se trata, entretanto, de uma ocupação profana do espírito, visto que em Israel a convicção que o mundo está configurado de maneira positiva e que fazer o bem promove a vida e que aquele que faz o bem não fracassa se baseia no "temor do Senhor" (Pr 9,10; cf. 1,7; 15,33).

Não é o temor de Deus no sentido da obediência de fé solicitada a Abraão em Gn 22, mas trata-se de uma verdadeira confiança em Deus, naquele que, apesar dos problemas e perigos, está sempre no controle da situação, garantindo felicidade à vida dos que buscam compreender as lógicas divinas e agem segundo essas lógicas, e as transmitem às gerações vindouras. Portanto, é exatamente essa confiança no poder do Deus da vida que impele o sábio a buscar as leis por Ele impressas na criação e a colocá-las em prática na própria existência cotidiana.

Em síntese: com E. Zenger[21] pode-se afirmar que a *fonte* da antiga sabedoria de Israel reside na razão; que sua *intenção* primeira não é buscar um conhecimento teórico, mas uma práxis de vida; que *seu princípio fundamental* é reconhecer Deus como aquele que, enquanto Criador do mundo, combate o mal e promove o bem.

2) As correntes fundamentais da tradição sapiencial

Sabedoria popular – A partir do conteúdo da maior parte dos provérbios antigos é possível deduzir que eles procedem do ambiente rural, ou dos vilarejos. Nesse aspecto, a sabedoria de Israel se assemelha à sabedoria de outros povos. Assim sendo, a sabedoria popular não é obra de especialistas no assunto, mas fruto de uma longa observação no interior da comunidade, na qual, num dado momento, um gênio desconhecido sintetizou uma expressão harmoniosa e compreensível a todos: o provérbio. G. Ravasi compara esse tipo de sabedoria a "uma câmera filmando, 24 horas por dia, no centro de uma praça, homens e mulheres entrando e saindo dela, registrando assim o final de seu dia de trabalho e seu destino ao descanso. Trata-se daquela tentativa de gravar tudo sem nada editar completamente, já que, na prática, colher o material já significa apossar-se de uma espécie de interpretação secreta"[22]. Essa interpretação se transmite *em família*, de pai para filho, como o Livro de Tobias o testemunha (Tb 4,3-21). De fato, a família é o lugar próprio da transmissão da sabedoria "geracional"; ou seja, de geração a geração. É o lugar que mantém unidos pais e filhos no alternar-se dos acontecimentos históricos, sejam eles alegres ou tristes; é o lugar de crescimento dos sábios

---

21. ZENGER, E. "Peculiarità della sapienza di Israele". In: ZENGER, E. (org.). *Introduzione all'Antico Testamento*. Bréscia: Queriniana, 2005, p. 498-499.

22. RAVASI, G. *Proverbi e Siracide*. Bolonha: EDB, 1989, p. 14-15.

que posteriormente recebem reconhecimento da sociedade. Os ensinamentos transmitidos por pai/mãe a filho/filha constituem o fundamento sobre o qual se constrói o "bem-viver" em sociedade, em economia, em política.

Sabedoria de escola – A maioria dos estudiosos sublinha também o papel da escola, provavelmente ligada à corte real de Jerusalém, como lugar de ensinamento da sabedoria. Isso é deduzido primeiramente do papel que os Livros Sapienciais atribuem a Salomão, o rei sábio, sobretudo por intermédio do Rei Ezequias (Pr 25,1) e muitos outros ditos do rei no Livro dos Provérbios. Em segundo lugar, por analogia, imagina-se que também em Israel existissem escolas semelhantes às da Mesopotâmia e do Egito. Em terceiro lugar, é possível supor que os vários políticos e burocratas da corte de Jerusalém tivessem necessidade de ser instruídos na diplomacia internacional e na direção de um Estado. A maior parte da literatura sapiencial, entretanto, foi redigida no período pós-exílico, quando não existiam mais as escolas da corte. Quase nada conhecemos sobre as escolas dos escribas desse período; algo pode ser deduzido do estilo do Eclesiastes (Ecl 12,9) e da "escola" (*bet midrash*, casa de instrução) mencionada em Eclo 51,23. A linguagem e as imagens da sabedoria ensinada em tais escolas refletem o ambiente da cidade. Nelas se encontram normas de boas maneiras aos convidados da corte, disposições a serem observadas pelos juízes, pelos escribas e pelo próprio rei. Todo o ensinamento é em vista da consolidação da ordem do Estado e diz respeito à lealdade, à riqueza, ao desfrute da vida e à conservação da honra. É uma sabedoria de caráter intercultural, influenciada pelas tradições dos Estados circunvizinhos, particularmente pelo Egito.

A sabedoria "revelada" – No período pós-exílico a reflexão sapiencial conhece dois novos aprofundamentos. Em primeiro lugar, o ordenamento da vida e toda a sua base passam a ser progressivamente compreendidos como uma *modalidade da revelação de YHWH*. A sabedoria é o mistério implícito na criação e na história, mistério que os homens são convidados a acolher. Ela desposa o rosto bom de Deus, apresentando-se como uma esposa que ama, nutre e consola os homens. Outros sábios no período pós-exílico consideram a Torá de Israel um dom da sabedoria de Deus. Quem inspira sua vida na Torá pode realmente encontrar a sabedoria, compreendida sempre como mistério de Deus que envolve tudo. Essa teologia é formulada no Livro do Eclesiastes e em Br 3,9–4,4.

O contexto histórico da tradição sapiencial

As máximas dos sábios não são textos atemporais, sem qualquer enraizamento na história. Hoje aumenta a atenção ao contexto histórico da sabedoria. Três dos Livros Sapienciais são tradicionalmente atribuídos a Salomão: Provérbios, Eclesiastes e Sabedoria. Entretanto, entre os estudiosos existe um consenso unânime em afirmar que o ambiente da sabedoria não deve ser buscado na vida pessoal de Salomão: de nenhum dos três textos ele pode ser o efetivo autor. Provérbios é substancialmente uma coleção de ditos de vários períodos históricos, do período da monarquia no pré-exílio ao da comunidade judaica pós-exílica. Alguns apontam como lugar de formação do livro uma cidade construída às margens do Rio Orontes, na atual Síria, nos inícios do culto sinagogal[23]. Eclesiastes é cada vez mais situado no século III a.C., no contexto da Judeia sob o domínio dos ptolomeus, quando o judaísmo começa a descobrir a cultura helenística. E tampouco o Livro da Sabedoria, escrito em grego, pode ser atribuído a Salomão; este adquire um novo sentido se colocado no cenário dos últimos anos do império de Augusto.

A atribuição a Salomão dos Livros Sapienciais é fictícia, mas explicável a partir da tradição bíblica de 1Rs 5,9-4:

> Deus concedeu a Salomão sabedoria e inteligência extraordinárias e uma mente aberta como as praias à beira-mar. A sabedoria de Salomão era maior que a de todos os sábios do Oriente e do Egito. Ele era mais sábio que todas as demais pessoas, mais do que o ezraíta Etã, mais do que Emã, Calcol e Darda, filhos de Maol; tanto que ficou famoso entre todos os povos vizinhos. Ele pronunciou três mil provérbios, e seus cânticos chegaram a mil e cinco. Discorreu sobre as árvores, desde o cedro do Líbano até o hissopo que cresce nos muros; falou também sobre quadrúpedes, aves, répteis e peixes. Por isso vinham pessoas de todas as nações para escutar a sabedoria de Salomão, enviados por reis de toda a terra, que ouviram falar da sua sabedoria.

Salomão passou para a história como o rei sábio por excelência. É uma tradição retomada também por um *midrash*:

> Salomão escreveu o Cântico quando jovem, os Provérbios na idade madura e o Eclesiastes em sua velhice; pois, quando o homem é

---

23. BELLIA, G. "Proverbi: una lettura storico-antropologica". In: BELLIA, G. & PASSARO, A. (org.). *Libro dei Proverbi – Tradizione, redazione, teologia*. Casale Monferrato: Piemme, 1999, p. 5-90.

jovem, canta; quando é adulto, enumera máximas; quando se torna velho, fala da futilidade de todas as coisas (*Mid. Rab. Cant 1,10*).

O rei representa todo o povo. Atribuir a sabedoria a Salomão significa atribuí-la ao povo, que é o verdadeiro sujeito que assume a palavra nesses livros. Como a sabedoria de Salomão era famosa em todas as regiões vizinhas, também os vários sábios da história de Israel mantinham contato com a cultura sapiencial dos outros povos, tendo consciência da pertença comum à mesma humanidade.

O método sapiencial

Desde sempre o homem se pergunta: Que sentido tem minha vida? Por que a morte? Por que a dor? Quem é Deus? Quem somos nós neste mundo, na família e na comunidade em que vivemos? A essas perguntas respondem a Torá, os Profetas e os Sapienciais, mas com métodos diferentes. Isso se pode constatar observando algumas expressões tradicionalmente usadas em algumas partes da Bíblia para responder a tais perguntas e confrontando-as com aquelas apresentadas nos Livros Sapienciais.

Quando na Torá e nos Profetas se fala de Deus, usa-se normalmente o termo YHWH. Esse nome raramente se encontra nos Livros Sapienciais, nos quais se prefere dizer o genérico "Deus", *'elohim*, ou ainda, no Eclesiastes, *ha'elohim* (a Divindade): somente o fiel se dirige a Deus invocando-o como YHWH.

Nas primeiras duas partes da Bíblia, os protagonistas são *Israel,* os *israelitas, os filhos dos israelitas.* Esses termos quase desaparecem nos textos sapienciais, nos quais aparece o homem universal, *'Adám.* Jó, por exemplo, não é hebreu, é um homem de Hus: "Havia na terra de Hus um homem chamado Jó" (Jó 1,1).

Nos Livros Proféticos se usa a expressão: *"Assim diz o Senhor".* Frequentemente os profetas intercalam suas palavras com a fórmula *n^e'úm YHWH* ("oráculo do Senhor"): é Deus que procura o homem com a sua palavra. Na literatura sapiencial, inversamente, é privilegiada a busca de Deus através da razão do homem, mas iluminada do alto.

Na Torá e nos Profetas é narrada a grande *história da salvação* (patriarcas, êxodo, deserto, terra prometida, reino, exílio, retorno à terra). Na literatura sapiencial a história acima mencionada quase desaparece, deixando assim espaço ao *cotidiano*: é representada a imagem da mulher no trabalho de sua casa, a ocupação do artesão, o alternar-se das estações; a perspectiva é diferente.

De forma particular, no Antigo Testamento aparece muito frequentemente a categoria da *aliança* (*b^erít*) entre o homem e Deus. Na literatura sapiencial, somente em Pr 2,17 encontramos o termo *b^erít* para indicar tal aliança, associando-a ao contexto do matrimônio.

Além disso, enquanto nos textos legislativos da Torá encontramos uma *ordem* ou uma *lei* dada a uma comunidade, nos textos sapienciais ouvimos o *conselho* suave do sábio ao próprio discípulo ou ao seu filho (cf. Dt 25,13-15 e Pr 20,10).

Em conclusão: pode-se dizer que o método sapiencial é um método indutivo, que parte da reflexão sobre a vida e sobre a realidade. Ele tem como objeto de pesquisa o indivíduo em sua vida, educação, dor e morte; ou o mundo dos animais e das plantas, o aproximar-se das estações e toda a existência do cosmo. Para descobrir uma regra ou uma "lei", o sábio observa por longo tempo a realidade.

A sabedoria do Antigo Testamento no interior do caminho de fé de Israel

De que forma foi percebida a sabedoria das outras correntes de pensamento em Israel (tradições históricas e tradições proféticas e apocalípticas)?

1) Os profetas e a sabedoria

Um texto fundamental para o estudo dos guias espirituais de Israel é Jr 18,18: "Não faltará ensinamento ao sacerdote, nem conselho ao sábio, nem a palavra ao profeta". É uma frase atribuída aos inimigos de Jeremias, convencidos de que a atividade normal das três categorias dos chefes espirituais – sacerdotes, sábios e profetas – não desapareceria com a sua eliminação. Entre essas categorias houve às vezes relações tensas, seja entre profetas e sacerdotes, seja entre profetas e sábios, ao menos no período pré-exílico. Limitar-nos-emos a Isaías e Jeremias.

Isaías – Sabemos que o Profeta Isaías, antes de seu chamado, era um dos personagens mais eruditos de Jerusalém, um político sábio. À luz da presença de Deus que lhe apareceu no Templo, ele se dá conta da futilidade de seu saber: "Ai de mim! Estou perdido, porque sou um homem de lábios impuros" (Is 6,5a). Levado por essa experiência ele é frequentemente crítico em relação à sabedoria, e faz duras críticas àquele que não acredita no desígnio de

Deus e se baseia na falsa sabedoria humana (Is 5,18-24). Ele igualmente faz um duro juízo sobre os conselheiros políticos que preferem a segurança das alianças humanas ao invés de confiar na aliança com o Senhor: "A sabedoria de seus lábios perecerá e a inteligência de seus inteligentes sumirá" (Is 29,14).

Jeremias – Também Jeremias apresenta a ambiguidade da sabedoria. Esta, para ele, muitas vezes não é uma busca da vontade de Deus inscrita nos fatos, mas simplesmente uma glorificação de si mesmo:

> Que o sábio não se glorie de sua sabedoria!
> Que o valente não se glorie de sua valentia!
> Que o rico não se glorie de sua riqueza!
> Mas quem quiser gloriar-se,
> glorie-se de compreender-me e conhecer-me (Jr 9,22-23a).

Como se pode perceber, o verdadeiro motivo da hostilidade inicial dos profetas à sabedoria está no fato que esta é vista como uma experiência baseada na razão que não dialoga com a fé. Estes se opõem a uma visão da realidade que exclua Deus. Entretanto, ao longo da história a postura dos profetas em relação à sabedoria nem sempre é tão crítica. Isso muda radicalmente quando entendem a característica própria da sabedoria: um conhecimento prático, no qual razão e fé estão em diálogo. Isso se percebe, por exemplo, em Is 11,1-2, onde a figura que levará comunhão a Israel aparece repleta dos dons da sabedoria:

> Um broto sairá do tronco de Jessé,
> e um rebento de suas raízes.
> Sobre ele repousará o espírito do Senhor,
> espírito de sabedoria e de entendimento,
> espírito de conselho e fortaleza,
> espírito de conhecimento e temor do Senhor.

2) As tradições históricas e a sabedoria

Alguns estudiosos viram no autor de Gn 2–3 um sábio, um modelo dos sábios. A busca (que remonta às origens da humanidade) de uma experiência humana experimentada na vida concreta e a visão universal do narrador são características que pertencem também aos sábios posteriores. Não estamos diante de um profeta que invoca a revelação nem de um historiador contemporâneo com acesso aos arquivos da corte, mas diante de um sábio, que examina o bem e o mal dos homens e usa a reflexão humana como instrumento de aprofundamento intelectual. A mão de um sábio também pode ser percebida na história de José (Gn 37–50), apresentado como modelo a ser oferecido aos jovens no período de sua formação humana e religiosa.

3) A apocalíptica e sua sabedoria

A influência da sabedoria na apocalíptica pode ser percebida nos pseudônimos dos sábios (Dn 1,7; 2,49), que recebem o nome de antigos sábios; na paixão pelo conhecimento das leis, que regulam os homens e a natureza; no interesse pela astronomia e zoologia, pela demonologia, psicologia, botânica... Por outro lado, como para os sábios, o mensageiro apocalíptico não é apresentado como fruto de raciocínios humanos, mas como dom de Deus.

Bibliografia comentada

Para uma primeira abordagem da literatura sapiencial, é útil iniciar com alguns verbetes presentes em dicionários especializados. Em italiano pode ser encontrado um ensaio de um dos estudiosos mais competentes na literatura sapiencial:

GILBERT, M. "Sapienza". In: ROSSANO, P.; RAVASI, G. & GHIRLANDA, A. (orgs.). *Nuovo Dizionario di Teologia Biblica*. Cinisello Balsamo: Paoline, 1988, p. 1.427-1.442.

Úteis para um aprofundamento teológico são os seguintes textos:
BEAUCHAMP, P. "Sapienza". In: CODA, P. (org.). *Dizionario critico di Teologia*. Roma: Borla/Città Nuova, 2005, p. 1.212-1.215.

FESTORAZZI, F. "Riflessione sapienziale (Antropologia ed Escatologia)". In: *Dizionario Teologico Interdisciplinare*. Vol. III. Turim: Marietti, 1977, p. 88-102.

MAZZINGHI, L. "Sapienza". In: BARBAGLIO, G.; BOF, G. & DIANICH, S. (org.). *Teologia*. Cinisello Balsamo: San Paolo, 2002, p. 1.473-1.484.

A perspectiva vocacional da *sabedoria* bíblica é esclarecida em:
SCAIOLA, D. "Sapienza". In: De VIRGILIO, G. (org.). *Dizionario della vocazione*. Roma: Rogate, 2007, p. 857-861.

Presta conta dos últimos desenvolvimentos dos estudos sobre a literatura sapiencial o verbete redigido por Calduch-Benages:

CALDUCH-BENAGES, N. "Sapienziali, Libri". In: PENNA, R.; PEREGO, G. & RAVASI, G. (orgs.). *Temi teologici della Bibbia*. Cinisello Balsamo: San Paolo, 2010, p. 1.250-1.267.

Introduções gerais

Existem algumas compilações de textos da literatura sapiencial do Oriente Médio Antigo:

BRESCIANI, E. *Letteratura e poesia dell'antico Egitto* – Introduzione, traduzioni originali e note. 2. ed. Turim: Einaudi, 1990 [Letteratura egiziana antica, 15].

CASTELLINO, G.R. (org.). *Testi sumerici e accadici.* Turim: Utet, 1977 [Classici delle religioni – Sez. 1, Le religioni orientali, 32].

CIMOSA, M. (org.). *L'ambiente storico-culturale delle Scritture ebraiche.* Bolonha: EDB, 2000 [La Bibbia nella Storia].

CONTINI, R. & GROTTANELLI, C. (org.). *Il saggio Ahiqar*: fortuna e trasformazione di uno scritto sapienziale – Il testo più antico e le sue versioni. Bréscia: Paideia, 2005 [Studi biblici, 148].

ROCCATI, A. (org.). *Sapienza egizia.* Bréscia: Paideia, 1994.

Ainda em italiano, uma ótima introdução ao Antigo Testamento, no interior da qual são apresentados os Livros Sapienciais:

ZENGER, E. "Peculiarità della sapienza di Israele". In: ZENGER, E. (org.). *Introduzione all'Antico Testamento.* Bréscia: Queriniana, 2005, p. 497-506 [4. ed. orig. alemã: 2004).

Um aprofundamento ao atual estado dos estudos relativos à sabedoria pode ser encontrado em:

MORLA ASENSIO, V. *Libri sapienziali e altri scritti.* Bréscia: Paideia, 1997, p. 17-87 [Introduzione allo Studio della Bibbia, 5] [orig. espanhol: 1994].

Para um estudo principiante, uma boa introdução à literatura sapiencial e aos Livros Poéticos pode ser encontrada em:

COLLINS, J. *Breve introduzione alla Bibbia ebraica.* Bréscia: Queriniana, 2011, p. 386-437; 481-495 [Introduzioni e Trattati IT/38] [orig. inglês: 2007].

Quem quiser conhecer como se ensina tal literatura na Universidade Hebraica de Jerusalém, pode ler o trabalho de um respeitado professor judeu/ italiano:

ROFÉ, A. *Introduzione alla letteratura ebraica.* Vol. 2: Profeti, salmi e libri sapienziali. Bréscia: Paideia, 2011, p. 386-441 [Introduzione allo Studio della Bibbia. Supplementi, 49] [orig. hebraico: 2011].

Fruto da exegese italiana é uma introdução à literatura sapiencial feita por um grupo de especialistas, atentos especialmente aos aspectos metodológicos e didáticos. A introdução geral é apresentada em:

SCAIOLA, D. "La sapienza in Israele e nel Vicino Oriente antico". In: BONORA, A. & PRIOTTO, M. (orgs.). *Libri Sapienziali e altri scritti*. Leumann: Elledici, 1997, p. 29-42 [Logos. Corso di Studi Biblici, 4].

Para o público que tem uma mínima familiaridade com os estudos bíblicos é útil a introdução:

CAPPELLETTO, G. & MILANI, M. *In ascolto dei profeti e dei sapienti* – Introduzione all'Antico Testamento. Vol. II. 4. ed. Pádua: Messaggero, 2010 [Studi religiosi].

Três introduções à literatura sapiencial (geral e livro por livro) foram publicadas por três especialistas na disciplina, numa linguagem acessível também ao público não especializado:

GILBERT, M. *La Sapienza del cielo* – Proverbi, Giobbe, Qohèlet, Siracide, Sapienza. Cinisello Balsamo: San Paolo, 2005.

MURPHY, R.E. *L'albero della vita* – Una esplorazione della letteratura sapienziale biblica. Bréscia: Queriniana, 1993 [Biblioteca biblica, 13] [orig. inglês: 1990].

NICCACCI, A. *La casa della Sapienza*. Cinisello Balsamo: San Paolo, 1994.

Para um público interessado nos estudos bíblicos, muito úteis são os números dedicados à *"Sabedoria em Israel"* (in: *Parole di vita* 48, 2003); sublinhamos, particularmente, a introdução geral:

PRIOTTO, M. La sapienza di Israele. *Parole di Vita* 48, 2003, p. 4-9.

Para os estudantes de teologia está disponível uma cuidadosa introdução aos cinco Livros Sapienciais, fruto de muitos anos de ensino na Faculdade Teológica da Itália Central do Professor Mazzinghi:

MAZZINGHI, L. *Il Pentateuco sapienziale* – Proverbi, Giobbe, Quoèlet, Siracide, Sapienza: Caratteristiche letterarie e temi teologici. Bolonha: Dehoniane, 2012.

Outros textos úteis

Uma obra fundamental editada na Alemanha em 1970, e mais vezes reeditada em língua italiana, é a de von Rad:

Von RAD, G. *La sapienza in Israele*. 4. ed. Gênova: Marietti, 1998.

Trata-se de um texto muito denso, adaptado a um público especializado. Útil para um aprofundamento sobre três instituições basilares em Israel é:

BLENKINSOPP, J. *Sapiente, sacerdote, profeta*. Bréscia: Paideia, 2005 [Studi biblici, 146] [orig. inglês: 1995].

Aos interessados na atual pesquisa sobre a literatura sapiencial, vale a pena conferir:

MAZZINGHI, L. "La letteratura sapienziale: orientamenti attuali della ricerca". In: FANIN, L. (org.). *Nova et vetera* – Miscellanea in onore di padre Tiziano Lorenzin. Pádua: Messagerro, 2011, p. 283-307.

Provérbios

Introdução

Pesquisa moderna sobre os Provérbios

O mais representativo dos Livros Sapienciais da Bíblia é o Livro dos Provérbios. Trata-se de uma compilação de sentenças, máximas, aforismos, transmitidos oralmente ao povo, e de poemas, instruções, ensinamentos de mestres de escolas: uma concentração da reflexão sapiencial de Israel que se estendeu por séculos. A atenção é voltada, sobretudo, para a formação do jovem, que é estimulado a escolher o caminho da vida e a manter-se longe do caminho da morte. Já nos primeiros capítulos (1–9) e na conclusão (31,10-31) é apresentada a senhora Sabedoria, porque somente ela pode oferecer a possibilidade de viver. A parte mais ampla do livro (10,1–31,9) compila uma série de conselhos práticos sobre a vida diária. O discípulo é instruído sobre as grandes e as pequenas coisas que ajudam a viver, visto que a vida se desenvolve tanto no nível cotidiano quanto em relação ao mistério de Deus e, portanto, aos grandes ideais.

No passado, o interesse dos estudiosos se atinha mais ao capítulo 8, e o livro era considerado simplesmente "um manual de conduta". Tal juízo era reforçado por esse tom otimista que frequentemente ressoa: a sabedoria – entendida como justiça – prospera, ao passo que a loucura e a maldade se autodestroem. Na cultura ocidental, a popularidade do livro é devida tanto à sua linguagem muito viva quanto à qualidade de seu ensinamento prático.

A publicação em 1923 do poema egípcio *Instruções de Amenemope*[24] e das sucessivas análises de suas relações com Pr 22,17–24,22 renovaram o

---

24. ERMAN, A. *Die Literatur der Ägypter* – Gedichte, Erzählungen und Lehrbücher aus dem 3. und 2. Jahrtausend v. Chr. Leipzig: J.C. Hinrichs'she Buchhandlung, 1923.

estudo do livro, que desde então não passou mais a ser considerado um único exemplo de literatura aforística existente no Oriente Médio Antigo. As analogias com a sabedoria egípcia foram reconhecidas por todos e, desde então, o valor dos Provérbios passou a ser vinculado ao que era similar na experiência humana em provérbios de outras literaturas sapienciais estrangeiras. Toda a dimensão teológica da obra foi atribuída à atividade editorial posterior, que lhe teria dado uma "reinterpretação javista". As máximas foram classificadas como seculares ou religiosas em base à sua perspectiva e à sua intencionalidade, e em conformidade datadas. Posteriormente tais julgamentos foram corrigidos e matizados por pesquisas vinculadas à literatura egípcia. Também a antiga sabedoria, de fato, estava vinculada à concepção teológica da ordem cósmica e social, estabelecida e garantida pela divindade.

Título do livro e colocação no cânon

O título hebraico do livro é *mishlê sh^{e}lomóh*, "Provérbios de Salomão". O italiano *Proverbi* [e o português *Provérbios*] vem de *Proverbia*, título que Jerônimo deu a esse livro na Vulgata. A LXX traduz *Paroimíai*. O livro é inserido na terceira parte do cânon hebraico, entre os *K^{e}tubím* (*Escritos*). Entretanto, parece que seu reconhecimento como livro inspirado não tenha sido fácil. No capítulo I dos *Abót*, de Rabi Natan, se lê: "Inicialmente se dizia que Provérbios, Cântico dos Cânticos e Eclesiastes eram [livros] apócrifos que adotavam uma linguagem metafórica e não faziam parte das Escrituras. [As autoridades religiosas] decidiram excluí-los [e mantiveram este juízo] até a chegada dos homens da grande assembleia que os interpretaram". O Novo Testamento cita cerca de vinte vezes o Livro dos Provérbios, demonstrando assim sua popularidade.

Dimensão literária

Quando se lê ininterruptamente o livro imediatamente se percebe a diferença entre os primeiros nove capítulos, nos quais predominam unidades longas, e o resto da obra, onde prevalece o provérbio isolado. Além disso, nos títulos se percebe que algumas séries de provérbios são atribuídas a Salomão (1,1; 10,1; 25,1), outras, ao contrário, têm como autores sábios às vezes não nomeados (22,17), outras vezes, ainda, são obra de um personagem de nome Agur (30,1), outras, enfim, de um certo rei de Massa Lemuel (31,1). De todos esses dados se intui que estamos diante de uma coleção de textos de origem diferente.

As principais formas literárias do livro são a instrução, o provérbio, o relato autobiográfico e o acróstico alfabético.

A *instrução*, provavelmente moldada em paralelos egípcios, é endereçada pelo mestre/sábio ao estudante ("filho") e aparece em 1–9; 22,17–24,22; 31,1-9. Trata-se de convites, apresentados em exemplos plásticos, para seguir as sendas da sabedoria e para conscientizar-se das consequências das próprias ações. Na instrução existem ordens e exortações, acompanhadas de argumentos que visam a suscitar a obediência.

O *provérbio – mashál* – é uma máxima essencial, de fácil memorização, que exprime alguma verdade de forma impactante. Cada provérbio é independente de seus vizinhos. O provérbio bíblico geralmente se compõe de um único versículo, com dois hemistíquios articulados em paralelismo sinonímico, antitético e progressivo. Exemplos desses provérbios podem ser encontrados particularmente entre os capítulos 10 e 29. Observando as técnicas usadas é possível supor que muitos provérbios populares foram reassumidos e reescritos por alguma escola de sábios.

Um tipo particular de provérbio é o denominado *provérbio numérico,* particularmente presente em Pr 6,16-19 e no capítulo 30. Aqui o discípulo é convidado a desenvolver sua capacidade de observação comparando fenômenos enigmáticos ou singulares, inseridos num esquema numérico. Por vezes o último elemento da comparação é um fenômeno humano, sobre o qual gravita o peso dos outros fenômenos elencados (cf. 30,18-19).

O *relato autobiográfico* apresenta um episódio da experiência do próprio mestre a fim de convencer o discípulo a adotar um determinado comportamento (cf. 7,6-23).

O *acróstico alfabético* é usado, por exemplo, no poema da mulher forte em 31,10-31. O poema tem o mesmo número de versos que a soma de todas as letras do alfabeto hebraico, e cada verso inicia com a letra alfabética correspondente.

Estrutura geral dos Proverbios

O livro começa com uma longa introdução (Pr 1–9), continua com sete coleções de provérbios (10,1–31,9) e termina com a imagem da "mulher forte" (31,1-31). O quadro (introdução e conclusão) se compõe de longos textos, e as sete coleções contêm, em geral, provérbios ou ditos sapienciais simples.

As partes principais do livro são marcadas pelos títulos[25]:

1,1:	"Provérbios de Salomão" (serve como título em todo o livro e nos capítulos 1–9)
10,1:	"Provérbios de Salomão" (10,1–22,16)
22,17:	"Palavras dos sábios" (22,17–24,22)
24,23:	"Estas também são palavras dos sábios" (24,23-34)
25,1:	"Estes também são provérbios de Salomão, colecionados pelos homens de Ezequias, rei de Judá" (25–29)
30,1:	"Ditos de Agur, filho de Jaces, de Massa" (30,1-14)
	Coleção sem título de provérbios numéricos (30,15-33)
31,1:	"Palavras de Lemuel, rei de Massa, aprendidas de sua mãe" (31,1-9)
	Coleção sem título, poema acróstico sobre a mulher ideal (31,10-31)

Alguns indícios fazem crer que as coleções não foram reunidas casualmente. Talvez nenhum outro livro da Bíblia se apresente de maneira tão ordenada. Alguns estudiosos, de fato, descobriram uma estrutura artificial de algumas coleções considerando o valor numérico dos nomes $sh^elomóh$, $dawíd$, $yisra'él$, $y^echizqiyáh$, e do termo $chakamím$, presentes nos títulos.

Autor do livro e data de composição

Em três passagens do livro (1,1; 10,1; 25,1) encontramos nos títulos a expressão $mishlê\ sh^elomóh$, "provérbios de Salomão". Trata-se de um típico exemplo de atribuição fictícia: segundo uma convenção usual em Israel, ao mesmo tempo se homenageava homens célebres do passado e se conferia prestígio a uma obra. Pelo mesmo motivo os Salmos são atribuídos a Davi e o Pentateuco a Moisés. A razão pela qual esta obra sapiencial (mas também Eclesiastes e Sabedoria) era atribuída a Salomão se vincula às tradições (indicadas em 1Rs 3,1–5,14; 10) relativas à sua sabedoria. De fato, esse patrimônio literário sapiencial foi produzido pelos mestres de escolas e endereçado aos jovens, ou colecionado e redigido por eles.

---

25. Cf. McCREESH, T.P. *Proverbs.* Nova Jersey: Geoffrey Chapman, 1992, p. 453-468.

Não é fácil determinar a data de composição do livro. Trata-se, de fato, de estabelecer a idade dos materiais mais antigos usados pelos mestres de escolas, a época em que desenvolveram sua atividade didática, e, por fim, quando foram juntadas as várias partes que compõem o livro. Assim é possível recolher a atividade da sabedoria de Israel que durou vários séculos (X-III a.C.). Podemos indicar pelos menos três etapas da composição do livro.

Num primeiro momento, no período pré-exílico, existiam as coleções de provérbios populares em relação à família e ao clã. Num segundo momento, no final do século VIII a.C., sob o reinado de Ezequias (25,1), foram encorajadas a coleta, a reprodução, a adaptação e a ampliação do material antigo. O terceiro momento diz respeito à redação do editor, provavelmente ocorrida no período pós-exílico (IV-III a.C.), e seguramente antes da formação do Livro do Eclesiastes (por volta do ano 190 a.C.), que em 47,17 faz referência a Pr 1,6. O redator final completou o livro acrescentando Pr 1–9 como introdução, e 31,10-31 como conclusão.

As fontes de Provérbios

A experiência: o ponto de partida é a observação contínua do que acontece na vida da natureza na qual somos imersos e, sobretudo, na vida cotidiana da família e da sociedade.

A tradição: os provérbios fazem parte de uma literatura transmitida oralmente de pai para filho, de mestre para discípulo, como afirma o Sl 78,3: "O que ouvimos e aprendemos, o que os pais nos contaram não o ocultamos aos nossos filhos". Naturalmente os filhos e os discípulos são estimulados a aderir ao ensinamento do pai e do mestre.

A reflexão: o sábio está convencido de que o caos foi eliminado do mundo e que neste existe uma ordem que sua inteligência pode colher. Por isso os ingênuos e estúpidos que não se dão conta dessa harmonia são desprezados pelos sábios.

A revelação: o sábio tem consciência de que, após ter envidados todos os esforços para adquirir a sabedoria, em última análise esta procede de Deus. Em seu coração se acende a luz da fé com a qual pode entrever o projeto estupendo do Senhor na criação, na sociedade em que vive e na própria vida pessoal.

Leitura rápida

Primeira parte: Pr 1–9

Os primeiros nove capítulos do Livro dos Provérbios são uma composição unificada, que introduz todo o livro com uma série de instruções. Aqui são evidenciadas algumas polaridades, que estarão presentes em todo o livro: a mais importante é a da mulher Sabedoria e da mulher estrangeira; a segunda é constituída pelo pai (ou entre os dois esposos) e pela Sabedoria; a terceira diz respeito ao caminho dos justos e dos malvados.

Introdução ao livro (1,1-7)

Na introdução ao livro (1,1-7) é feita uma chamada interpretativa. Ela pretende ser um guia e um adestramento à virtude ou indicar uma direção: "Para adquirir uma sábia educação, equidade, justiça e retidão" (v. 3).

Todo o ensinamento dos 31 capítulos do livro, também o assim chamado "secular", é iluminado por uma sabedoria que é essencialmente religiosa. Isso já é expresso logo no início, no versículo 7, que representa uma espécie de epígrafe do prólogo: "O temor do Senhor é o princípio do saber". A posição desse versículo (6+1) é relevante: é o sétimo versículo e é repetido em 9,10 no final da primeira coleção e em 31,30 no final do livro.

O livro entende ajudar os jovens ainda inexperientes, mas também aos sábios, a reconhecer o próprio lugar no mundo doado pelo Senhor. Não se ensinará muito a agir para transformá-lo, sensibilidade típica da mentalidade moderna. Trata-se, ao contrário, de saber contemplar toda a realidade e de inserir-se nela com alegria partindo de uma base segura: o temor do Senhor, que significa um afetuoso respeito de Deus, semelhante ao de um filho para com seu pai.

Primeira instrução: o ensinamento dos pais (1,8-19)

A primeira escola da sabedoria é o ensinamento dos pais. Passa-se do apelo à escuta dirigido pelo deuteronomista a toda a comunidade ("Escuta Israel") (*shemá' yisra'él*: Dt 6,4), a um convite feito ao filho: "Escuta filho" (*shemá' bení*). A expressão "meu filho" no contexto de Provérbios indica o leitor disposto a aderir à doutrina da Sabedoria. Os pais, ao contrário, representariam os mestres da Sabedoria.

Se esse discurso é entendido como um ensinamento do pai, trata-se então de um tesouro espiritual que poderá ser útil ao filho adolescente, quando ele passar a ser independente. O filho, mas também o discípulo inexperiente, ambos são alertados sobre o perigo da sedução.

O conselho é que se mantenham distantes dos pecadores que os convidam a unir-se a eles como promessa de conquista de poder, de um fácil bem-estar mediante a violência e a injustiça. O pai sábio, numa catequese familiar, explica o sentido das ordens da Torá, que ele ouve nas assembleias da sinagoga ou do Templo: honra teu pai e tua mãe, não roubar, não matar, não desejar as coisas dos outros (cf. Dt 5,16-17.21). Trilhar o caminho dos malvados significa iniciar-se no caminho da própria falência. O pecado contém em si mesmo o germe da morte.

Primeiro discurso da Sabedoria personificada (1,20-33)

Agora quem fala é a Sabedoria personificada. A linguagem usada é a sapiencial, mas o tom é profético. Ela roda pela cidade em busca de discípulos, causa enorme impressão, fala publicamente e de forma impetuosa como o profeta bíblico que ameaça arruinar e destruir os que não dão ouvidos à sua pregação. Ela não fala no Templo, mas nos lugares em que vivem as pessoas simples. Seu ensinamento é tão eficaz quanto o dos profetas: suas palavras, de fato, são animadas pelo espírito de Deus. Quem não ouvir suas exortações sofrerá suas consequências: o terror da morte. Ninguém evitará a punição. É possível, no entanto, arrepender-se e viver tranquilo, livre do temor do mal.

Segunda instrução: os benefícios da sabedoria (2,1-22)

Após o discurso categórico da dama Sabedoria, ouvimos novamente as palavras do pai e educador, que convida o filho e discípulo a colaborar com ele com docilidade, reflexão, desejo e diligência na busca da sabedoria como tesouro que será doado do alto. Só assim ele experimentará a intimidade com Deus e sua proteção.

A presença contínua da sabedoria torna o discípulo prudente, preservando-o das más companhias. De modo particular, o jovem que acolheu em sua casa a sabedoria será preservado da atração da casa da mulher adúltera, que não somente abandonou o companheiro de sua juventude, mas esqueceu também o pacto de Israel com YHWH no Monte Sinai. É questão de vida ou morte: quem entra na casa da adúltera não voltará mais às alegrias da vida, e corre o risco de desaparecer da terra fértil doada pelo Senhor (cf. Dt 11,17).

Terceira instrução: a fidelidade com o Senhor (3,1-12)

As seguintes admoestações exprimem as típicas preocupações da sabedoria: necessidade de "prestar atenção", promessa de "vida" e uma "fé no Senhor" que vencerá o perigo de acreditar-se "sábio" (cf. 26,12). Estas não são apenas fruto da reflexão humana de um sábio, mas também da sua experiência de fé enquanto membro do povo de Israel.

Parece, de fato, que o sábio releia Dt 6,5 propondo o "primeiro mandamento" no próprio programa sapiencial. A ordem de Dt 6,5a ("Amarás o Senhor teu Deus de todo o teu coração") é retomada em Pr 3,5: "Confia no Senhor com todo o teu coração". Nesse caso a metáfora do coração é conservada, ao passo que o verbo *amar* usado pelo Deuteronômio no contexto da aliança entre Deus e o seu povo é personalizado com o verbo *confiar* (Pr 3,5). A ordem de Dt 6,5b ("Amarás... com toda a tua alma") é ampliada e transformada numa metáfora concreta: "Reconhece-o em todos os seus passos" (Pr 3,6). Por fim, também Dt 6,5c ("Amarás... com todas as tuas forças", *me'odéka*) é transformado em metáfora mais concreta: "Honra o Senhor com tuas riquezas (*mehonéka*)" (Pr 3,9). As *forças* são concretizadas pelo sábio de Provérbios com *as riquezas*.

O mestre termina sua instrução respondendo a uma possível objeção de seu discípulo, que nem sempre vê realizada em sua existência a promessa de uma vida plena e próspera. Na realidade, trata-se de um sinal de favor de Deus, já que o Senhor admoesta e corrige os que são objeto do amor divino.

Quarta instrução: o valor da Sabedoria (3,13-26)

O autor começa com um hino à superioridade da Sabedoria e continua advertindo para que ela seja guardada ciosamente. A Sabedoria personificada, de fato, participa com Deus da criação do mundo e de seu governo. É uma árvore cujos frutos são vida e felicidade. É inteligente, portanto, aquele que mantém seus conselhos bem diante de seus olhos e os medita quando caminha e se deita, assim como o povo de Israel é convidado pelo deuteronomista a fazer o mesmo com a Torá (cf. Dt 6,7).

Quinta instrução: a reta conduta com o próximo (3,27-35)

Após uma série de admoestações relativas a Deus na primeira parte do capítulo (3,1-12), e após ter oferecido o meio para realizar esse duplo programa, ou seja, a sabedoria doada por Deus (v. 13-26), agora o mestre inculca a prática da justiça com o próximo (v. 27-35).

A relação do homem com o seu semelhante deve refletir o seu relacionamento com Deus. O discípulo deve manter-se longe da violência, que não consiste apenas em espalhar sangue, mas também em negar um favor quando se pode fazê-lo. Os pobres e os fracos têm um direito especial à caridade da parte de quem goza de melhores condições de vida.

Sexta instrução: a sabedoria transmitida oralmente (4,1-9)

O mestre convida o grupo de seus discípulos a buscar a sabedoria, como ele mesmo a aprendeu de seus pais, que por sua vez obedeceram à ordem do deuteronomista: "E trarás no teu coração todas estas palavras que hoje te ordeno. Tu as repetirás muitas vezes a teus filhos" (Dt 6,6-7). Acolher a sabedoria transmitida pelo pai é o maior sinal de respeito para com ele. Esse é o maior tesouro que o pai pode passar aos filhos e, portanto, trata-se de um tesouro que deve ser amado como uma esposa.

Sétima instrução: a estrada dos justos e a estrada dos ímpios (4,10-27)

Ao discípulo é indicada uma via segura na condução da própria vida: a Sabedoria. Ouvir o ensinamento do sábio significa viver uma vida longa e feliz, como aquela prometida pelo deuteronomista aos que obedecem à Torá (cf. Dt 30,20). O caminho do ímpio, ao contrário, vai em direção à morte, ao passo que o do justo progride e termina na plenitude como a luz matutina vai crescendo até o meio-dia.

Oitava instrução: advertência contra a dama sabedoria (5,1-23)

Existe um ensinamento particular que o discípulo deve ouvir bem de seu mestre e repeti-lo continuamente para memorizá-lo: manter-se longe das tentações da mulher adúltera. O prazer proibido, uma vez degustado, é amargo como o absinto. O jovem, assim como o homem sábio, sabe evitar as ocasiões de pecado, que muitas vezes têm como consequência a perda do patrimônio, do bem-estar e o risco de sofrer a vingança de um marido ciumento. Busque-se antes a verdadeira alegria e o verdadeiro prazer nos braços da própria mulher, serva amável como gazela graciosa. É bom ter presente, sobretudo, que nada foge ao olhar do Senhor!

Interlúdio: quatro instruções breves e autônomas (6,1-19)

São quatro instruções que não têm um vínculo particular com o que precede e segue. A primeira é contra a generosidade imprudente. O jovem discípulo que por amizade ou por ânsia de lucros se fez fiador de um vizinho, antecipando um pagamento a um estranho, busque ser ressarcido o quanto antes, importunando o vizinho para que lhe pague a dívida o quanto antes, se não quiser cair na malha do credor (6,1-5).

A segunda instrução é oferecida ao preguiçoso, que é convidado a observar a aprender do proceder da formiga. As formigas sabem trabalhar socialmente a serviço de uma coletividade. O preguiçoso, ao contrário, divide o seu tempo entre o seu repouso, o sono e o viver de mãos abanando, mas existe uma realidade que está se movendo lentamente contra ele: a indigência (v. 6-11).

Na terceira instrução o autor adverte seu aluno apresentando os trejeitos do homem perverso (v. 12-15). Ele pode ser reconhecido por suas atitudes externas: pisca os olhos, bate os pés, faz sinais com os dedos, semeia discórdias...

Na quarta exortação são elencadas sete coisas que o Senhor detesta: são os vários membros do corpo a serviço da perversidade (v. 16-19).

Nona instrução: advertência contra o adultério (6,20-35)

São o pai e a mãe que incutem no filho um ensinamento particular que ele deve manter atado ao seu braço e guardado no coração, segundo as ordens da Torá (Dt 6,7-8). Não é admissível um coração dividido entre o amor pelo Senhor e o amor por uma mulher casada com outro: seria brincar com o fogo.

Décima instrução: advertência contra a sedução (7,1-27)

O autor volta mais uma vez a advertir seu discípulo (ou filho) contra a sedução da mulher adúltera. O faz lembrando um fato observado de sua casa com seus próprios olhos: um jovem inexperiente, ao anoitecer, se dirige à casa de uma prostituta da cidade. Ele se reúne com uma mulher que acaba de fazer um sacrifício em cumprimento de um voto e deve consumir a carne no mesmo dia. Por isso busca um convidado que a ajude, já que seu marido, de fato, está em viagem. O jovem, seduzido pela mulher, entra em sua rica e luxuosa casa construída pelo marido para passar com ela uma noite de amor. O discípulo deve aprender de cor o que o mestre lhe está ensinando, "prendendo-o aos dedos" (cf. Dt 6,8-9): o pobre rapaz está a caminho da própria sepultura.

Segundo discurso da Sabedoria personificada (8,1-36)

Com esse discurso o prólogo chega ao seu auge. A dama Sabedoria, como os antigos profetas, fala num lugar típico da vida cotidiana: na praça, na porta principal de uma cidade, talvez a cidade por excelência, que é Jerusalém (8,1-3).

Na primeira estrofe do poema (v. 4-11) a dama Sabedoria não se dirige somente a Israel, mas a todos os homens, lembrando os motivos pelos quais deve ser ouvida: primeiramente, por sua profunda compreensão das coisas e por sua sinceridade.

Na segunda estrofe (v. 12-21) ela afirma possuir extraordinários dons intelectuais: prudência, conhecimento, reflexão, conselho, bom-senso e inteligência. Está disposta a prestar seus favores aos que a amam ou a procuram. Seus bens valem mais do que o ouro e a prata.

Na terceira estrofe (v. 22-31), para convencer seus discípulos, ela fala de sua relação com o Senhor, que remonta às origens. Quem possui seus dons pode descobrir o próprio lugar na hierarquia dos seres criados por Deus e na sociedade dos homens. A sabedoria, de fato, é o arquétipo da criação. Todas as coisas foram feitas por Deus, mas a sabedoria as precede. Esta teve um papel também na criação. Ela faz questão de repetir que não ajudou a Deus, mas estava lá, presente em seu trabalho, como mestre de obra. Enquanto Deus cria, ordena, arranja os fundamentos da terra, fixa as colunas, forma a arcada celeste, divide as águas, estabelece os limites das praias, enfim, quando termina sua obra, eis que Ele contempla a Sabedoria realizando uma dança cultual. Ela dança diante de Deus, mas também sobre a terra, diante dos homens. Os ajuda a oferecer a Deus o culto espiritual, a realizar a liturgia de santidade que se desenvolve na vida diária.

Como conclusão, os versículos 32-36 afirmam que por todos esses motivos os discípulos devem ouvir a Sabedoria. Pecar contra ela significa prejudicar a si mesmo, atraindo contra si o mal. A sabedoria é o oposto da morte. Ouvi-la significa alimentar-se da árvore da vida de Gn 2–3, diferentemente da árvore do conhecimento do bem e do mal que levava à morte.

Dificuldade do discernimento: o banquete da Sabedoria e o banquete da Loucura (9,1-18)

No final da primeira parte é apresentada mais uma vez a chave interpretativa da realidade do ser e da história cotidiana: "O princípio da sabedoria é o temor do Senhor" (9,10). Somente baseando-se numa afetuosa relação com Deus o discípulo será capaz de distinguir a diferença entre a voz da Sabedoria e a voz da Loucura, porque esta, em determinados momentos, imita a primeira usando de suas palavras: "Quem for ingênuo venha aqui" (9,4.16). O discípulo, no entanto, deve ser muito prudente, já que entrar na casa da Loucura significa afundar na morte.

Segunda Parte: Pr 10,1–31,9

Na primeira parte se ensina ao discípulo a tornar-se sábio frequentando a casa da Sabedoria, escutando as instruções dos pais e agindo segundo suas diretivas. Nesta segunda parte o autor propõe outro modo de tornar-se sábio: estudando os escritos dos sábios, sobretudo seus ditos em duas linhas.

Não é possível resumir uma vintena de capítulos que recolhem, na maioria das vezes sem nexos recíprocos, uma grande quantidade de provérbios. Por isso decidimos apresentar alguns motivos-chave ao redor dos quais podem ser reagrupados vários provérbios. Existem sentenças ou adágios centrados na vida harmoniosa do indivíduo com o mundo, sentenças predominantemente dedicadas às relações comunitárias e sentenças de caráter teológico radicadas na fé em YHWH.

O sábio sabe reconhecer seu próprio lugar no mundo

Dado que o redator do Livro dos Provérbios tem consciência de que no céu está Deus, que por sua vez criou todo o universo colocando-o em ordem, e que no mundo existem os homens, a obra convida o discípulo a reconhecer, na escola da sabedoria, seu lugar neste mundo hierarquizado: mundo que o discípulo não é convidado a transformá-lo (como é típico da mentalidade moderna).

Não encontramos nos provérbios críticas às disposições de Deus nem à ordem social. O sábio se limita a contemplar a realidade na qual se insere com humildade. Em Pr 14,20 se escreve: "O pobre é odioso até para o seu companheiro, mas o rico tem muitos amigos". O sábio percebe essa situação de desigualdade social, mas não incentiva o protesto.

O estudante aprende dos escritos dos sábios a conhecer como é o mundo e a colocar-se diante dele com realismo. É verdade, por exemplo, que ao irmão é preferível o amigo, que por sua vez está sempre disponível: "Um amigo sempre quer bem" (17,17). Mas nem do amigo dever-se-ia ser fiador: "É desprovido de bom-senso o homem que dá sua mão e se faz fiador de seu próximo" (17,18).

O sábio é concreto: a caução não é o modo mais justo de ajudar o próximo porque ela não resolve a situação e só oferece vantagem a uma terceira pessoa, que muitas vezes é um estranho. Nem sempre é fácil compreender a realidade. Por isso é importante aprender a discernir.

Às vezes há quem aguarda a própria fortuna e se depara com a miséria: "Quem ama os prazeres se torna indigente" (21,17). Outras vezes, ao contrário, há quem se torna pobre por ter economizado demais: "Há quem reparte e ganha ainda mais, outro poupa demais e acaba na miséria" (11,24).

Às vezes é melhor não responder ao insensato, outras vezes, ao contrário, é importante responder. O sábio sabe ler a realidade caso a caso: "Não respondas ao insensato segundo a sua insensatez, para não te igualares a ele. Responde ao insensato segundo a sua insensatez, para que não se julgue sábio" (26,4-5).

Os sábios são confiantes acerca da possibilidade de conhecer a ordem presente na criação e as regras constantes da vida dos homens, mesmo que cientes dos próprios limites. Por exemplo: existem na criação maravilhas que só podem ser contempladas, já que é impossível compreendê-las a fundo.

A águia avança no céu sem deixar rastros de sua passagem. Também a víbora se move na rocha sem dar passos nem escorregar; ela aparece e desaparece sem que possamos observar sua trajetória. O mesmo acontece com um navio que, por mais pesado que seja, avança mar adentro sem deixar nenhum rastro. Mas também no casal humano existe algo maravilhoso: o homem é atraído pela mulher mesmo que ela permaneça misteriosa, e mesmo tendo sido criada enquanto ele dormia (30,18-19). Existe uma enorme distância entre a nossa sabedoria e a ação de Deus em nossas vidas: "Não há sabedoria, nem inteligência, nem conselho diante do Senhor" (21,30).

O sábio sabe distinguir o vício da virtude

Em sua contemplação do mundo, o sábio descobre uma ordem que vem de Deus e se dá conta que não se pode mais viver sem respeitá-la: colocar-se-ia contra tudo e contra todos. Ele sabe por experiência, e incute em seus discípulos, que os comportamentos justos, respeitosos de tal ordem, levam à vida e à felicidade: "A estrada dos homens retos é evitar o mal; conserva a vida quem controla sua conduta" (16,17).

Às vezes o sábio constata as consequências opostas da humildade e da arrogância, sobretudo no interior de famílias concretas: "A arrogância precede a ruína, e a presunção precede a queda" (16,18). Mas também entre seus discípulos o sábio descobre que sempre tem alguém que quer sobrepor-se aos outros. A este sugere manter-se em seu devido lugar: "O coração soberbo precede a queda, a humildade precede a glória" (18,12).

Além disso, a meditação dos ditos dos sábios ajudará o discípulo a conservar a calma em todas as suas ações, impedindo que se acenda em seu coração a cólera, que às vezes leva a cometer erros irreparáveis: "O homem colérico provoca a discórdia, mas o homem paciente acalma a briga" (15,18). A maior vitória do homem é o domínio de si: "Mais vale a paciência do que a valentia, e mais vale o autodomínio do que a conquista de uma cidade" (16,32).

O discípulo não aprende apenas a ter uma atitude exterior calma; mas, sobretudo, é seu coração que deve permanecer tranquilo, para que assim tudo se torne sereno: "Um coração tranquilo é a vida do corpo, a inveja é a cárie dos ossos" (14,30).

Dos sábios ele deve imitar principalmente a moderação no falar: saber calar e escutar, falando somente no momento oportuno. Quando se diz despropósitos, sem refletir, corre-se o risco de ferir o próximo: "As palavras de alguns ferem como espada, mas a língua dos sábios soa a remédio" (12,18). Frases às vezes ditas ao acaso penetram no espírito como espada. Os sábios sabem como curar essas feridas com suas palavras docemente proferidas: "Favo de mel são as palavras suaves, doces ao paladar e tonificantes aos ossos" (16,24). As palavras amáveis para quem as escuta são tão doces quanto o mel que abunda na terra prometida, de cujo poder curador nem os ossos escapam.

Outro vício do qual o discípulo do sábio deve manter distância é a preguiça. No mundo criado e ordenado por Deus, destinado à habitação feliz do homem, o preguiçoso permanece bloqueado por medo de viver: não quer arriscar, tampouco assumir as próprias responsabilidades, tornando-se assim causa da própria ruína. É o tipo que inventa dificuldades inexistentes e potencializa as reais. Trata-se de desculpas para não agir. O Livro dos Provérbios fala nestes termos: "O preguiçoso diz: 'há uma fera no caminho, um leão rondando as praças'" (26,13).

Mais uma virtude que o discípulo do sábio deve cultivar: a amizade. Ele deve saber distinguir quem é o verdadeiro amigo: "Muitos bajulam o homem nobre, e todos são amigos de quem dá presentes" (19,6). Às vezes é melhor ter um amigo vizinho do que um irmão de sangue distante, que não ajuda em nada: "Mais vale um vizinho próximo do que um irmão distante" (27,10). O amigo não foge diante da desgraça: "Um amigo ama em qualquer tempo, nasceu para ser um irmão até na desventura" (17,17). O verdadeiro amigo também sabe corrigir, já o adulador é um inimigo: "Leais são os golpes do amigo, mas enganosos os beijos de um inimigo" (27,6).

O adulador estende uma rede e faz escorregar: "Quem adula seu próximo estende uma rede debaixo de seus pés" (29,5). Quem encontrou uma amizade também deve saber cultivá-la, não espalhando pelos ares os defeitos do amigo: "Quem busca amizade encobre as ofensas, mas quem a elas retorna separa os amigos" (17,9). As confidências ouvidas da boca do amigo devem permanecer em segredo. Se divulgadas, os que as ouvem não confiarão mais nele: "Discute tua questão com o próximo, mas não reveles o segredo de outrem, para que não te recrimine quem te escuta, e tua calúnia já não possa reparar-se" (25,9-10).

A sociedade vista com os olhos do sábio

O sábio se dá conta por experiência de que não bastam as leis e os tribunais para restabelecer os direitos violados. A violência e a injustiça campeiam diariamente. O discípulo deve aprender a viver nessa sociedade com discernimento. Primeiramente ele deve saber ver mais longe. Às vezes as inimizades e as rivalidades nascem de um início insignificante, de um simples juízo manifestado: "Começar uma briga é como abrir um dique: desista antes que a disputa se exaspere" (17,14). É melhor não se incriminar cedendo à injustiça.

O discípulo deve estar ciente de que é arriscado meter-se numa encrenca já iniciada entre duas pessoas. É como agarrar um cão alheio pelas orelhas: "Agarra um cão pelas orelhas quem se intromete em briga alheia" (26,17). É necessário medir o alcance daquilo que se faz, já que algumas bobagens podem ser fatais (cf. 26,18-19).

O discípulo sábio deve aprender a respeitar a ordem estabelecida por Deus no governo da sociedade em cujo vértice, no antigo Israel, estava o rei. Normalmente as brigas mais importantes são resolvidas em sua presença. Ele, de fato, como juiz supremo é chamado a conhecer, a aprofundar e a resolver com imparcialidade (25,2-3). Além de sábio, o rei deve ser justo: "Seu trono se firmará na justiça" (25,5).

Nem todos os litígios devem ser resolvidos no tribunal. Às vezes é melhor acertar as coisas entre os dois contendores. De fato, se a briga é levada a público podem aparecer coisas que melhor seria tê-las mantido em segredo, e com a consequência que na vizinhança ninguém mais confiará no briguento (25,9-10).

Para o Livro dos Provérbios, portanto, o sábio aprendeu a caminhar na via da justiça, cuja meta é a própria vida: "A justiça dos íntegros endireita seu caminho, mas o malvado cairá por sua maldade" (11,5). O redator final do saltério traça essa via que conduz à vida na recitação contínua, dia e noite, dos Salmos (cf. Sl 1,2.6).

A relação do sábio com as riquezas do mundo

Na escola da sabedoria o discípulo aprende a considerar todos os bens da terra como dons do Criador. Nada, portanto, deve ser desprezado, nem mesmo a riqueza. Esta, somada à honra e à vida, é um dom de Deus oferecido ao homem humilde que respeita as ordens do Senhor: "Frutos da humildade e do temor do Senhor, são a riqueza, a honra e a vida" (22,4). A riqueza é o prêmio de uma vida sábia: "A coroa dos sábios é sua riqueza" (14,24). Por experiência o sábio sabe que a riqueza é fruto do próprio trabalho atento e criterioso. Existe um tempo para trabalhar e um tempo para descansar: "Quem dorme no tempo da colheita passa vergonha" (10,5).

O sábio também sabe que as riquezas são bens fugazes, que pode desaparecer num instante. É melhor dar-lhes o justo peso e preferir a sabedoria (23,4-5).

Dentre as máximas de um estrangeiro, Agur, filho de Jaces, acolhidas pelos sábios israelitas como matéria a ser ensinada aos próprios discípulos, encontramos esta oração: "Afasta de mim falsidade e mentira, não me dês pobreza nem riqueza, sustenta-me com meu pedaço de pão" (30,8). Tanto a riqueza quanto a pobreza podem ser ocasião de pecado. Da riqueza pode derivar a confiança nas próprias forças, a satisfação humana, o desprezo de

Deus. A pobreza poderia ser um motivo para roubar ou, pior ainda, para revoltar-se contra Deus, como a esposa de Jó o incentiva a fazer (Jó 2,9). É melhor contentar-se com o pão cotidiano.

O sábio sabe também, por experiência, que os ricos e os pobres são uma realidade social, no entanto, juntá-los é um profundo dado teológico: "O rico e o pobre se encontram nisto: o Senhor criou a ambos" (Pr 22,2). Portanto, a verdadeira segurança não está na riqueza, mas no nome do Senhor. O rico soberbo e satisfeito, que coloca toda a sua confiança nos bens da terra, ao se defrontar com a ruína perceberá a inconsistência da torre que se havia construído (18,10-11).

A família do sábio

O sábio é um educador. Para seus discípulos ele é um pai. Sobretudo para os pais, e ao pai de modo particular, é reservada a educação dos filhos segundo o temor de Deus. Ele não deve ceder aos outros sua autoridade, e o filho deve reconhecê-la se quiser tornar-se adulto: quem desobedece é criança. Para os sábios o homem é falível e não consegue corrigir-se por si mesmo: "Quem ama a disciplina ama o saber, quem detesta a correção é imbecil" (12,1).

O pai não deve ser um fraco, mas exercitar a própria autoridade, às vezes também de maneira brusca: "Não deixes de corrigir a criança; mesmo se lhe bateres com a vara não morrerá" (23,13).

O pai deve ajudar o filho sensato a escolher a mulher que o acompanhará na vida. O encontro dos dois é um dom do Senhor: "Quem encontra uma esposa encontra um bem; é dom recebido do Senhor" (18,22). Encontrar uma mulher sábia, uma mulher que tenha as mesmas ideias do marido sábio, é dom que vem do alto: "Casa e bens são herança dos pais, mas uma mulher sensata é dom do Senhor" (19,14).

Se as rédeas da casa estão nas mãos de uma mulher sábia, a casa permanece firme, mas basta o menor dos deslizes para que tudo desmorone: "A mulher sábia constrói sua casa, a tola a demole com as próprias mãos" (14,1). Por isso o pai deve alertar os próprios filhos, antes de contraírem matrimônio, sobre o perigo de uma escolha errada: "Uma mulher forte é o orgulho do marido, mas a de má fama é cupim em seus ossos" (12,4). A mulher é carne da carne e ossos dos ossos do homem; mas, quando infiel aos seus compromissos, destrói lentamente a comunhão com o marido: "É melhor morar num cantinho do sótão do que partilhar uma espaçosa casa com uma mulher barraqueira" (25,24).

Que o filho não escolha uma mulher somente por sua beleza, mas observe também se é sábia e inteligente: "Anel de ouro em focinho de porco, eis a mulher bonita e sem juízo" (11,22). E que não se aproxime da meretriz, já que a mulher "prostituta é um grande abismo" (23,27). Frequentando a meretriz ou a estrangeira, ele também pode aproximar-se da idolatria.

As moças, uma vez casadas, evitem o que poderíamos chamar de adultério inescrupuloso: "Assim se comporta a mulher adúltera: come, limpa a boca e diz: 'não fiz nada de mal'" (30,20). Agindo dessa forma elas estariam reproduzindo o pecado da primeira mulher, que por própria conta e risco decidiu sobre o bem e o mal, menosprezando assim a ordem divina.

O sábio e seus inimigos

O inimigo de que fala o Livro dos Provérbios é o inimigo pessoal, a pessoa que fez o mal e com a qual existe intercâmbio. Pois bem, o sábio sabe por experiência que a vingança, retribuindo o mal com o mal, faz a injustiça aumentar. Ele indica a seu discípulo outra via: renunciar à própria defesa remetendo-a a justiça de Deus: "Não digas: 'vou vingar-me do mal'. Espera no Senhor, e ele te salvará" (20,22).

Nos litígios pessoais devem ser usados critérios diferentes da lei do talião do antigo israelita que diz: "Não terás compaixão: vida por vida, olho por olho, dente por dente, mão por mão, pé por pé" (Dt 19,21). O sábio, ao contrário, ensina ao discípulo outra atitude: "Não digas: 'como me tratou assim o tratarei, vou pagar a ele pelo que fez'" (Pr 24,29).

Além disso, o sábio adverte a não se rejubilar com a desgraça do inimigo: "Não te alegres se teu inimigo cair, não fiques contente quando sucumbe" (24,17). Quando teu inimigo sofre uma desgraça como castigo de Deus e te alegras com isso, Deus fica desgostoso de teu prazer. Então ele pode retirar o castigo do inimigo e lançá-lo sobre ti.

O discípulo do sábio deve inclusive fazer mais: "Se teu inimigo tem fome, dá-lhe de comer, se tem sede, dá-lhe de beber. Pois assim amontoarás brasas sobre sua cabeça, e o Senhor te recompensará" (25,21-22). Ao mal ele responde com o bem. Assim procedendo se ajuda o inimigo a iniciar um processo de arrependimento e, envergonhado, talvez confesse o próprio pecado e, quem sabe, também se arrependa. O maior prêmio do sábio é ter amado seu inimigo. Ele sabe que a reconciliação com os inimigos, como aconteceu, por exemplo, entre Jacó e Esaú (Gn 33,10), é um dom do Senhor: "Quando o Senhor aprova a conduta de um homem, também reconciliará com ele seus inimigos" (16,7).

A relação do sábio com Deus

O sábio sabe por experiência que o verdadeiro problema de seus discípulos é configurar a própria vida aos seus próprios projetos sem levar em conta que o projeto do Senhor é muito maior para eles: "Muitos são os planos do coração humano, mas somente os desígnios do Senhor se realizam" (19,21). A causa de tantos fracassos e sofrimentos é querer perseguir um projeto em contraste com o de Deus: "Do coração humano vêm os projetos, mas do Senhor vem a resposta da língua. Confia ao Senhor tuas obras, e teus projetos se realizarão" (16,1.3).

Foi o que aconteceu com Balaão, que havia preparado um discurso de maldição contra Israel, mas o Senhor lhe colocou na boca palavras de bênção (Nm 23,5). O homem pode atribuir-se a cada dia um certificado de boa conduta, mas somente aquele que perscruta os corações pode ser juiz de sua situação real. Após ter elaborado um projeto segundo a vontade de Deus, o sábio, antes de começar a pô-lo em prática, confia seu trabalho ao Senhor, e este fará com que seu projeto se realize. Somente o Senhor é capaz de guiar os seus passos: "O cavalo está pronto para a batalha, mas ao Senhor pertence a vitória" (21,31).

Esse abandonar-se à vontade de Deus nasce do coração do sábio pelo temor que ele tem do Senhor, isto é, por seu afetuoso respeito e por sua humilde veneração. É um temor muito diferente daquele que se tem diante dos homens: "Ter medo dos outros constitui uma armadilha, mas quem confia no Senhor está seguro" (29,25). Quem teme o Senhor não tem mais medo dele.

O pai que na vida sabe se colocar em seu devido lugar temendo o Senhor transmite aos filhos um espírito religioso que os protege das armadilhas da morte: é como uma inesgotável fonte de água vivificante (14,26-27). Quem teme a Deus é um homem humilde que aprendeu colocar-se em seu lugar de criatura, aceitando também as correções (15,33).

Quem pratica a misericórdia com o próximo obtém o perdão dos pecados. Entretanto, se teme o Senhor não chega a pecar, ou se pecou e é perdoado não volta a pecar: "Com amor e fidelidade expia-se a culpa, com o temor do

Senhor evita-se o mal" (16,6). Quem tem uma justa relação com Deus, reconhece humildemente as próprias culpas e as confessa; não deve temer porque Deus responde ocultando sua culpa. Ao contrário, deverão temer aqueles que pecam e se mantêm obstinados no pecado, como o Rei Joaquim (Jr 36) e o faraó (Ex 9,30): "Quem oculta seus crimes não prosperará, mas quem os confessa e os deixa alcançará misericórdia. Feliz é quem vive sempre no temor, mas quem é duro de coração cairá na desgraça" (Pr 28,13-114).

Os sábios sabem que Deus é justo. Ele premia os bons e castiga os ímpios: "A casa dos ímpios será demolida, mas a tenda dos honrados prosperará" (14,11). O sábio viu muitas vezes com os próprios olhos como o mal e o bem têm consequências sobre quem os realiza: "Cada um se sacia com o fruto de sua boca, e cada um receberá a recompensa de suas obras" (12,14). Quem faz o mal já está na morte: "Quem semeia maldade colhe desgraça" (22,8a). Ao contrário, ao fazer o bem o homem se realiza: "A esperança dos justos é a alegria" (10,28a).

Terceira parte: Pr 31,10-31

O último poema da mulher forte, sábia e temente ao Senhor lembra a dama Sabedoria dos capítulos 1–9, constituindo-se a chave interpretativa de todo o livro. Trata-se de um poema alfabético no qual cada verso inicia com uma letra diferente do alfabeto hebraico. Com a forma do acróstico no final do livro parece que se pretende apresentar sinteticamente, mas de forma completa, o próprio pensamento com a representação plástica de uma mulher perfeita da letra A à Z. Todo o alfabeto é necessário para tecer tal mulher, indicando que não existem palavras suficientes para tamanho elogio. Trata-se de uma mulher ideal: "Uma mulher competente, quem a encontrará? Seu valor é superior ao das pérolas. Nela confia o coração de seu marido, e não terá falta de recursos" (31,10-11).

Ela é a felicidade do marido pela vida inteira. Encontramo-la sempre ativa nos trabalhos da casa: do fiar da roupa à compra e preparação da comida. É uma mulher de negócios previdente, que faz frutificar suas riquezas adquirindo campos e plantando vinhas. Está satisfeita com seu trabalho assim como seu marido o está com ela. Os filhos se orgulham de sua inteligência. Não somente seu fascínio e sua beleza são louvados, mas também seu temor ao Senhor: "Enganosa é a graça, fugaz a formosura; a mulher que teme o Senhor merece ser louvada" (31,30).

Quando semelhante mulher existiu em Israel? Quem é, de fato, essa mulher? As principais linhas interpretativas são três. Trata-se de uma mulher real, de carne e osso, diz uma primeira interpretação. Outra afirma que poderia ser a mulher ideal que o sábio deseja que seus discípulos encontrem após a preparação recebida na escola. Enfim, uma terceira voz diz que, não estando o amor presente na descrição, o que conta na esposa é a habilidade comercial, econômica, sua capacidade de trabalho e seus dotes administrativos, mas também o bom-senso, a generosidade e a religiosidade.

Outros, ao contrário, pensam que aqui não se pretende oferecer apenas um retrato da mulher real: considerando a localização do poema no final do livro como conclusão ou sumário, estes entendem que o retrato apresentado deva ser confrontado com a dama Sabedoria de Provérbios 1–9. Ou seja, o final do livro volta a insistir que aquela sabedoria presente nos capítulos 1–9, e que os sábios haviam convidado a procurar, se constitua em desejo de busca de seus discípulos ou filhos.

Enfim, segundo outra linha interpretativa, Pr 31,10-31 estaria falando da mulher forte não apenas realisticamente, mas simbolicamente também. A mulher é imagem da sabedoria que se realiza e se manifesta na vida sábia de uma mulher real, mas é também a imagem do sábio possuído e habitado pela sabedoria que o transcende, justamente porque essa sabedoria é universal. Todos os dotes atribuídos à mulher do nosso poema são também aspectos e concretizações da vida do sábio que vier a ler todos os provérbios escritos neste livro. Eles o ajudarão a conhecer o seu lugar no mundo e a entrever na vida diária uma dimensão mais profunda. Seus leitores são incentivados a colocar-se na via do temor de Deus.

Temáticas teológicas

A dama Sabedoria e a senhora Loucura

O verdadeiro objetivo do Livro da Sabedoria não é simplesmente oferecer uma formação moral; seu principal escopo é levar a pessoa ao discernimento. Ele insiste principalmente na necessidade de discernir o "momento certo" ou o "tempo oportuno" para executar ou não uma ação. A leitura dos Provérbios ajuda a reconhecer, portanto, o tempo oportuno, o lugar certo e a medida exata da ação humana. Trata-se de uma ética da responsabilidade que leva a realizar mais do que o exigido, com fantasia e força, sem perder a alegria, e para além dos 613 preceitos da Torá.

O mestre que se quer sábio não impõe: sua função é persuadir o leitor, modelar o caráter do discípulo e mostrar-lhe a realidade da vida e a melhor forma de encará-la. O livro que ora nos ocupa pretende oferecer ao leitor um caminho de vida e de salvação. A introdução (cap. 1–9) resume essa visão teológica, em cujo centro está o *Kerigma*: "Quem me escutar viverá em segurança e tranquilo, sem temer nenhum mal" (1,33).

Estamos falando de um sábio conhecedor de si, ou seja, que já superou o medo da morte existencial. Portanto, acolher o ensinamento dos sábios e participar do banquete preparado pela dama Sabedoria (9,1-6) é o inverso do que fez o primeiro Adão, que rejeitou a sabedoria do Senhor pela astúcia da serpente, aceitando a mensagem enganadora da dona Loucura (9,13-18). Enquanto o primeiro homem experimentou o vazio e o não sentido da morte existencial, quem dá ouvidos à sabedoria encontra a vida: "Quem me encontra, encontra a vida" (8,35). Vida, concretamente, significa honras, riquezas, um nome respeitável, bem-estar desde já. Ressalte-se que esses bens são sinais da bênção de Deus, de uma vida superior, da felicidade que somente ele pode dar.

Mas, quem são essas duas mulheres que podem oferecer vida ou morte aos homens? Em Pr 8 se fala da dona Sabedoria, que tem uma mensagem a comunicar de forma direta aos seus ouvintes. Fala em público como os antigos profetas, pois, como eles, ela quer proclamar a verdade e a justiça. Sabe aconselhar com prudência e é fonte de bênção. Fala de si mesma lembrando suas origens, anteriores à criação dos abismos e das águas. Antes da criação ela já existia. Esteve presente e viu Deus criando, harmonizando e organizando o mundo. Representava o projeto segundo o qual Deus fez todos os seres. Entretanto, não é criadora, já que gerada por Deus. Está diante dele, mas seu júbilo é estar com os homens. Dá harmonia e estabilidade ao mundo, e ajuda quem está disposto a acolhê-la a relacionar-se com Deus.

A descrição da Sabedoria, que ainda criança dançava diante de Deus enquanto este criava o mundo, é uma representação da criação diferente daquela do Oriente Médio Antigo, que vê o emergir da criação como uma luta cósmica ou como obra de um oleiro. O mundo criado pelo artista divino é estupendo, e dona Sabedoria ajuda os homens a interpretar o sentido profundo de suas maravilhas e, naturalmente, aconselha a não deturpar sua harmonia com o pecado ou com a estupidez. A sabedoria, em última análise, vem do

Senhor, Deus de Israel e Criador do universo, que pode ser encontrado na ordem e na harmonia do mundo.

Os profetas convidam à escuta, já que enviados pelo próprio Deus, que lhes deu uma palavra a ser anunciada num momento histórico específico da vida de Israel. A Sabedoria diz ter uma relação estreita com o Senhor, mas fala por iniciativa própria. Ela parece ser a personificação de um atributo do Senhor, como verdade e justiça no Sl 85: "Amor e verdade se encontram, justiça e paz se abraçam. A verdade germina da terra e a justiça se inclina do céu" (v. 11-12).

A sabedoria parece ser um *projeto de Deus* estabelecido desde sempre, antes que a casa do mundo fosse construída. É o projeto que permanece diante dos olhos de Deus nos inícios e no final da construção de seu palácio. Também o discípulo, segundo Pr 8, pode descobrir tal plano, já concretizado na ordem e na estabilidade do universo, ouvindo os ensinamentos da dona Sabedoria. Seu ensinamento concreto – o banquete por ela preparado – se constitui dos provérbios que estão na parte central do livro (10,1–31,9). Assim, por meio dos sábios do antigo Israel que os compuseram, que os colecionaram, que os publicaram, é a própria Sabedoria do Senhor que fala e ensina. Assim como os profetas estavam investidos do Espírito do Senhor, também os sábios, talvez sem sabê-lo, agiam sob inspiração divina.

A dona Loucura, ao contrário, representa o discurso oposto e contrário ao da dona Sabedoria. Ela pode ser identificada com a "mulher estrangeira" (cf. 2,16; 5,3.20; 7,5; 23,27), classificação metafórica que indica desvio e desordem, alteridade (compreendida ética e religiosamente), e não somente pertença a outro povo. Esta não encarna a sabedoria, não se insere na ordem criacional universal, tampouco é fiel ao patrimônio cultural-religioso próprio de Israel, designado em Pr 1–9 como temor do Senhor: "O temor do Senhor é o princípio do saber" (1,7).

As duas mulheres falam ao filho convidando-o com as mesmas palavras de acolhimento de seus ensinamentos. Cabe a ele optar pelo convite da dona Sabedoria e desmascarar as seduções enganadoras da dona Loucura. A Sabedoria fala para construir, a mulher louca para destruir; a primeira favorece a ordem e a estabilidade, a segunda convida à confusão dos valores que levam à morte. O discípulo é convidado a discernir.

O sistema educacional em Israel[26]

O neto de Ben Sira inicia seu *Prólogo* à tradução do livro de seu avô afirmando que "muitos e importantes ensinamentos nos foram dados pela Lei, pelos Profetas e por outros Escritos posteriores, pelos quais convém louvar Israel por sua doutrina e sabedoria". Tal afirmação indica que no século II a.C. a educação tinha um papel importante. No entanto, não se encontra na Bíblia uma descrição sistemática a esse respeito. A pergunta diz respeito ao contexto onde tal educação acontecia: na família ou na escola? Além disso, é bom ter presente a dificuldade de tentar descrever as instituições educativas, que ao longo dos séculos sofreram modificações: uma é a educação no tempo dos Juízes (séc. XIII-XII a.C.), outra a do tempo dos Macabeus (séc. II a.C.).

Sabemos que na Babilônia existiam escolas já no tempo dos Sumérios, por volta de 2500 a.C. Se chamavam "Casa das tabuinhas" e eram destinadas à formação dos escribas. No Egito a instrução nas escolas durava quatro anos e era associada aos templos: nela eram admitidas também as meninas, à quais se ensinava o canto, a dança e a música.

Quanto a Israel, ao contrário, ainda se discute sobre a existência de "escolas" no período dos reinos do Norte e do Sul. Alguns estudiosos afirmam sua existência, baseando-se na evidência epigráfica e ortográfica e no uso de um sistema complicado de numeração; outros, ao contrário, sustentam que os dados (bíblicos, epigráficos e paralelos no Oriente Médio Antigo) ainda não permitem afirmações conclusivas. Entretanto, parece ser possível afirmar que a precisão, a meticulosidade e a constância da escritura nas inscrições desse período da história de Israel refletem uma educação escribal padronizada, ainda que não haja clareza sobre a existência de edifícios escolásticos e sobre quem seriam os promotores de tais escolas. Dito isto, só podemos tentar olhar de forma bastante genérica a forma como se configurou a educação ao longo da história de Israel.

No pré-exílio, a tribo e a família, em particular o pai, eram a fonte da educação. Os filhos eram instruídos nas várias ocupações agrícolas e artesãs (fabricação de tendas e utensílios), ou na pesca. A mãe era a mestra principal das filhas acerca dos trabalhos domésticos (cf. Pr 31,10-31). As meninas podiam cantar na corte do rei (2Sm 19,36). Os sacerdotes, antes

---

26. Para ulteriores aprofundamentos, remetemos a LEMAIRE, A. *Le scuole e la formazione della Bibbia nell'Israele antico*. Bréscia: Paideia, 1981 [Studi biblici, 57]. • DEMSKY, A. "Education in the Biblical Period". In: *Encyclopedia Judaica*, vol. VI, p. 382-398.

mesmo de exercer o próprio ofício, deviam aprender as regras litúrgicas. Também os profetas com seus discípulos conservavam e estudavam os feitos e as palavras de seus predecessores. E com os sacerdotes e os profetas, no interior da cultura hebraica se desenvolveu uma literatura escrita que retomava a tradição oral. Então se tornou importante a necessidade de saber ler. Supõe-se, portanto, que a educação fosse concentrada na formação de mestres, escribas, que pudessem ensinar a ler e a escrever. O escriba hebreu tinha um trabalho bastante leve no aprendizado do alfabeto de 22 letras, se comparado aos seus colegas mesopotâmicos e egípcios, que deviam dominar pelo menos um sistema de centenas de sinais. Parece que o Livro dos Provérbios servia de base para a educação do rei e dos homens da corte (Pr 8,15-18), especialmente para os burocratas (Pr 22,29). Ali se ensinava as virtudes da piedade, honestidade, responsabilidade, as virtudes sociais e a lealdade ao rei.

Durante o exílio na Babilônia, os israelitas tiveram que confrontar-se com costumes estranhos à própria cultura, acolhendo, por um lado, contribuições externas e, por outro, fazendo um grande esforço para tornar estáveis as próprias tradições no escrito sacerdotal. Nesse período, o primeiro centro de formação continuava sendo a família. Pai e mãe eram responsáveis pela educação; primeiramente o pai, mas também mãe e avó, como se percebe em Tb 1,8: "O terceiro dízimo, eu o dava aos órfãos e às viúvas e o distribuía aos prosélitos que se uniram aos israelitas. Fazia-lhes essa oferta de três em três anos. Nós a comíamos, conforme a prescrição da Lei de Moisés, e também conforme as recomendações feitas por Débora, mulher de Ananiel, a mãe de nosso pai, já que meu pai, morrendo, me havia deixado órfão".

Os momentos privilegiados para o ensinamento eram as festividades da Páscoa, a Festa das Semanas e a Festa das Cabanas, nas quais os filhos tinham a oportunidade de fazer perguntas e receber respostas acerca das tradições dos pais. Assim começaram a emergir centros da comunidade em torno do Profeta Ezequiel ou do Rei Joaquim, deportados para a Babilônia, centros que em seguida se transformaram em sinagogas. Em tais centros a Lei era explicada, aprofundada e aplicada. Nesse período os escribas começaram a exercer um papel significativo no ensinamento e na educação do povo.

Depois do exílio, a função educativa dos sacerdotes e dos profetas diminuiu e foi aparecendo sempre mais a dos escribas, que se dedicavam à instrução pública e privada, fundando escolas para principiantes e pessoas mais avançadas na instrução como, por exemplo, a *bet midrash* ("casa de instrução") do Eclesiastes (Ecl 51,23).

A primeira regulamentação escolástica para as crianças foi introduzida por *Sim'òn ben Shètah*, cunhado de Alexandre Janeu (por volta de 100 a.C.). O Talmude contém afirmações mais explícitas sobre a fundação de escolas no final do período do Segundo Templo. Lembra-se como *Yᵉhoshùa'ben Gamláh*, sumo sacerdote em exercício em 64 a.C., estabeleceu que fossem designados mestres de jovens para cada região da cidade, e que as crianças iniciassem a ir à escola com a idade de seis ou sete anos (*Baba Batra 21a*). A maioria dessas escolas funcionava nas sinagogas e sob a supervisão dos bedéis. Para poder ensinar livremente cada mestre devia ter também uma profissão para poder prover suas necessidades materiais.

Os métodos de ensino eram baseados na memorização mediante a transmissão acurada e a repetição frequente do material em geral constituído por porções significativas do texto hebraico da Escritura. Em conclusão: mesmo se a educação em Israel mudou em método e conteúdo, esta permanece uma estrutura fundamental para transmitir a tradição sagrada e a fé às novas gerações.

Bibliografia comentada

Comentários

Não são muitos os comentários sobre todo o livro. Um sintético e exaustivo comentário é:

DALLA VECCHIA, F. In: *La Bibbia Piemme*. Casale Monferrato: Piemme, 1995, p. 1.419-1.463.

Um texto para quem tem uma certa familiaridade com os estudos bíblicos é:

BERNINI, G. *Proverbi*. Roma: Paoline, 1978 [Nuovissima versione della Bibbia, 19].

Na mesma linha, mas enriquecido à luz da pesquisa e da sensibilidade contemporânea está um comentário:

PINTO, S. *Proverbi* – Introduzione, traduzione e commento. Cinisello Balsamo: San Paolo, 2013 [Nuova versione della Bibbia dai testi antichi, 10].

Num nível mais elevado se situam os comentários:

ALONSO SCHÖKEL, L. & VÍLCHEZ LÍNDEZ, J. *Proverbi*. Roma: Borla, 1988 [Commenti biblici].

CIMOSA, M. *Proverbi*. Milão: Paoline, 2007 [I Libri biblici – Primo Testamento, 22].

PERDUE, L.G. *Proverbi – Detti, poesie e istruzioni per i più alti ideali*. Turim: Claudiana, 2011 [Strumenti e Commentari] [orig. inglês: 2000].

Textos de caráter divulgativo e espiritual

Como textos de divulgação, temos:

BOADT, L. *Proverbi con introduzione alla letteratura sapienziale*. Bréscia: Queriniana, 1987.

BONORA, A. *Proverbi-Sapienza* – Sapere e felicità. Bréscia: Queriniana, 1990 [Leggere oggi la Bibbia, 1.14].

MARCONCINI, B. *I Proverbi* – Origine e sviluppo della tradizione sapienziale. Cinisello Balsamo: San Paolo, 1990.

RAVASI, G. *Proverbi e Siracide*. Bolonha: EDB, 1989.

Rico em contribuições espirituais:

MAZZINGHI, L. *Proverbi*. Roma: Città Nuova, 2003 [Commenti spirituali all'Antico Testamento].

Muito útil é o número da revista *Parole di vita* (48/1, 2003), dedicado inteiramente ao Livro dos Provérbios, com artigos interessantes de M. Priotto, N. Calduch-Benages, A. Passaro, G. Bellia, D. Scaiola, C. Doglio e L. Mazzinghi.

Outros textos úteis

Sublinhe-se as atas do congresso dedicado a este livro, publicadas em:

BELLA, G. & PASSSARO, A. (org.). *Libro dei Proverbi* – Tradizione, redazione, teologia. Casale Monferrato: Piemme, 1999.

E ainda:

PINTO, S. *"Ascolta figlio"*: autorità e antropologia dell'insegnamento in Proverbi 1–9. Roma: Città Nuova, 2006.

SIGNORETTO, M. *Metafora e didattica in Proverbi 1–9*. Assis: Cittadella, 2006 [Studi e ricerche – Sezione biblica].

Sobre um aprofundamento acerca do sistema educacional em Israel, pode-se consultar:

BISSOLI, C. *Bibbia e Educazione* – Contributo storico-critico ad una teologia dell'educazione. Roma: LAS, 1981.

CIMOSA, M. "Educazione e insegnamento dei libri sapienziali". In: BONORA, A. & PRIOTTO, M. (orgs.). *Libri Sapienziali e altri scritti*. Leumann: Elledici, 1997, p. 399-411 [Logos. Corso di Studi Biblici, 4].

MAZZINGHI, L. "La sfida educativa nella tradizione sapienziale d'Israele". In: Di PALMA, G. (org.). *Una saggia educazione*. Nápoles: Pontificia Facoltà teologica dell'Italia meridionale, 2011, p. 11-38.

Jó

Introdução

Título e origem do livro

O título do livro não deriva do autor, mas do nome do protagonista *'iyyób*, que poderia significar "hostilizado" (por Deus ou por satanás?), "inimigo", "agressor" (de Deus?), "aquele que se converte", mas poderia significar também: "Onde está Deus?" Observando a proveniência dos nomes que aparecem no texto (Jó, Elifaz, Sofar, Baldad) é possível pensar que o contexto de origem do livro seja Edom; há quem pense, ao contrário, com base em algumas particularidades da língua (em particular aos ugaritismos), que o livro tenha origem no Norte da Palestina.

Autor

As hipóteses são substancialmente duas. Segundo a mais comum[27], à origem da formação do livro estaria uma antiga tradição, um relato popular difundido entre os sábios do Oriente Médio Antigo. Esse relato teria tido uma trama simples: Jó, homem justo, é submetido a várias provações, mas permanece fiel a Deus até o fim. Como recompensa, Deus o abençoa devolvendo-o à situação precedente, aliás, multiplicando seus pertences, seus filhos e seus dias. A esse antigo relato se referem o prólogo (cap. 1–2) e o epílogo (42,7-17). Com base nessa trama um poeta teria composto uma série

---

27. Nessa linha se situam, p. ex.: WEISER, A. *Giobbe* – Traduzione e commento. Bréscia: Paideia, 1975. • RAVASI, G. *Giobbe – Traduzione e commento*. Roma: Borla, 1979. • L ALONSO SCHÖKEL, L. & SICRE DIAZ, J.L. *Giobbe* – Commento teologico e letterario. Roma: Borla 1985. • BORGONOVO, G. *La notte e il suo sole*: luce e tenebre nel Libro di Giobbe – Analisi simbolica. Roma: PIB, 1995. • GROSS, H. *Giobbe*. Bréscia: Morcelliana, 2002. • CAPPELLETTO, G. *Giobbe*: l'uomo e Dio si incontrano nella sofferenza. Pádua: Messaggero, 2006.

de diálogos sobre o tema da retribuição entre o protagonista, Jó, e seus três amigos: Elifaz, Sofar e Baldad (cap. 3–27; 29–31). Em seguida teriam sido acrescentados: os discursos de outro personagem, Eliú, que critica tanto Jó quanto seus três amigos (cap. 32–37), o elogio da sabedoria (cap. 28) e algumas intervenções de Deus, sobretudo seu segundo discurso (40,6–41,26).

Outros[28], ao contrário, pensam num autor único, que se teria servido de um relato popular pré-existente; inclusive os discursos de Eliú (cap. 32–37) seriam do mesmo autor. Esses capítulos foram escritos para ocupar a posição atual no livro. De fato, Eliú começa a falar quando os três amigos terminam de responder a Jó, e em seus discursos rebate tanto os argumentos de Jó quanto os dos amigos, constituindo-se numa espécie de árbitro entre eles. Em seguida ele cita palavras dos diálogos de Jó e assume algumas de suas afirmações para refutá-las.

A controvérsia acerca da autenticidade dos discursos de Eliú começou no início do século XIX com M.H. Stuhlmann[29], G. Eichorn[30] e H. Ewald[31], mas já São Gregório Magno (papa de 590 a 604) manifestava perplexidades acerca da autenticidade desses capítulos. Inicialmente os argumentos a favor da interpolação desses capítulos por parte de um segundo autor eram baseados, sobretudo, em razões linguísticas; mais tarde a força do argumento se baseou principalmente em razões lógicas e secundariamente em razões linguísticas.

Os motivos continuamente repetidos pelos estudiosos do primeiro grupo são os seguintes: Eliú faz frequentemente referência direta aos amigos e a Jó, enquanto ele não é mencionado nem direta nem indiretamente em nenhuma outra parte do livro; o prólogo apresenta os três amigos de Jó e explica como eles intervêm no debate, ao passo que de Eliú não se fala nada; Eliú fala longamente de todos os outros, mas estes nunca falam nada dele; o último discurso de Jó é um apelo a Deus para que lhe responda (Jó 31,35-37), e YHWH responde (38,1) com palavras endereçadas obviamente à pessoa que apenas acabou de falar, e já que esta só pode ser Jó, YHWH não leva em

---

28. HABEL, N.C. *The book of Job*. Londres: Paperback, 1985. • JANZEN, J.G. *Giobbe*. Turim: Claudiana, 2003.

29. STUHLMANN, M.H. *Hiob: ein religiöses Gedicht* – Aus dem Hebräischen neu übersetzt und erläutert. Hamburgo: Friedrich Pertes, 1804.

30. EICHORN, G. *Einleitung in das Alte Testament*. Leipzig: Weidmanns, 1903.

31. EWALD, H. *Das Buch Hiob erklärt*. Göttingen: Vandenhoeck, 1836.

consideração a intervenção de Eliú. A tese de Eliú, segundo a qual os sofrimentos servem para a purificação do homem e têm uma função pedagógica, é diferente daquela dos outros capítulos, nos quais o sofrimento é um castigo divino; no epílogo, YHWH exprime um juízo sobre aquilo que Jó e seus três amigos disseram, mas não faz nenhuma referência a Eliú; a seção inteira pode ser suprimida do livro sem que se perceba uma falta de continuidade na construção e os discursos, portanto, são supérfluos enquanto não acrescentam nada de substancial ao que os amigos disseram e, de certa forma, destroem o efeito dos discursos subsequentes, à medida que antecipam o que Deus dirá.

Por fim, os autores que confirmam os argumentos precedentes acrescentam motivações linguísticas: a linguagem desses capítulos seria diferente daquela do resto do livro, mesmo se muitos críticos, ao apresentar essas razões linguísticas, recomendam avaliar a força de sua complexidade, já que nenhuma seria decisiva.

O grupo dos estudiosos que não consideram cabais os argumentos dos que afirmam que os discursos de Eliú são acrescentados por um autor posterior é bastante significativo, embora minoritário[32]. Lembramos aqui os argumentos desse grupo.

Os críticos afirmam que os capítulos 32–37 são interpolados, sobretudo porque nestes é introduzido inesperada e inadequadamente o personagem de Eliú. A estes uma minoria de estudiosos responde que não se deve confundir nossos critérios de congruência com os de um antigo semita. Um antigo semita podia considerar natural a introdução de um personagem inesperado, ainda que realmente inesperado. Não é impossível, pois, que Eliú já fosse conhecido da tradição popular por seu caráter típico, e assim o leitor já saberia de antemão que em determinado momento devia aparecer essa espécie de Rodomonte[33] acadêmico. Argumenta-se que o fato de Eliú não ser mencionado no prólogo não significa nada, já que é norma de nosso autor não apresentar nenhum interlocutor senão no momento de sua entrada em cena. Portanto, Eliú não devia necessariamente ser mencionado no prólogo, ou

---

32. Para o séc. XIX, cf., p. ex., BUDDE, K. *Das Buch Hiob übersetzt und erläutert*. Götingen: Vandenhoeck, 1896; e, para o séc. XX, RICCIOTTI, G. *Il libro di Giobbe* – Versione critica dal testo ebraico. Turim: Marietti, 1924.

33. Rodomonte é um personagem ficcional importante nos poemas épicos românticos italianos [N.T.].

seja, longe trinta capítulos de sua "estreia". O mesmo se afirma do epílogo: neste, os três amigos são mencionados com o objetivo de repreendê-los; mas esse não era o caso de Eliú, cujas ideias em geral se identificam com as do autor. Esse motivo também explica a razão pela qual YHWH, juiz último da disputa, não responde a Eliú. O fato que nem mesmo Jó responda a Eliú é justificado pela afirmação de que os discursos de Eliú e os de YHWH em parte são paralelos, e porque justamente com Eliú começa a tornar-se clara a verdade tão freneticamente buscada até aqui. Pois bem, enquanto precedentemente Jó, ainda desconhecedor, respondia aos amigos, no instante em que começa a emergir a luz da verdade ele não responde nem a Eliú nem a YHWH; somente em relação a este último ele profere algumas palavras de consentimento, que não são uma réplica, mas uma confirmação da superação do drama.

Nos últimos anos os estudiosos passaram a considerar mais importante a forma final da redação, e perguntam sobre o papel dos discursos de Eliú no conjunto do Livro de Jó[34]. E constataram que esses discursos desenvolvem uma significativa função hermenêutica a respeito dos discursos divinos. Estes deslocam a atenção teológica dos problemas de Jó acerca da justiça de Deus para o problema da onipresença, oferecendo uma perspectiva acerca do sofrimento, da criação e da natureza da sabedoria em si mesma.

Portanto, parece que a teoria das múltiplas fontes, embora plausível, não responda adequadamente às preocupações de cunho teológico. O livro, enquanto um todo literário, pode ser aceito ou rejeitado, e isto principalmente pelo fato dele ter chegado até nós dessa forma.

Estrutura literária

A *estrutura* do Livro de Jó, em sua forma canônica atual, é articulada em partes claramente delimitadas tanto em relação ao seu gênero literário – prosa e poesia – quanto nas indicações explícitas que introduzem os vários personagens que entram em cena. A parte poética é formada por uma alternância de solilóquios da parte de Jó, na qual nos deparamos com suas lamentações e declarações de inocência, e por diálogos com personagens diferentes: os três amigos, Eliú e Deus.

---

34. Cf. McCABE, R.V. Elihu's Contribution to the Thought of the Book of Job. *DBSJ2*, 1997, p. 47-80. • SCHWIENHORST-SCHÖNBERGER, L. "Il libro di Giobbe". In: ZENGER, E. (org.). *Introduzione all'Antico Testamento*. Bréscia: Queriniana, 2005, p. 506-526.

Na narrativa dos capítulos 1–2 Jó dá uma prova incomum de paciência acolhendo sem rebelar-se torturas físicas e morais, infligidas por satanás com a permissão do Senhor. Dessa forma fica claro para todos que a religiosidade de Jó não depende da prosperidade econômica e familiar. O discurso poderia concluir-se com a expressão "Apesar de tudo isto Jó não pecou com seus lábios" (2,10).

Por outro lado, da boca do protagonista é possível ouvir uma terrível lamentação pela tragédia que se abateu sobre ele (cap. 3). É uma atitude agressiva que se agrava sempre mais no diálogo com seus três amigos vindos a consolá-lo, que ordinariamente intervêm em três séries de discursos. A tensão se torna tão forte que os três são reduzidos ao silêncio e, inclusive, o terceiro amigo, Sofar, não intervém na terceira série (cap. 3–27).

Jó não está convencido da fé dogmática de seus amigos e quer tratar seu caso diretamente com Deus, num juízo imparcial. No poema (Jó 28) ele lembra: "O temor do Senhor: eis a sabedoria! Evitar o mal: eis a inteligência" (v. 28). É o que ele sempre fez (cf. 1,1.8; 2,3). Portanto, o sofrimento presente não pode ser punição por seus pecados. Ele protesta veementemente afirmando ser inocente (cap. 29–31) e a questão parece encerrada: "Aqui terminam as palavras de Jó" (31,40).

Deus não responde imediatamente aos protestos de Jó. Antes dele intervém um personagem completamente novo, Eliú, que faz quatro intervenções, às quais Jó não sabe o que responder (cap. 32–37). E sem nenhum sinal de interrupção no texto, Deus intervém no meio da tempestade lançando uma acusação sobre Jó: "Quem é este que ofusca a Providência com discursos sem sentido?" (38,2). O Senhor se detém para ouvir a brevíssima resposta de Jó: "Sou insignificante, que vou responder? Ponho a mão sobre a minha boca" (40,4). Depois do segundo discurso (40,6–41,26), Jó se entrega ao Senhor do universo, reconhecendo não ter o direito de decidir como deve funcionar a ordem cósmica (42,1-6). Deus demonstrou sua liberdade de afligi-lo, no fim também toma a liberdade de abençoá-lo, devolvendo Jó a uma situação ainda mais esplêndida do que aquela dos inícios (42,7-17).

O sofrimento do justo e a retribuição são temáticas pertinentes no Livro de Jó, mas o problema de fundo é este: "Pode o homem ser mais justo do que Deus, ou o mortal ser mais puro que seu criador?" (4,17). Pode o homem impor condições a seu criador ou chamá-lo a prestar contas de seus feitos? Deus está totalmente fora do horizonte e do alcance do homem, e, no entanto, Ele fala seja por meio do sofrimento seja por meio das obras da criação.

O Prólogo (Jó 1–2)

Primeiro ciclo de diálogos (Jó 3–14)

> Monólogo de Jó (3)
>
> Intervenção de Elifaz (4–5)
>
> Resposta de Jó (6–7)
>
> Intervenção de Baldad (8)
>
> Resposta de Jó (9–10)
>
> Intervenção de Sofar (11)
>
> Réplica de Jó (12–14)

Segundo ciclo de diálogos (Jó 15–21)

> Segunda intervenção de Elifaz (15)
>
> Discurso de réplica de Jó (16–17)
>
> Segunda intervenção de Baldad (18)
>
> Jó responde a Baldar (19)
>
> Segunda intervenção de Sofar e réplica de Jó (20–21)

Terceiro ciclo de diálogos (Jó 22–27)

> Elifaz (22)
>
> Jó (23–24)
>
> Baldad (25,1-6)
>
> Réplica de Jó (26–27)

Hino sobre a sabedoria (Jó 28)

Solilóquio de Jó (Jó 29–31)

Os discursos de Eliú (Jó 32–37)

O Senhor responde a Jó (Jó 38,1–42,6)

Epílogo (Jó 42,7-17)

Época de composição

A época mais provável da composição do livro é a pós-exílica, quando, com Ezequiel, se passa para a perspectiva da retribuição individual. Existem semelhanças entre Jó 3, as lamentações de Jeremias (Jr 20,7-18) e algumas advertências sobre o modo de enfrentar o sofrimento presentes no Dêutero-Isaías (Is 40–55). Alguns pensam que o texto reflita o tempo de Neemias, que, por volta de 445 a.C., foi a Jerusalém para resolver algumas graves dificuldades que os repatriados da Babilônia e seus descendentes tiveram que enfrentar. Segundo outros, os contatos com a literatura egípcia e a extrema precariedade social do período persa poderiam sugerir como data de composição do livro os primeiros anos do período helenístico.

Gênero literário

Não é fácil definir o gênero literário deste livro: um drama, um procedimento jurídico, uma disputa sapiencial, uma lamentação sálmica... As opiniões dos estudiosos divergem. O pano de fundo cultural do livro é o do Oriente Médio Antigo, mas as tradições sapienciais da Bíblia criaram o contexto teológico. É evidente, no entanto, que se trata de uma criação literária, não a *reportagem* de um debate.

O prólogo (Jó 1–2) e o epílogo (42,7-17) lembram os relatos patriarcais e a historieta folclórica caracterizada pela arte estilizada, cifras convencionais, discursos estereotipados, hipérboles legendárias (confira as riquezas de Jó), uso do mito (confira a cena da corte celeste), simplificação dramática da situação (confira a simétrica coincidência da chegada dos mensageiros de desventura em Jó 1,16.17) e profundidade psicológica sob um revestimento anedótico ingênuo.

O Livro de Jó se diferencia dos outros Livros Sapienciais porque trata de um único tema, utilizando a forma dialógica. Alguns pensam numa recitação a mais vozes, ao longo da qual cada participante declama por sua vez uma série de estrofes.

Texto

Permanecem algumas dificuldades na reconstrução do texto original. A beleza do atual Texto Massorético foi confirmada por estudos de linguística semítica comparada. A tradução grega dos LXX frequentemente se apresenta como uma paráfrase; é muito mais curta que o hebraico. O Targum de Jó foi descoberto na XI gruta de Qumran e publicado em 1972. A Vulgata é bastante fiel ao texto hebraico. Entretanto, ela contém interpretações rabínicas e às vezes reinterpreta em sentido cristão alguns textos. Um exemplo é a doutrina sobre a ressurreição do homem em Jó 19,25: *"Scio enim quod Redemptor meus vivit et in novissimo die de terra surrecturus sum"*, uma doutrina estranha ao texto hebraico original.

A localização no cânon

O Livro de Jó pertence à terceira parte dos livros sagrados hebraicos, os K^etubím ou "Escritos". Na *Bíblia Hebraica Stuttgartensia* ele vem depois dos

Salmos e é seguido pelos Provérbios. Ainda no interior dessa seção da Bíblia, também o códice grego alexandrino segue a ordem: Salmos, Jó, Provérbios. Ao contrário, Cirilo de Jerusalém, São Jerônimo e outros testemunhos antigos seguem uma ordem diferente: Jó, Salmos, Provérbios. O Concílio de Trento e as traduções italianas preferiram essa última ordem. Na Antiguidade, somente Teodoro de Mopsuéstia colocou em dúvida a canonicidade do livro.

O tema do justo sofredor no ambiente oriental

O tema levantado por Jó foi enfrentado também pelos sábios do Oriente Médio Antigo.

No Egito, duas obras despertaram a atenção dos estudiosos. Primeiramente o *Relato do camponês eloquente:* um habitante do Oásis do Sol desce à cidade para levar os produtos do Oásis. É roubado por um funcionário público. Ele, arriscando a morte, pede justiça a um alto funcionário da corte e é colocado no lugar do funcionário que o havia roubado. O corpo da obra é precedido por um prólogo e concluído por um epílogo. A *Disputa entre um homem e sua alma* é outro texto egípcio que apresenta uma forma literária semelhante à de Jó. O protagonista descreve a intolerabilidade de uma vida transtornada por uma tragédia pessoal, pensando inclusive em suicídio como solução aos próprios problemas. No final a alma lhe aconselha uma vida dedicada ao prazer e sem preocupações.

É principalmente na Mesopotâmia que se conservou o maior número de obras centradas no tema do sofrimento. Uma delas tem características tão similares a Jó que é frequentemente denominada "Jó babilônico", e se chama: *Ludlul bel nemequi*, "Quero louvar o Senhor da sabedoria", versículo com o qual esse pequeno poema começa (1500 a.C.). Um personagem da aristocracia latifundiária é abandonado pelos deuses (deus pessoal; gênios protetores) e golpeado por várias desgraças. O poema começa descrevendo o abandono e a perseguição dos próprios amigos, a invasão das doenças que o obrigam a acamar-se e a girar-se sobre os próprios excrementos. Ele se dirige então aos deuses para pedir-lhes explicações dos próprios males, já que convencido de que não se trata de um castigo por seus pecados. Os deuses parecem calar-se, e o personagem conclui que é impossível compreender o mundo deles. Em sua mesa principal lhe aparecem então em sonho um jovem e uma jovem rainha, que com a intervenção de Marduk o salvam. O banquete final mostra uma celebração de Marduk e a reintegração religiosa e social do sofredor.

O problema de fundo, "o justo sofredor", faz parte da cultura circunstante. Existem inegáveis semelhanças com Jó, mas também evidentes diferenças. Jó afirmar com convicção o monoteísmo; ele não está de acordo com a concepção mítica de que o mal vem de um Deus temperamental; para ele a morte não é a verdadeira libertação e salvação do homem; a vida é preferível à morte; ao problema da morte só se escapa descobrindo o novo rosto do Deus de Israel; o tema do desinteresse em servir a Deus (Jó 1,9) não se encontra alhures.

O Livro de Jó, portanto, não se dissocia da cultura oriental de seu tempo; ele trata de um problema comum, mas no contexto da fé de Israel.

Leitura rápida

O prólogo (1–2)

O prólogo apresenta claramente o contexto em que se situa o problema do livro. Trata-se de uma abertura idílica. Jó é descrito como um personagem justo, que vive confortavelmente; é abençoado por Deus com dez filhos, com os quais leva uma vida harmoniosa e feliz. Nesta vida ordinária um belo dia entra satanás. Jó, porém, não o sabe. É o leitor que se dá conta de um diálogo que se desenvolve no céu entre um misterioso personagem, satanás, o adversário, e Deus. Satanás pergunta: "Será em troca de nada que Jó teme a Deus?" (1,9). Seria sua religiosidade verdadeiramente desinteressada? Jó, honrando a Deus, não estaria talvez buscando a si mesmo e seus interesses?

Após ter lido esse diálogo, o leitor sabe a razão pela qual Jó sofre. Deus permite que satanás prove a fidelidade de Jó em duas séries de desastres econômicos, familiares e pessoais, privando-o da saúde e golpeando-o com uma misteriosa doença de pele. Mas, mesmo nessa situação, Jó persevera em sua fé no Deus de Israel e não o maldiz como é convidado a fazê-lo por sua mulher. Será sempre assim? Por sete dias guarda silêncio e assim permanece inclusive quando seus três amigos o visitam para confortá-lo.

Primeiro ciclo de diálogos (Jó 3–14)

Monólogo de Jó (3)

Com o capítulo 3 começa a parte principal do livro. Jó rompe o silêncio maldizendo o dia em que nasceu e a noite que o concebeu. Ele se recusa a viver porque incontáveis maldições lhe tombaram sobre as costas. Prefere fugir a enfrentar as tribulações de sua vida, lamentando-se com Deus, tido por responsável por sua nova, trágica e injusta situação, já que foi ele que lhe deu a vida.

Intervenção de Elifaz (4–5)

Após o desabafo de Jó, o primeiro interlocutor Elifaz (4–5), provavelmente o 'mais velho dos três amigos, capta o problema de fundo de todo o livro: "Pode o homem ser mais justo do que Deus, ou o mortal ser mais puro que seu criador?" (4,17). Segundo Elifaz, o homem não pode impor condições a Deus, pedindo-lhe explicações sobre suas ações. Jó pode continuar gritando e xingando, mas Deus não lhe responderá, nem que um ser celeste interceda a seu favor. Ele deve, pois, aceitar do Senhor a correção que certamente será passageira.

Resposta de Jó (6–7)

Nos capítulos 6 e 7 Jó culpa a Deus pelos grandes sofrimentos que lhe infligiu; ele se considera algo de suas flechas (6,3; cf. Lm 3,12). Mas também se sente desiludido com seus amigos: "Meus irmãos são inconstantes qual torrente de inverno, como os cursos de águas intermitentes" (6,15). São como torrentes que durante o período de inverno estão cheias de água, mas nos meses estivais secam. E ele continua censurando a Deus: "Acaso sou eu o mar, ou algum monstro marinho, para que ponhas um guarda contra mim?" (7,12). E deseja que Deus o deixe sozinho: "Por que não afastas de mim este olhar que não me dá trégua nem para engolir a saliva?" (7,19).

Intervenção de Baldad (8)

Baldad usa a metade das palavras empregadas por Elifaz (8,1-22), mas é o primeiro que responde após Jó ter acusado seus amigos de traição. O tom de seu discurso inicialmente é áspero. Mas termina com um convite à esperança no Senhor: "De risos encherá ainda a tua boca, de gritos de alegria os teus lábios" (8,21). De fato, o homem, inclusive o mais delinquente, sempre pode dirigir-se a Deus e receber dele novamente a bênção. Ele convida Jó a deixar-se instruir pela sabedoria dos antigos: "Pergunta, pois, às gerações passadas, considera a experiência dos antigos" (8,8). Dos pais e da própria experiência pessoal Baldad sabe, e o confirma a Jó, que também a lembrança do ímpio desaparecerá definitivamente (8,11-19).

Resposta de Jó (9–10)

Em sua réplica, nos capítulos 9–10, Jó não questiona a repreensão do amigo Baldad. Suas argumentações são apenas um motivo para um monólogo, que na verdade é um diálogo com o próprio Deus. Ele coloca em evidência não tanto o direito de Deus, mas seu poder, diante do qual Jó se sente totalmente impotente. De nenhuma forma o homem pode dispor de Deus ou opor-se a ele, obstruindo seu caminho. Ele nem sequer pode convidá-lo para um processo. Deus está muito longe para que possa ser alcançado pelo grito de Jó.

Até o inocente perde a razão quando pretende colocar-se à altura de Deus. Observando a realidade com esses olhos Jó se sente ainda mais diretamente atacado por Deus, que inclusive o criou, e grita para que o deixe em paz: "Não são poucos os meus dias? Que pare, que me deixe, que eu tenha um pouco de sossego" (10,20). E mais uma vez termina desejando ser cercado pelas trevas da morte como havia sonhado no capítulo 3.

Intervenção de Sofar (11)

Também o terceiro amigo, Sofar, quer responder a Jó (cap. 11). Ele parece ter sido tocado pessoalmente por suas ideias. Também para ele, como para os outros dois amigos, o que está em discussão é a relação do homem com Deus. Os planos mais profundos de Deus não são perscrutáveis com os olhos da carne: "Pretendes descobrir o mistério de Deus?" (11,7). A acusação de Jó é injustificada; ele deve apenas convencer-se de que é pecador.

Sofar, como os outros dois amigos, vê somente a "Lei": o pecador recebe na vida o mal, ao passo que o justo obtém o bem. Jó deve desistir de sua revolta com Deus e levantar para ele suas mãos em oração, que tem a força de transformar a sua vida dando-lhe nova esperança. Jó não considera que Deus, em sua liberdade, possa modificar a Lei. Essa é a crítica que Jó dirigirá a seus amigos na réplica.

Réplica de Jó (12–14)

Esta é a resposta mais longa de todo o diálogo. Aqui o protagonista não responde apenas à última intervenção de Sofar, mas a todos os três amigos juntos. Ele começa contestando suas atitudes de peritos em superioridade: "Tornei-me motivo de sarcasmo de meus amigos" (12,4).

Jó, entretanto, sabe tanto quanto eles. O que disseram é sabido *ab antiquo*, isto é, de todos. Ele sabe que a sublime sabedoria de Deus supera todo saber humano. Deus está continuamente presente também nas vicissitudes da história humana: é somente Deus, de fato, que pode elevar ou redimensionar o prestígio dos homens. Jó, porém, não consegue compreender o entrelaçamento entre as ações do homem e suas consequências (cap. 12).

Seus amigos querem assumir a defesa de Deus; mas, para Jó, eles não passam de tagarelas. Fariam melhor se calassem. Sendo impossível um verdadeiro diálogo com eles, prefere falar diretamente com Deus. Entretanto, ele tem consciência do perigo: "Se ele me mata, não me importo; somente quero defender diante dele a minha conduta" (13,15). Antes de começar a defender-se, Jó pede a Deus que pare de persegui-lo: "Duas coisas apenas não faças comigo, e então não me esconderei de tua face: mantém longe de mim a tua mão e não me apavores mais com teu terror" (13,20-21). Em seguida apresenta seus argumentos: se Jó é apenas um monte de palha seca levada pelo vento, por quais culpas é considerado seu inimigo? "Quais são as minhas culpas e os meus pecados" (13,22).

Um segundo argumento é a brevidade da vida e, como se não bastasse, cheia de misérias (14,1-2). O que Deus pretende de um ser tão frágil assim? A própria fragilidade já é sinal de sua inocência. Por outro lado, o homem não é como uma árvore que, uma vez cortada, ainda pode brotar novamente. Ele não pode ressurgir da morte: "Quando alguém morre, jaz inerte" (14,10). A perseguição de Deus a Jó é exagerada. A única possibilidade que ele vê para salvar-se é desaparecer por algum tempo no *she'ól*, até que se dissipe a ira divina contra ele: "Oxalá me guardasses na morada dos mortos, e lá me escondesses até se aplacar tua ira" (14,13). Jó não perdeu, portanto, a esperança de uma reaproximação com Deus.

Segundo ciclo de diálogos (Jó 15–21)

Jó, também neste segundo ciclo de diálogos, se alterna com cada um dos três amigos: Elifaz (Jó 15), Baldad (Jó 18) e Sofar (Jó 20). Suas intervenções são mais longas que as de seus amigos, embora para estes, os discursos de Jó pareçam intermináveis.

Segunda intervenção de Elifaz (15)

Os amigos pretendiam ajudar o desesperado Jó, esperando que ele mudasse de atitude, que se tornasse mais humilde, que se convertesse, mas ficaram desiludidos; e seus discursos foram se tornando cada vez mais ásperos, começando por aquele de Elifaz (cap. 15), que precedentemente se destacou por sua atitude ponderada nas discussões. Elifaz, preocupado com aquela que considera a verdadeira fé, não parece insensível ao fato que Jó lute para ter uma nova relação com o Deus de amor. Dessa forma, sua única atitude é declarar Jó culpado, aliás, mais do que isso: ele passa a vê-lo como um hipócrita habilidoso, que tenta manipulá-lo, supondo que esteja escondendo alguma culpa secreta. E assim repete o pensamento já expresso em sua primeira intervenção: como pode o homem ser justo diante de seu criador? (15,14-17).

O desconforto espiritual de Jó se assemelha ao do ímpio: atormentado pela angústia de ser perseguido por poderes sinistros. O motivo pelo qual o ímpio arrogante e orgulhoso cai em tal situação é, segundo Elifaz, sua revolta contra Deus, já que se orienta inteiramente para as realidades terrestres. A frágil esperança de Jó é desvalorizada em termos de pretexto e engano. Ele corre o risco de entrar no tenebroso destino do ímpio, que "será espoliado como vinha de suas uvas ainda verdes" (15,33).

Discurso de réplica de Jó (16–17)

Também Jó poderia falar como seus amigos, se estivessem na sua situação. Com seu discurso autoritário eles só aumentam os tormentos de Jó, ao invés de consolá-lo. Em seus discursos abstratos esquecem justamente seu sofrimento atual. São bons teólogos, mas não têm um coração compassivo. Os argumentos da réplica de Jó são substancialmente três: o ataque de Deus à sua pessoa, sua crescente esperança e sua insondável angústia.

Após ter criticado a insensibilidade dos amigos, ele exprime toda a sua dor ao sentir-se atacado como pessoa malvada, mas atrás deles mira em Deus que o está destruindo, não obstante a pureza de sua oração: "Deus meu, me entrega ao malado e me atira como presa aos ímpios" (16,11).

Jó perdeu todo o apoio humano; seu olhar agora se dirige unicamente a Deus, num estupendo ato de fé naquele que o está levando à morte. O sangue de Jó assassinado gritará como o de Abel ao Senhor, que não tolera a morte de um inocente. Ele mesmo testemunhará em favor de Jó porque sabe que seu servo é inocente (16,18-19). Jó se entrega à fidelidade de Deus, que agora lhe está mais próximo do que qualquer amigo fiel. Não há muito tempo a perder, já que a morte se avizinha: "Meus dias se apagam" (17,1).

Jó sente que Deus está em luta com ele e que não há nenhuma possibilidade de fazer frente. Mas é um homem de fé e invoca diretamente aquele que o está maltratando: "Guarda contigo, te imploro, uma fiança em meu favor, pois quem mais me apertaria a mão?" (17,3). Nas práticas jurídicas daquele tempo, aquele que pedia um empréstimo era acompanhado por um fiador, que lhe apertava a mão no momento do acordo com o credor. Jó pede que Deus seja seu garante, ou seja, que se coloque no seu lugar e o liberte daquilo que é o motivo de sua cólera, voltando assim a ser benévolo com Jó. Ele está firmemente convicto de receber de Deus o que espera. Por essa razão agora, após ter-lhe entregado a causa, pode olhar com calma a morte, mesmo que esta permaneça cercada por uma escuridão angustiante (17,13).

Segunda intervenção de Baldad (18)

Os amigos de Jó parecem obcecados pelo destino do ímpio. E é justamente este ainda o argumento central do segundo discurso de Baldad (cap. 18). Este compreendeu que Jó está com raiva deles: "Por que nos considera como animais, e a teus olhos passamos por idiotas?" (18,3). E o convida a raciocinar e a refletir. Não é a cólera de Deus que o dilacera, como havia afirmado em 16,9, mas é ele mesmo que pouco a pouco se corrói a alma. Para Baldad Jó sempre permanecerá um ímpio, e será justamente castigado: "Certamente a luz dos ímpios se apagará, e a chama de sua lareira deixará de iluminar" (18,5).

Jó responde a Baldad (19)

Jó, mais uma vez, fala respondendo ao amigo Baldad, que havia argumentado sobre o destino do ímpio, considerando-o responsável por seus próprios sofrimentos: "Pois pelos próprios pés é lançado na rede e entre as redes caminhará" (18,8). Jó, ao contrário, está convencido de que o próprio Deus o aprisionou numa rede: "Sabei que foi Deus que me prejudicou, envolvendo-me em sua rede" (19,6). Numa situação dessas, ninguém o ajuda ou tem compaixão dele, nem mesmo os que se dizem amigos: "Piedade, tende piedade de mim, amigos, pois fui ferido pela mão de Deus" (19,21).

Após ter analisado todos os homens, Jó se dá conta de que em nenhum deles pode depositar sua esperança. Então se agarra firmemente àquele Deus que o prendeu numa rede mortal: um ato de confiança que deseja ver escrito numa rocha, como as palavras do decálogo, como testemunho para as gerações futuras. Eis as palavras que deveriam ser escritas em chumbo, ou seja, como letras entalhadas na rocha e preenchidas com chumbo: "Eu sei que meu Redentor vive e aparecerá, finalmente, sobre o pó; e depois que minha pele for dilacerada, já sem a minha carne, verei a Deus. Eu, sim, verei aquele que está do meu lado; meus olhos contemplarão quem não é um adversário" (19,25-27). O texto hebraico desses versículos não é totalmente claro, como se pode ver na tradução latina da Vulgata: *Scio enim quod Redemptor meus vivit et in novissimo die de terra surrecturus sum*". Jó, na verdade, parece estar convencido de que Deus intervirá a seu favor já no presente. Deus se levantará e falará em sua defesa num tribunal e o deixará partir livre. Ele será seu protetor e redentor, ninguém mais assumirá o seu lugar. Deus mesmo dirá a última palavra, não como seu inimigo, mas como autêntico e único amigo que o salvará. Os que, de fato, devem temer o julgamento final, são seus próprios três acusadores (19,28-29).

Segunda intervenção de Sofar e réplica de Jó (20–21)

Sofar termina o segundo ciclo de intercâmbios repetindo que o rico malvado será aniquilado (cap. 20). Não tem espaço em seu coração para a súplica de compaixão elevada por Jó em 19,21.

Em sua réplica Jó (cap. 21) faz Sofar observar que os fatos provam justamente o contrário: o ímpio prospera a vida inteira, morre em paz e seu sepulcro é respeitado. Isso deveria fazer seus amigos refletirem e reverem suas posições.

Terceiro ciclo de diálogos (Jó 22–27)

A terceira série de diálogos é introduzida com um discurso de Elifaz (cap. 22), menos reservado e objetivo do que habitualmente. Segundo ele, os problemas de Jó dependem de seus procedimentos perversos e de sua atual obstinação.

Jó (23–24)

Jó, na primeira resposta, não leva em consideração as duras acusações de Elifaz. Ele, antes, se lamenta com Deus que parece ter-se tornado estranho e inalcançável. Ele gostaria de ser seu amigo, mas onde encontrá-lo? Gostaria de estar diante de Deus como parceiro independente para justificar-se diante dele: uma postura perigosa, decorrente do esquecimento da própria dependência do criador.

Baldad (25)

Em sua última intervenção (cap. 25), Baldar sintetiza a argumentação dos amigos em relação a Deus e ao homem, tirando partido ainda do problema de fundo do Livro de Jó: como pode o homem ser justo diante de Deus seu criador, exigir o respeito dos próprios direitos e exigir que Deus justifique seus atos? (25,4-6).

Réplica de Jó (26–27)

Jó, após ter respondido brevemente a Baldad em tom irônico, eleva um hino à onipotência de Deus, celebrando seus feitos na criação: "Ele estende o céu sobre o vazio e suspende a terra sobre o nada" (26,7).

Jó jura diante de Deus que as incriminações dos seus amigos são falsas e, para reivindicar o respeito aos próprios direitos, se dirige justamente àquele que aparentemente parece ter-lhes suprimido. No fundo, tanto ele quanto seus amigos estão convencidos de que existe um vínculo entre o ato e suas consequências. Com o juramento ele quer ligar-se a Deus para a vida inteira, mesmo que sua relação com ele seja problemática.

Parece que ele esteja se encaminhando para a renúncia a uma infundada segurança de si, para abandonar-se a um autêntico diálogo com Deus (cap. 27). Rejeitou a falsa aplicação da sabedoria tradicional para explicar seu sofrimento, mas com isso não recusa a sabedoria de Israel em si mesma. Efetivamente ele descreve a situação de quem vive sem Deus com palavras análogas às dos amigos (26,7).

Hino sobre a sabedoria (Jó 28)

No capítulo 28 Jó reconhece os limites que Deus colocou à sabedoria humana. Somente Deus possui a sabedoria em plenitude. Esta não pode ser obtida pela técnica (28,1-12). De fato, nem a presunção sapiencial dos amigos, nem a acusação de Jó a Deus conseguiram iluminar sua situação. Os sábios continuam dizendo que a sabedoria é preferível às pérolas e ao ouro, mas estes, diferentemente da sabedoria, podem ser encontrados no mercado (28,15-19). O homem sabe de onde provêm os metais, mas não sabe de onde vem ou onde mora a sabedoria. Somente Deus conhece a sabedoria em sua criação e somente Ele pode revelá-la ao homem: "O temor do Senhor: eis a sabedoria! Evitar o mal: eis a inteligência!" (28,28).

Trata-se não tanto de ter alguma coisa, mas de situar-se em seu lugar na criação. Com essas palavras o autor insere o Livro de Jó no mais vasto contexto do *corpus* sapiencial da Bíblia, mas se associa também ao retrato do "Jó paciente" dos capítulos 1–2: temer o Senhor e fugir do mal era o que o Senhor reconhecia em Jó no início do drama (1,8; 2,3).

Solilóquio de Jó (Jó 29–31)

Neste solilóquio final, paralelo ao do capítulo 3, Jó evoca em primeiro lugar seu passado feliz: que bom se voltassem os velhos tempos (cap. 29)! Depois se inclina a olhar a miséria atual (cap. 30), para reivindicar mais uma vez a própria integridade moral (cap. 31). Doravante ignora os amigos e só tem Deus diante dos olhos.

Voltar ao próprio passado feliz (cap. 29) não é, para Jó, uma fuga do presente, mas um modo de apresentar a própria dor a Deus e de buscar uma nova comunhão com Ele. Talvez, porém, em sua apologia do passado, Jó se tenha elevado excessivamente, concentrando a atenção em si mesmo. Diz um velho ditado: "Melhor o pecador que se reconhece pecador do que um santo que se reconhece santo". No presente, no entanto, Jó se sente rejeitado inclusive por aqueles que como ele estão sofrendo. Os filhos das pobres pessoas desesperadas, que ele um dia havia beneficiado, se divertem à sua custa. Ele se dirige, pois, uma última vez a Deus interpelando-o diretamente: "Clamo por ti, mas não me respondes" (30,20).

Em geral, da lamentação fazia parte também o juramento de inocência, que segundo as leis antigas era concedido ao acusado como última defesa, antes que se proferisse a sentença. Também Jó invoca a sentença num julgamento de Deus, após ter feito um profundo exame de consciência de toda a vida passada, e jurando ser inocente. Ele não somente se refere ao decálogo tradicional (voltando aos Sl 15 e 24 e a Ez 18), mas ao inteiro ensinamento dos sábios que perscrutavam as mais profundas intenções do coração do homem. A alta consideração que Jó tem de si mesmo corre o risco de afastá-lo da dependência de seu criador. Ele, de fato, não teme a calúnia de acusação de seu adversário no juízo divino, porque sabe que sua consciência está limpa; basta-lhe somente que Deus finalmente lhe responda: "Ho! Se houvesse quem me ouvisse! Eis minha assinatura! Que me responda o Todo-poderoso!" (31,35).

O problema do Livro de Jó não parece ser o sofrimento do justo nem a retribuição, mas a relação com o criador. O sofrimento presente parece contradizer a "fé", enquanto não pode ser explicada como uma punição pelos pecados. Não obstante sua fé no Deus criador (cap. 28), Jó não parece estar convencido, e lança um desafio ao próprio Deus.

Os discursos de Eliú (Jó 32–37)

Deus não responde imediatamente aos ataques de Jó. Entre o desafio e a resposta o autor interpõe os assim chamados discursos de Eliú, um personagem novo, nunca mencionado nem antes nem depois. Na lógica do drama, porém, seus discursos têm um papel importante. Após o ataque de Jó, dificilmente a resposta divina seria de clemência. O caminho de fé de Jó reflete o do levita do Sl 73: imerso no sofrimento, não obstante nunca ter traído a Lei do Senhor, o levita supera a crise de fé observando a realidade com três olhos diferentes: primeiramente com os olhos da carne (v. 3), depois com os da reflexão teológica (v. 16) e, finalmente, com os olhos do coração, ou seja, os da fé abertos à revelação do alto (v. 17). Com os olhos da carne Jó não pode senão constatar uma injustiça divina contra ele. Entretanto, seria exatamente assim?

Como preparação para a resposta de Deus o poeta insere os discursos de Eliú, cuja doutrina está a meio caminho entre a sabedoria dogmática dos três amigos e a superação desta no encontro direto entre Jó e seu Senhor. O autor não permite que Jó responda a esse jovem carismático, não obstante este o convide a apresentar claramente suas justificativas. Trata-se, talvez, de um indício de que Eliú intuiu o problema de fundo, e da razão pela qual Jó teria ficado pensativo e calado.

Para Eliú, o homem não pode indispor-se contra Deus. Enquanto incapaz de compreender a obra divina, o homem não o vê e nem pode relacionar-se adequadamente com Ele. Nos sonhos aterrorizantes e na doença mortal, o homem é incapaz de compreender o que o Senhor lhe está dizendo (33,14-15.19). O homem se assemelha a um animal sem inteligência, como o afirma o levita no Sl 73: "Eu era um desvairado sem entendimento, estava diante de ti como um animal" (v. 22).

Deus leva o homem à beira da morte, mas em seguida envia um mediador e intercessor que lhe abre os olhos para que possa ver mais profundamente sua situação, a fim de compreendê-la e dar-lhe uma resposta (Jó 33,23-26). Só então sua resposta se transformará em confissão do próprio pecado e louvor ao Deus salvador (33,27-28).

Quando Deus prostra o homem Ele entende tornar visível o pecado humano mais profundo, que consiste no esquecimento da própria dependência do criador. Segundo Eliú, portanto, Deus não age de forma temperamental como Jó pensava, mas por pura bondade, a fim de que o homem consiga compreender. E as coisas a serem compreendidas superam a capacidade da inteligência humana, ou seja, somente Deus as pode revelar: eis a razão pela qual os humanos devem temer o Altíssimo (37,22-24; cf. 28,1.12.23-27)[35]. Com isso os discursos de Eliú preparam a teofania dos capítulos sucessivos.

O Senhor responde a Jó (Jó 38,1–42,6)

Jó, instruído por Eliú, aprendeu finalmente a calar diante do grande mistério do Criador. Mas isto não basta para impedir sua busca pelo rosto de Deus. E YHWH, o Deus de Israel, nunca chamado pelo nome até aqui, mas muitas vezes invocado por Jó, finalmente lhe aparece "no meio da tempestade" (38,1). Jó é convidado a confrontar-se com o Senhor a partir das obras da criação.

Em seu primeiro discurso (38,1–40,2), YHWH não responde diretamente a Jó; mas, tomando-o pela mão, o acompanha idealmente numa visita ao mundo em suas várias componentes: a terra, a luz e as trevas, o $she'ól$, os fenômenos atmosféricos, neve e geadas, as constelações, a estação chuvosa (38,2-28) e dez animais maravilhosos (38,39–39,30). E lhe faz uma série de perguntas: sabes quem fundou a terra? Conheces o endereço da sede da luz e onde moram as trevas (38,19)? Tens a força para controlar os animais da estepe como o cervo, o asno selvagem e o búfalo?

É óbvio que Jó deveria responder que não sabia, e que sua pretensão de ser justo diante de Deus parecia obscurecer o plano divino: "Quem é este que ofusca a Providência com discursos sem sentido?" (38,2).

Em sua resposta a Deus, Jó reconhece válidas as palavras de Eliú: Deus é demasiadamente grande para que o homem possa responder-lhe, e o homem tampouco pode discutir com Ele: "Sou insignificante, que vou responder? Ponho minha mão sobre a boca" (40,4)

Litigar com Deus significaria acreditar-se em pé de igualdade. Esse é o pecado que está incrustado no homem, e nem mesmo um justo como Jó

---

35. Cf. NICCACCI, A. "La conclusione di Elihu (Giobbe 37,19-24)". In: BOTTINI, G.C. (org.). *Studia Hierosolymitana III* – Nell'ottavo centenario francescano (1182-1982). Jerusalém, 1982, p. 75-82 [SBF Collectio Maior, 80].

foge à regra. Para levar o homem a essa sabedoria Deus pode recorrer a meios dolorosos, como o terror, a doença mortal, desgraças de vários tipos, como havia dito Eliú, e a teofania o confirma. YHWH obriga Jó a não olhar somente para si a fim de elevá-lo à contemplação de sua estupenda grandeza e providência. Eliú tinha preparado Jó para entrar nessa nova perspectiva, mostrando-lhe que seu problema devia ser considerado não do ponto de vista do homem, mas do ponto de vista de Deus.

Em seu segundo discurso (40,6–41,26), a descrição de dois seres "orgulhosos" como o hipopótamo e o crocodilo serve ao Senhor para abrir os olhos de Jó acerca de sua radical fraqueza criatural e acerca da extensão do poder divino, que se exerce também sobre aqueles dois animais selvagens.

Por mais que as palavras de Eliú tenham sido importantes no caminho de "conversão" de Jó, somente a visão direta de Deus o faz cair de joelhos: "Eu te conhecia só por ouvir dizer, mas agora meus próprios olhos te veem" (42,5).

Jó vê a Deus, mas sente que não é pela sua morte. É uma experiência que poucos fizeram e que permanece como testemunho para a humanidade. Pois bem, finalmente o problema está resolvido: com os olhos do coração Jó consegue rever toda a sua história e se sente nos braços do Deus que sempre buscou. A partir desse momento ele pode descobrir toda a sua fraqueza, mas também a grandeza do Senhor; e, aceitando seu próprio lugar no mundo, Jó pode aprender a louvá-lo. Agora não necessita mais compreender a situação contraditória, porque sabe que Deus está por trás de cada acontecimento e nele confia. Dessa forma ele desmente a acusação inicial de satanás, de honrar a Deus somente por interesse (1,9): agora, de fato, ele teme a Deus sem olhar para a recompensa.

O epílogo (Jó 42,7-17)

Na realidade, o fim do drama vê um Jó devolvido ao estado primitivo, inclusive duplamente abençoado nos bens e na família. Deus, de fato, não permanece indiferente diante da condição do homem e, segundo os tempos e os modos de sua liberdade, faz justiça.

Os três amigos que acreditavam defender a honra de Deus humilhando Jó com sua lógica retributiva devem reconciliar-se com Ele e com Jó (42,7-9). Estes devem pedir a Jó que reze por eles, porque não disseram de Deus "coisas retas" como seu servo. E, quando Jó pede a Deus para perdoar a culpa dos amigos, ele mesmo, restabelecido na saúde, é reconciliado com seu Senhor e pode reentrar na própria casa plenamente reintegrado na sociedade. A nota mais característica do epílogo do livro é a reconciliação, dom gratuito de Deus: é na liberdade absoluta que Deus manifesta sua generosidade.

Temáticas teológicas

A reação de Jó diante da dor

A teologia do Livro de Jó poderia ser expressa mediante duas categorias detectadas no próprio texto: a bênção e a maldição, palavras eficazes que realizam o que significam.

No prólogo se fala de uma aposta entre satanás e Deus. Na provação, Jó teria amaldiçoado a Deus: uma aposta perdida por satanás, porque Jó bendiz a Deus após uma série de desventuras que lhe aconteceram. Depois de sete dias de silêncio, em que ele vê desmoronar a tradição religiosa transmitida por seus pais, Jó começa um itinerário espiritual por um caminho ainda inexplorado.

Fuga da realidade

Sua primeira reação ao desastre da perda dos bens, dos afetos mais caros e da saúde não é a bênção, expressão de uma fé que reconhece as pegadas de Deus na história, mas a maldição. Uma maldição, porém, não contra Deus, no qual continua a crer, mas contra a própria história, a própria vida. Jó não quer aceitar que sua vida seja "amaldiçoada", porque se sente inocente: seu sofrimento não pode ser explicado como punição por seus pecados. Assim, nosso personagem busca fugir de sua realidade, de sua história, negando-a, suprimindo-a mediante uma palavra de maldição sobre o dia em que nasceu.

Luta com os amigos e com Deus

Não podendo continuar nessa esquizofrenia – dicotomia entre o que experimenta em sua vida (sofrimentos, dor, solidão) e o que quer ser (desaparecer, não existir) – Jó passa a percorrer então outra via, a via da contestação.

Primeiramente ele questiona a explicação de seu caso proposta por seus três amigos. Segundo Elifaz, Jó deve reconhecer-se uma criatura frágil e mortal (cap. 4–5). Para Baldad, deve reconhecer sua transgressão à Lei de Deus, mesmo que inconsciente (cap. 8). De acordo com Sofar, deve reconhecer seu consciente pecado contra Deus (cap. 11). O que Jó não suporta nas soluções de seus problemas indicadas por seus amigos é a forma com que falam de Deus. Para eles Deus é apenas um problema teológico, ao passo que Jó é uma pessoa, um "Tu" a ser interpelado, envolvido no mistério da existência.

Dessa forma Jó decide dirigir-se diretamente a Deus; e com Ele luta, assim como outrora Jacó lutou uma noite inteira (Gn 32,23-33). Somente na aurora o patriarca se deu conta de estar lutando com o Senhor. Então ele agarrou-se àquele que considerava seu inimigo e que o havia tornado manco e lhe pediu a bênção. A partir daquele momento Jacó pôde retomar o seu caminho, reconhecendo a própria fraqueza, mas agora apoiado por Deus. Também Jó luta com Deus para induzi-lo a fazer justiça à sua história pessoal, mas uma justiça segundo os próprios esquemas humanos. Assim ele obscurece o plano misterioso e superior de Deus.

Rumo à solução: silêncio e expectativa da bênção divina

O porto de chegada do itinerário de Jó é uma fé renovada e purificada em Deus como *go'él* (19,25), como o parente mais próximo que tinha o direito--dever de resgatar tanto os bens quanto as pessoas de seu entorno; agora como um amigo e não mais como um inimigo, na esperança de experimentá-lo em sua história atribulada (mas talvez também numa vida futura com Ele). Assim, Jó coloca a mão na sua boca, se cala e espera (40,4). Ele aceita assim a presença da "maldição" em sua vida inocente e espera com humildade que Deus venha abençoá-lo, ou seja, espera que Deus o faça sentir novamente seu amor. Ele, no silêncio de sua meditação, se dá conta que existe um plano divino superior (38,2), no qual é possível reordenar o que está desajustado e obscuro.

Se Deus está em condições de controlar e submeter as forças do caos representadas por Leviatã, tanto mais condições terá de controlar e planejar o mistério do mal e do sofrimento. O Deus que aparece gratuitamente a Jó é um Deus diferente e misterioso. Não é um Deus que existe só por ouvir dizer, mas um Deus experimentado: "Agora meus próprios olhos te veem" (42,5).

Deus não explica diretamente a Jó o sentido de seu sofrimento. Mas sua palavra direta e a palavra visível na criação têm o poder de suspender qualquer pergunta. Jó reconhece ser pequeno, se sente como uma criança nos braços da mãe (cf. Sl 131,2). Não compreende tudo, mas sente estar seguro.

A busca de um novo rosto de Deus

O caminho que Jó assume após a trágica provação é a busca de um novo rosto de Deus. Sigamo-lo em suas várias etapas.

Não basta "ver"

Qual é o motivo da desorientação de Jó? Ele experimenta dentro de si um profundo contraste: por um lado, toda a tradição, que se baseia na experiência de gerações, afirma pela boca de seus três amigos que o justo em vida sempre será abençoado, terá uma velhice feliz, morrerá cheio de longos anos como os patriarcas (cf. Pr 19,23; 23,17-18; 24,14); de outro lado, a realidade que está diante de seus olhos testemunha o contrário, dado que os malvados prosperam e não são atingidos pelo sofrimento, têm um corpo sadio, ao passo que ele se encontra repentinamente só, sem filhos, sem sua casa, sobre um monte de imundícies, se coçando a pele doente.

Mas o que atinge diretamente o coração de Jó, balançando os fundamentos de sua fé e deixando-o na mais tenebrosa das crises, é a impressão de que Deus não está vendo o que está acontecendo sobre a terra: "As nuvens são um véu que lhe tira a visão, Ele percorre apenas a abóboda dos céus" (Jó 22,14).

Jó só pode estar em crise, já que diante da realidade que está vivendo sua atitude é a de "ver com os olhos da carne" (cf. Sl 73,3), isto é, ligado ao conhecimento empírico dos fatos. Não está ainda em condições de desligar-se e encarar uma perspectiva diferente. Perdurando essa sua atitude, Deus e sua felicidade parecem dissipar-se. Parece que Deus não responde às suas perguntas.

Também não basta "refletir"

Só com os olhos do corpo Jó parece não ter se dado conta de já ter entrado na crise; seus passos se afundam sempre mais no terreno perigoso dos ímpios. A inveja pelo tipo de vida que eles levam já o controla. A essa altura a única realidade que pode fazê-lo superar-se a si mesmo, após tantas lutas, é a luz da nova reflexão teológica representada pelos discursos de Eliú.

Eliú é o anjo enviado do alto, que mostra a Jó que seu problema não pode ser resolvido na perspectiva humana, mas somente na perspectiva de Deus. Eliú ajuda Jó a esperar ainda um momento antes de abandonar o campo da fé e jogar tudo para os ares. Ele deve desviar os olhos daquilo que está vendo para buscar o sentido profundo da realidade por meio da reflexão. Mas como conciliar a tradição de um Deus bom e justo, amigo de seu povo, com aquilo que parece ser a sua ausência efetiva de sua cotidianidade?

Para Eliú Jó não consegue compreender a obra de Deus pelo simples motivo que as realidades a ser compreendidas transcendem toda capacidade humana. Continuar litigando com Deus significa obscurecer seu sábio desígnio e querer colocar-se em seu lugar. A essa altura nada resta a Jó senão esperar um encontro pessoal com o Senhor.

Urge "estar próximo de Deus" para "compreender" o seu plano salvífico

No fim acontece o que Eliú julgava impossível: Deus se faz "ver" a Jó. Trata-se de uma experiência excepcional, que somente poucos espíritos puderam fazê-la. Jó se encontra com um "Tu", que está diante dele para fazê-lo sair de seu egocentrismo e elevá-lo à contemplação da sabedoria, da grandeza e da providência divina.

A aparição desse novo rosto de Deus é uma intervenção que resolve o drama e Jó reaprende a oração e o louvor dos pequenos, uma atitude que havia abandonado ao longo das disputas com os três amigos. Com os olhos do coração, ele pode contemplar as vicissitudes da vida, o mundo e todas as realidades no superior desígnio de Deus e aceitar essas realidades como sinal de seu amor misterioso que convida ao louvor.

Mesmo que no fim não tivesse sido reabilitado, Jó, confiando-se ao seu Deus, teria mesmo assim encontrado a paz e podido dizer com o salmista: "O meu bem é estar próximo de Deus" (Sl 73,28). Em síntese podemos afirmar com G. Ravasi que "o Livro de Jó é expressão altíssima da fé, é o canto de uma experiência mística autêntica que passa através da noite escura para descobrir a luz da aurora de Deus"[36].

---

36. RAVASI, G. "'Ora i miei occhi ti vedono': l'itinerario spirituale di Giobbe". In: FANULI, A. (org.). *La spiritualità dell'Antico Testamento*. Roma: Borla, 1988, p. 620 [Storia della spiritualità, 1].

Releitura do Livro de Jó na literatura patrística

O Livro de Jó começa falando dele como "homem íntegro e reto, que temia a Deus e se mantinha longe do mal" (1,1). Dessa passagem nasce e se desenvolve a imagem de Jó como valoroso atleta de Deus, uma metáfora totalmente estranha à tradição hebraica veterotestamentária, mas que, na tradição judaico-helenística e depois cristã, era muito difundida[37].

Judaísmo helenístico

No Livro de Jó, o protagonista é um contestador. A concepção e a terminologia para indicar o exercício da virtude e da luta moral se encontra, ao contrário, em dois escritos do judaísmo helenístico: o *IV Livro dos Macabeus* e o *Testamentum Iobi*. Nesta segunda obra, Jó é descrito como um pugilista que luta contra o diabo e, como herói paciente, é capaz de resistir a todas as desventuras que se abatem sobre ele.

Padres Gregos

Nos primeiros séculos da era cristã, a figura de Jó é pouco conhecida e sua consideração nos Padres da Igreja é, inicialmente, muito limitada. O mesmo se pode dizer do Jó atleta, cuja emergência em termos explícitos só ocorre nos escritos de Clemente de Alexandria e, sobretudo, nos escritos de Orígenes. Jó é apresentado como aquele que venceu o diabo graças à sua paciência: ele não apenas suporta pacientemente, mas combate e vence o tentador. A imagem do "valente atleta" é usada com um sentido mais vasto em relação àquele que tinha no contexto judaico-helenístico: "atleta", de fato, é, em geral, uma prerrogativa do campeão da fé e, mais precisamente, atribuída aos mártires.

Na obra dos Padres Capadócios (séc. IV) é possível perceber, e com frequência, a motivação competitiva de Jó. Em Basílio Jó é definido como "combatente valente" e "grande atleta", e convida a imitar sua força. Em Gregório Nazianzeno o exemplo de Jó é usado para exortar à paciente resistência: ele é um atleta que conduz à vitória. Gregório de Nissa, enfim, reinvocando a firmeza demonstrada por Jó quando lhe são anunciadas as grandes catástrofes, o compara ao atleta, recorda sua paciência e virilidade e introduz um novo elemento: sua grande estatura.

A imagem competitiva é retomada por João Crisóstomo em seu comentário a Jó: trata-se, para esse autor, de uma imagem particularmente cara,

---

37. Cf. ROSA, P. Giobbe athlêtês nei Padri della Chiesa: fortuna di un'immagine. *Adamantius* 13, 2007, p. 152-173.

já que usada por Paulo para representar a vida do cristão. Jó é o grande e valente atleta que enfrenta uma provação semelhante a uma luta de gládio, que se inclina diante dos espectadores antes do combate, se despe e combate, sendo em seguida honrado como atleta vitorioso.

A imagem de Jó atleta permanece sem ulteriores desenvolvimentos entre os séculos V e VII: ela retorna em Cirilo de Alexandria (que o define como "o mais valente dos atletas") e em Máximo o Confessor, no século VII.

Padres Latinos

Na literatura latina ocidental Tertuliano fala de Jó como exemplo de virtude humana da paciência. Mas sua imagem de atleta desaparece, e é substituída pela imagem do soldado armado da couraça e do capacete da paciência para defender-se das flechas disparadas pelas tentações. Também Cipriano não fala do Jó atleta, mas do Jó soldado valente que, em virtude da vencedora paciência da qual é dotado, afasta todas as armadilhas e investidas do inimigo, o diabo.

A metáfora do combatente, ao contrário, é muito cara a Ambrósio, que define Jó como atleta forte, atleta de Cristo ou simplesmente atleta. Pensa-se que foi justamente Ambrósio a introduzir na literatura ocidental o tema, extraído da tradição dos Padres Gregos, de Jó sofredor como atleta que supera as provações a que é submetido.

A imagem sofre uma parcial transformação em Jerônimo e em Agostinho. Jerônimo, baseando-se na tradução greco-latina de Jó 19,25 ("Eu sei que meu redentor está vivo e que, finalmente, se erguerá sobre o pó"), passagem já aplicada pelo judaísmo rabínico ao Messias, afirma que Jó foi "atleta da igreja que viu seu redentor ressurgir dos mortos". Para ele Jó não representa nem o mártir nem um modelo de vida ascética: ele é antes um campeão da Igreja, que nutre a esperança na ressurreição final, ainda que nos sofrimentos da vida presente.

A imagem de Jó atleta aparece pouquíssimas vezes em Agostinho, ao passo que continua aquela do mártir da fé. Imagina-se que esse redimensionamento da imagem de Jó atleta se deva ao seu uso em ambiente ariano.

Entre o século IV e VI as metáforas atléticas em relação à Jó ocorrem, ao contrário, com certa frequência, sobretudo em escritores cultos, ativos na Gália, que dispõem de uma boa familiaridade com a língua grega: João Cassiano e Cesário de Arles. Nessa região a figura de Jó como atleta e mártir aparece frequentemente em sarcófagos cristãos.

A pesquisa exegética mais profunda e interessante da Idade Média sobre Jó é constituída pelos *Moralia in Iob* de Gregório Magno (séc. VI), onde o texto é interpretado em nível literal, alegórico e moral. Ele apresenta Jó como atleta ou como soldado que combate diretamente com o diabo: no conjunto as imagens bélicas prevalecem sobre as atléticas.

Graças a Gregório Magno e seus *epitomatori*, a imagem de Jó atleta se estende até o século XII e pode ser rastreada nos escritos de Boaventura, que na *Legenda maior* (2,2) chama Francisco de Assis *novus Christi athleta*, e na *Legenda minor* (7,1) o exalta como *Alter Iob*. Jó e Francisco são muitas vezes representados juntos em obras renascentistas.

Bibliografia comentada

Comentários

Para um aprofundamento do texto do ponto de vista filológico, é ainda útil o comentário:

FEDRIZZI, G. *Il libro di Giobbe*. Turim: Marietti, 1972 [La Sacra Bibbia].

Um bom comentário exegético é aquele mais simples:

VIRGULIN, S. *Giobbe*. Roma: Paoline, 1979 [Nuovissima versione della Bibbia, 17].

Uma análise completa do texto, do ponto de vista literário, pode ser encontrada em:

RAVASI, G. *Giobbe – Traduzione e commento*. Roma: Borla, 1979.

E, sobretudo:

ALONSO SCHÖKEL, L. & SICRE DIAZ, J.L. *Giobbe* – Commento teologico e letterario. Roma: Borla, 1985 [orig. espanhol: 1983].

Úteis do ponto de vista teológico são as traduções italianas dos comentários:

ATTINGER, D. *Parlare di Dio o parlare con lui?* Il libro di Giobbe – Commento esegetico-spirituale Magnano: Qiqajon, 2004 [Commenti biblici].

GROSS, H. *Giobbe*. Bréscia: Morcelliana, 2002 [L'Antico Testamento commentato] [orig. alemão: 1988]

JANSEN, J.G. *Giobbe*. Turim, 2003 [Strumenti, 15] [orig. inglês: 1985].

WEISER, A. *Giobbe* – Traduzione e commento. Bréscia: Paideia, 1975 [Antico Testamento, 13] [orig. alemão: 1951].

Textos de caráter divulgativo e espiritual

Podemos indicar duas introduções inspiradoras em termos de atualização:

BONORA, A. *Il contestatore di Dio. Giobbe.* Turim: Marietti, 1978.

MAGGIONI, B. *Giobbe e Qohelet* – La contestazione sapienziale nella Bibbia. Assis: Cittadella, 1989.

Uma leitura espiritual do texto pode ser encontrada em:

CAPPELETTO, G. *L'uomo e Dio si incontrano nella sofferenza.* Pádua: Messaggero, 2006.

RADERMAKERS, J. *Il libro di Giobbe* – Dio, l'uomo e la sapienza. Bolonha: Dehoniane, 1999 [Lettura pastorale della Bibbia].

VOGELS, W. *Giobbe* – L'uomo che ha parlato bene di Dio. Cinisello Balsamo: San Paolo, 2001 [Parola di Dio – Seconda serie 50].

Uma apresentação do livro do ponto de vista hebraico é oferecida em:

LUZZATTO, A. & TREVI, M. (org.). *Il libro di Giobbe.* Milão: Feltrinelli, 1994.

Outros textos úteis

Para um aprofundamento do texto, do ponto de vista literário, é útil o trabalho:

BORGONOVO, G. *La notte e il suo sole:* luce e tenebre nel Libro di Giobbe – Analisi simbolica. Roma: PIB, 1995 [Analecta Biblica, 135].

Os autores abaixo nos apresentam uma introdução no problema do mal em Jó:

CIAMPA, M. *Domande a Giobbe* – Interviste sul problema del male. Roma: Città Nuova, 1989.

NEMO, P. *Giobbe e l'eccesso del male con il contributo di Emmanuel Lévinas.* Roma: Città Nuova, 2009 [Idee. Filosofia, 154].

PIERETTI, A. "Giobbe: il problema del male nel pensiero contemporaneo". In: *Atti del Seminario di Studio, 23-26 Novembre 1995, Assisi, Pro Civitate Christiana.* Assis: Cittadella, 1996.

WITASZEK, G. *Giobbe*: la sofferenza vissuta nella fede. Cidade do Vaticano: Editiones Academiae Alfonsianae, 2012 [Saggi per il nostro tempo, 23].

Eclesiastes (ou Coélet)

Introdução

Um enigma para os comentaristas

Eclesiastes (ou Coélet) é um livro muito pequeno, mas desconcertante. Sua leitura e compreensão são difíceis. Os estudiosos ainda discutem sobre quem seria seu autor, em que época teria sido escrito, qual seria sua mensagem, se realmente ele segue um plano. As dúvidas sobre sua canonicidade se refletem em seu apêndice (12,9-14), que parece uma tentativa de justificação das palavras de Coélet. Não há nenhuma citação desse livro no Novo Testamento (exceto, talvez, Ecl 7,20 em Rm 3,10-12, e Ecl 11,5 em Jo 3,8).

Os rabinos de Israel afirmavam que Salomão teria composto esse livro em sua velhice. Pensavam, talvez, que à origem das afirmações do Livro do Eclesiastes tivesse havido uma experiência de dor profunda na idade avançada do autor. Seja como for, trata-se de um livro interessante e atual em termos existenciais, sobretudo em razão da comum experiência humana da esquiva felicidade, do repetir-se dos dias, da sucessão das gerações, do nebuloso sentido da vida, dos riscos do trabalho, dos medos da velhice e da morte.

Autor e datação da obra

O autor se esconde atrás de um pseudônimo: *Eclesiastes* é a forma greco-latina do hebraico *Qohelet*. Os dois nomes têm a ver com assembleia (*qahál* e *ecclésia*), mas o sentido exato da palavra foge. O termo hebraico *qohelet* é um particípio presente feminino que inicialmente indicava uma função ou um ofício. Por meio de algumas informações presentes no epílogo do livro (12,9-10) imagina-se que nosso autor tenha reunido ao seu redor um grupo de ouvintes fora das costumeiras assembleias, algo inusitado, razão pela qual o responsável pelo grupo foi simplesmente denominado "guia", no sentido de "aquele que reúne". Outra interpretação fala de um "pregador", que remonta a Jerônimo e posteriormente é retomada por Lutero (em alemão *Prediger*). Entretanto, nosso Coélet não prega, e no livro não existe nenhum sermão. Esse personagem é apresentado como "filho de Davi" (1,1; cf. 1,12), e é referido a Salomão, atribuição, entretanto, não comprovada no texto.

Quanto à época da redação, há quem se arrisque situá-la no período pós-exílico. No livro, de fato, existem duas palavras persas: *pardés*, "jardim" (2,5) e *pitgám*, "sentenças" (8,11); além disso, o estilo linguístico se assemelha ao estilo hebraico da Mishná. Segundo alguns autores, em certa medida a redação do Eclesiastes espelha o espírito iluminista do primeiro período helenístico, sobretudo em algumas de suas formas linguísticas. Por exemplo: os "conceitos de destino" como *miqréh*, de "destino" de morte e de *chéleq*, "sorte" atribuída, prediletos de Coélet, lembram o *moîra* ("destino") e a *týque* ("fortuna", "sorte") dos gregos. Lembramos também o *carpe diem* latino e a ideia de que após a morte o espírito do homem sobe aos céus.

Quase em cada versículo existem paralelos na poesia e na filosofia popular grega. Sublinha-se, porém, que Coélet reelaborou com olho crítico e com uma originalidade criativa estes estímulos novos provenientes de fora, confrontando-os com a tradicional doutrina sapiencial judeu-oriental. Parece que a obra já circulasse por volta de 150 a.C., a julgar pela datação dos fragmentos hebraicos do livro, descobertos em Qumran. Não se encontram referências ao tempo dos Macabeus. Portanto, é provável que o livro tenha sido escrito entre 250 e 190 a.C.

Quanto ao lugar de composição, para alguns o Eclesiastes teria sido o testemunho mais crível daquele obscuro tempo de mutação do primeiro helenismo fora da Palestina, ao longo do qual nas sinagogas eram lançadas as bases de uma renovada identidade cultural ao redor da centralidade da palavra escrita. Para outros, ao contrário, parece ser Jerusalém o lugar mais provável da composição do livro, sobretudo pelas referências ao Templo em 5,1-6.

Os interlocutores

Por enquanto o contexto histórico-literário sobre o qual se busca situar o Eclesiastes é a "crise da sabedoria". Entretanto, ultimamente não se descarta a possibilidade de uma passagem evolutiva da sabedoria das sociedades menos complexas, marcadas pelo "sereno otimismo", à sabedoria problemática das sociedades avançadas representada nas mais tardias obras de Jó e Eclesiastes. As temáticas da "crise da sabedoria" também se encontram na redação dos Provérbios.

A quem se destina o Eclesiastes? Quando o autor se pergunta qual seria a vantagem que o homem obtém de sua fadiga certamente está falando aos homens de seu tempo, obcecados pela eficiência e pelo desejo de lucro. Parece dirigir-se aos seus concidadãos hebreus deslumbrados com o novo espírito proveniente da Grécia, após as conquistas de Alexandre Magno. Com esforço e inteligência os gregos difundiram no Oriente um certo desenvolvimento econômico que, no entanto, provocou mudanças nos costumes e no estilo de vida de muitos judeus. A atividade febril era acompanhada por uma avidez sem limites. O Eclesiastes enfrenta o problema contestando a mentalidade burguesa de seu tempo, baseada no acúmulo insensato das riquezas: "Depois examinei todas as obras de minhas mãos e a canseira que me custou realizá-las, e eis que tudo era ilusão, corrida atrás do vento, e nada havia de proveitoso debaixo do sol" (2,11).

À avidez ele opõe o sereno usufruir daqueles bens que Deus coloca à disposição do homem, chamando a atenção para a trágica realidade da morte com a qual o homem deve necessariamente fazer as contas, quando pretende impor seu próprio projeto de vida.

Linguagem e estilo do Eclesiastes

O Livro do Eclesiastes é escrito numa linguagem própria, num estilo praticamente sem paralelos. Os estudiosos se deram conta que o livro apresenta um número surpreendente de repetições. Dentre os termos preferidos temos os seguintes: vaidade, comer, útil, vento, morte, justo, ímpio, destino, lembrança. O termo mais frequente é "vaidade".

Mesmo se o vocabulário do Eclesiastes é simples, o livro é de difícil tradução em razão de nossa ignorância sobre as exatas nuanças do pensamento do autor: a variedade das traduções testemunha adequadamente a dificuldade de compreensão. Em muitas máximas proverbiais, o Eclesiastes aparece como um sábio: algumas podem ser máximas tradicionais, outras podem ser suas. Em linhas gerais é possível afirmar que ele é crítico em relação à sabedoria tradicional, mas nem sempre mantém essa coerência.

O gênero literário

Muitos estudiosos[38] definem o livro como um "testamento real" (1,1: "Sentenças de Coélet, filho de Davi, rei de Jerusalém"), um gênero literário que tem suas próprias origens nas antigas instruções egípcias. Outros consideram tal concepção inadequada. A obra seria um trabalho *sui generis*, que está entre o "tratado" e uma "coleção de máximas e advertências", que se alternam em longas reflexões, nas quais o autor expõe a tese a que chegou[39]. Geralmente ele prefere inserir a "reflexão" com expressões próprias, como, por exemplo: "Dediquei-me a investigar" (1,13; cf. 1,17; 8,16); ou mais simplesmente: "compreendi que" (1,17; 3,12). Às vezes ele narra uma história para confirmar sua tese (cf. a "história exemplar": 4,13-16; 9,13-16).

A estrutura

Também na determinação da estrutura da obra existe pouca unanimidade. A tendência moderna é considerar o livro como um todo unitário, contra a propensão de alguns comentaristas de manter juntas as afirmações que contradizem ou adoçam a visão aparentemente não ortodoxa da vida proposta por Coélet. Como indicadores se privilegiam os elementos estilísticos e retóricos colocados pelo próprio Coélet, com alguns possíveis fatores numéricos: assim a palavra-chave *hélel* (vaidade) equivale a 37, que é o número das vezes em que *hbl* ocorre no livro (caso se exclua o *hbl* em 9,9). O epílogo do livro (12,9-14) é um acréscimo admitido por todos[40].

---

38. Cf., p. ex., Von RAD, G. *La sapienza in Israele.* 4. ed. Turim: Marietti, 1998, p. 205.

39. Cf. MURPHY, R.E. *Wisdom Literature* – Job, Proverbs, Ruth, Canticles, Ecclesiastes and Esther. Grand Rapids: Eerdamans, 1981, p. 127-128 [The Form of the Old Testament Literature, 13].

40. Cf. D'ALARIO, V. *Il libro del Qohelet* – Struttura letteraria e retorica. Bolonha: Dehoniane, 1993.

O título (Ecl 1,1)

O lema (Ecl 1,2)

Primeira parte: Que proveito? (Ecl, 1,3–6,9)

    Questão inicial (1,3)

    Nada de novo debaixo do sol (1,4-11)

    Fingimento real e o eu do sábio (1,12–2,26)

    Há um tempo para cada coisa, mas qual é a vantagem? (3,1-15)

    Vaidade do agir humano e temor de Deus (3,16–6,9)

        1) Injustiça social e destino do homem (3,16-22)

        2) Porque são preferíveis os mortos e não os vivos (4,1-3)

        3) É bom trabalhar, mas com calma (4,4-6)

        4) Melhor a companhia do que a solidão (4,7-12)

        5) A parábola do príncipe pobre (4,13-16)

        6) Sobre o culto e a religião (4,17–5,6)

        7) A injustiça do Estado (5,7-8)

        8) Vaidade das riquezas (5,9–6,9)

        9) Unidade de transição: o homem diante do predefinido e do imprevisível (6,10-12)

Segunda parte: Coélet e a sabedoria tradicional (Ecl 7,1–11,6)

    O que convém ao homem (7,1-14)

    É bom evitar os extremos (7,15-22)

    A sabedoria é inalcançável (7,23–8,1a)

    Os limites da sabedoria humana (8,1b–9,12)

        1) Quem é o verdadeiro sábio (8,1b-9)

        2) Uma antítese: justos e malvados (8,10-14)

        3) Primeiras conclusões de Coélet (8,15-17)

        4) A incognoscibilidade do destino humano (9,1-12)

    Força e vulnerabilidade da sabedoria (9,13–10,20)

    O homem ignora o que pode acontecer (11,1-6)

O cântico final: juventude e velhice (Ecl 11,7–12,8)

O epílogo: elogio e defesa do mestre (Ecl 12,9-14)

O Eclesiastes no cânon

O Eclesiastes juntamente com Rute, Cântico dos Cânticos, Lamentações e Ester faz parte dos cinco *meghillót* (ou rolos), lidos nas festividades anuais. Nosso livro era proclamado nas festas das Cabanas, uma festa alegre. As discussões rabínicas demonstram que sua aceitação no cânon conheceu resistências. No Talmude (*shabbat* 30a; 30b) se pergunta: "Tu, Salomão, onde está a tua sabedoria e a tua inteligência? Não somente tuas palavras contradizem as palavras de teu pai Davi, mas são contraditórias inclusive em si mesmas!" Os rabinos conseguiram eliminar com muita habilidade as contradições, quando eram sentidas como empecilho para o reconhecimento de um verdadeiro escrito canônico.

Leitura rápida

Existe uma estreita correlação entre a estrutura do Eclesiastes e sua mensagem teológica. Privilegiando os elementos estilísticos e retóricos indicados pelo próprio Coélet, é possível colher a mensagem através de seu novo discurso sobre a sabedoria, que tem seu centro em 6,10-12:

> Tudo o que existe, recebeu antes seu nome, e sabe-se também o que é o ser humano: é incapaz de contestar alguém mais forte do que ele. Quanto mais as palavras aumentam, mais cresce o vazio. Que proveito a gente tem? Quem pode saber o que é conveniente para o ser humano durante sua vida, ao longo desses dias contados de sua existência fugaz, pelos quais ele passa como uma sombra? Quem lhe dará a conhecer o que vai acontecer depois dele debaixo do sol?

A primeira parte (1,3–6,9) é organizada ao redor da seguinte interrogação: "Que proveito tira alguém de todo o trabalho com que se afadiga debaixo do sol?" A segunda parte (7,1–11,6) é uma resposta à longa interrogação formulada em 6,12. A primeira parte é precedida pelo título do livro: "Sentenças de Coélet filho de Davi, rei de Jerusalém" (1,3) e do lema: "Vaidade das vaidades, diz Coélet, vaidade das vaidades: tudo é vaidade" (1,2).

O nome *Qohelet* é identificado com Salomão, filho de Davi, entendido como aquele que reúne a comunidade. Essa identificação tinha por objetivo garantir ao leitor do livrinho que os ataques à sabedoria tradicional presentes no escrito não deviam ser considerados frutos de uma intolerância pessoal de um autor sem nome. Falando, ao contrário, como se fosse Salomão, os conteúdos de seu livrinho adquirem a autoridade da reflexão final do rei sábio. Suas palavras servem, portanto, como corretivo a algumas interpretações da sabedoria tradicional.

O lema (Ecl 1,2)

O refrão "vaidade das vaidades" antecipa e ao mesmo tempo recapitula o tema fundamental do livro. Com um inciso "Sentenças de Qoélet" o autor expõe sua descoberta com um slogan: tudo é *hébel*. "Vaidade das vaidades" é, em hebraico, uma forma de superlativo absoluto: a vaidade por Excelência, a vaidade radical. *Hélel* indica em hebraico o "vapor", a brevidade da vida, a beleza fugaz. A tradução de "sopro" exprime melhor esse termo fundamental.

Primeira parte: Que proveito? (Ecl 1,3–6,9)

A interrogação inicial (1,3)

A pergunta a que Coélet responde na primeira parte do livro é esta: que proveito obtém o homem de seus esforços em querer mudar a realidade em que vive? A resposta dada é que a onipotência divina invalida todo empenho humano, inclusive o de modificar as distorções da existência humana.

Nada de novo debaixo do sol (1,4-11)

A primeira coleção de sentenças de Coélet é aberta por um poema muito sugestivo celebrado e estudado por muitos leitores ao longo dos séculos. Na primeira parte o autor apresenta a humanidade em sua dimensão cósmica. As gerações humanas se sucedem. Somente a terra permanece forte e estável para sempre no espaço e no tempo (1,4-7).

Num segundo momento (1,8-11) Coélet fala explicitamente ao homem. Ele sublinha que o mesmo que se observa do mundo (a contínua e desgastante trajetória do sol, dos ventos e das águas) vale também para o homem (1,8). Trata-se de um contínuo recomeço que parece anular a diferença entre passado, presente e futuro: "O que foi, será; o que aconteceu, acontecerá; nada há de novo debaixo do sol" (1,9).

Por "novo" Coélet não entende um novo exemplar do mesmo tipo, mas algo antes desconhecido. Não está em contradição com os profetas e com os salmistas que anunciaram novidade da parte do Senhor: uma aliança nova (Jr 31,31), um coração novo e um espírito novo (Ez 36,26), um cântico novo (Sl 149,1). Ele fala como um sábio, que forçosamente deve constatar que sabedoria e imbecilidade, honestidade e injustiça, amor e ódio, vida e morte estão sempre presentes no meio dos homens, em todas as épocas (1.10-11).

Fingimento real e o eu do sábio (1,12–2,26)

Aqui começa um discurso na primeira pessoa que se conclui em Ecl 2,26. No interior desta seção o texto se subdivide em quatro momentos: autoapresentação de Coélet (1,12), originalidade de sua experiência (1,13–2,2), reflexões sobre a experiência vivida (2,3-21), conclusão "teológica" acerca do único bem que resta ao homem (2,22-26).

O autor se apresenta na figura de um rei, que não pode ser outro senão Salomão: "Eu, Coélet, fui rei de Israel, em Jerusalém" (1,12). Ele relata sua experiência de todas as atividades como paradigma da vida humana: uma contínua tentativa de perscrutar o incógnito.

No final de sua labuta, cansado, o homem se vê obrigado a confessar sua radical impotência diante de uma realidade dada, visto que Deus dispôs as coisas da forma como elas são, e não de outra forma (1,13-15). Coélet fala, portanto, de sua busca da sabedoria (1,16-18). Não se trata de um trabalho leve e tranquilo como pensam os sábios tradicionais, mas de uma atividade que não leva a lugar algum (1,17-18). Outra experiência é a da alegria e do prazer (2,1-2). Ele também percorreu essa nova via em busca dos aspectos positivos da vida humana: a alegria e a fruição de todas as coisas boas que a vida pode oferecer. Quase imediatamente, porém, ele se sente desiludido, já que essa nova estrada, igualmente, é um beco sem saída (2,1).

Num segundo momento nosso autor fala a partir do pináculo de suas riquezas, de seu poder, de sua glória. Na realidade histórica em que vive, Coélet tem debaixo dos olhos a vontade de domínio e o afã de transformar o mundo que está abalando o reino dos Ptolomeus. Com seus próprios olhos quis verificar o que seria bom para o homem, mas concluiu que foi uma fadiga inútil (2,3-11). Coélet, portanto, "ainda revestido de Salomão", reflete sobre sua busca pela sabedoria (2,12-17). Ele confronta sabedoria e insensatez para individuar aquilo que efetivamente torna superior a qualidade da vida humana. E constata que a um rei sábio como ele pode suceder um filho insensato, e que, depois da morte, um não é melhor do que o outro (2,16b-17).

Após ter constatado a inutilidade de sua sabedoria e de todos os seus esforços e fadigas para obter os bens deste mundo, o que sobra, afinal, ao homem? "A melhor coisa que alguém pode fazer é comer, beber e gozar do bem-estar, fruto das próprias fadigas. Notei que também isso vem da mão de Deus, pois, 'Quem pode, sem mim, comer e cuidar de si?' Ele dá sabedoria, ciência e alegria à pessoa que lhe agrada" (2,24-26). Esse louvor ao usufruir da vida não é hedonismo mesquinho, nem uma resposta redutiva, uma pobre consolação deixada por Deus a um homem incapaz de compreender o sentido da vida. Também é tarefa do homem experimentar todos os bens que Deus lhe concede durante a vida e usufruir deles. O comer e o beber têm um significado simbólico, que lembra a celebração de sentimentos profundos como a festa, a amizade, o casamento, o nascimento, a hospitalidade. Deus se faz presente de modo concreto com o dom da alegria de viver. Trata-se de uma resposta de fé.

Há um tempo para cada coisa, mas qual é a vantagem? (3,1-15)

Esta nova seção pode ser dividida em duas: o poema sobre a dialética dos tempos (3,1-9) e a reflexão sobre a determinação divina da história (3,10-15).

O "poema do tempo" é constituído por sete pares de antíteses que abarcam idealmente toda a existência do homem, do nascimento à morte, e as experiências mais significativas da vida, tanto positivas quanto negativas (3,1-9).

Segundo a tradição de Israel, para cada coisa e para cada circunstância existe um tempo oportuno. Coélet parece estar de acordo; mas, na verdade, na reflexão que segue (3,10-15) antecipa uma crítica. Ele observa, de fato, que esses momentos da existência são guiados por Deus, mas segundo uma lógica que foge à compreensão do homem (3,10-11). O melhor a fazer – Coélet repete mais uma vez – é acolher com gratidão os bens e as alegrias da vida que Deus nos concedeu, cuja ação permanece indiscutível, e o homem, portanto, não pode modificá-los. Deve aceitar o próprio limite humano, deixando que Deus seja Deus, não sujeito à caducidade do tempo: Ele, de fato, conhece o presente, mas também o futuro e o passado. Temer a Deus é isto (3,14). O homem não pode pretender um domínio sobre os acontecimentos, domínio que diz respeito somente a Deus. E nem querer ser dono da própria vida: viva, ao contrário, com alegria o cotidiano e em reverente obediência ao Senhor.

Vaidade do agir humano e temor de Deus (3,16–6,9)

Até o final da primeira parte (6,9) os temas se sucedem sem um evidente vínculo lógico, e nem sempre é fácil delimitar as várias seções.

1) Injustiça social e destino do homem (3,16-22)

Coélet observou uma realidade importante na vida social como administrador da justiça, sobretudo nos tribunais legitimamente constituídos, e com surpresa afirma que neles impera a arbitrariedade e a injustiça (3,16). Como homem de fé tem certeza de que haverá um juízo, porque um Deus injusto não é um Deus para um hebreu (3,17). Sua reflexão se concentra em seguida no destino do homem. Deus pode fazer com que os homens vejam o que na realidade são: "Em si mesmos, são como animais" (3,18). O destino dos homens e dos animais, diante da morte, é o mesmo, ou seja, existe uma igualdade total: "como estes morrem, o mesmo acontece com aqueles" (3,19).

No entanto, Coélet passa em seguida a indagar se existe e qual seria a diferença entre o sopro de vida do homem e o sopro de vida animal: para esclarecer tal dúvida seria necessário verificar se um sobe para o alto e o outro vai para baixo. Ele confessa, porém, a própria ignorância: "Quem pode saber se o sopro de vida do ser humano sobe para o alto e o sopro de vida do animal baixa à terra?" (3,21). Coélet conclui com observações muito concretas: a vida não está na mão do homem; as alegrias que aparecem devem ser acolhidas como dom no momento presente; sobre o que virá após a morte o homem não tem ainda certeza (3,22).

2) Porque são preferíveis os mortos e não os vivos (4,1-3)

Nesta pequena unidade Coélet afirma ter observado todas as opressões dos poderosos sobre os fracos e os efeitos avassaladores das lágrimas dos oprimidos privados de qualquer consolador. Nesse contexto, estar vivo não é melhor do que estar morto. Melhor seria não ter nascido e não ter visto com os próprios olhos tantos abusos (4,2-3).

3) É bom trabalhar, mas com calma (4,4-6)

Uma vida centrada na ânsia de produzir e no sucesso a qualquer custo é tão inútil quanto correr atrás do vento (4,6). Coélet, porém, não aprova os insensatos e os descarados. Ele prefere uma via do meio: usufruir dos frutos do próprio trabalho com tranquilidade e paz de espírito.

4) Melhor a companhia do que a solidão (4,7-12)

A solidão é uma desgraça. Coélet pode afirmá-lo por tê-lo observado pessoalmente no caso da herança e nos momentos cruciais da vida. O homem sozinho, que trabalha sem descanso, mal para e se pergunta: Mas eu, "para quem trabalho, e me privo de satisfações?" (4,8). É melhor estar a dois do que sozinho, melhor ainda a três: "A corda tripla não se rompe facilmente" (4,12b).

5) A parábola do príncipe pobre (4,13-16)

A sabedoria e a insensatez não se ligam necessariamente à idade. É possível ser sábio mesmo jovem ou pobre; e nem sempre a velhice é sinônimo de sabedoria, como se pode constatar na parábola do velho rei que não sabe fazer uso dos conselhos. Um jovem que está sob o reinado do rei, e que se encontra na prisão, pode tornar-se rei em seu lugar e experimentar um enorme sucesso popular. Entretanto, trata-se de um sucesso que não dura além de uma geração.

6) Sobre o culto e a religião (4,17–5,6)

Nesta unidade é possível conhecer qual é o justo comportamento do homem diante de Deus, segundo Coélet. O culto é algo muito sério. Trata-se, de fato, de ter uma relação com um Deus transcendente, não com um ser feito à nossa imagem, "porque Deus está no céu, e tu na terra" (5,1). O que agrada a Deus é o silêncio diante dele para ouvi-lo. Não somos nós que com nossos esforços o alcançamos, mas é ele em sua soberana liberdade que se nos revela mediante sua palavra: "Tu, porém, teme a Deus!" (5,6).

7) A injustiça do Estado (5,7-8)

Coélet muda de assunto, passando do âmbito cultual-religioso à administração da justiça. A vítima do sistema é sempre a mesma: o pobre, o fraco, o indefeso. Ele parece referir-se à situação da Palestina do século III a.C.: uma grande região ocupada pelo poder estrangeiro que se serve de todos os órgãos de decisão em favor próprio. Falta em Coélet o protesto profético contra a injustiça; mas, a partir de seu tom irônico, percebe-se que ele não é um personagem indiferente: "Se vires, numa província, o pobre oprimido e o direito e a justiça violados, não te admires, porque sobre cada autoridade há outra maior que a vigia, e uma autoridade suprema sobre todas elas" (5,7).

8) Vaidade das riquezas (5,9–6,9)

A unidade desta seção nos é dada pelo tema relativo aos bens e às riquezas, e por uma evidente inclusão: "isso também é vaidade" (5,9; 6,9). Coélet propõe uma série de reflexões sobre o dinheiro e as riquezas, sobre os bens que o homem se esforça em acumular ao longo da vida, sobre seu uso. Ele observa que se ama o dinheiro com ganância ilimitada e com insaciável desejo: quanto mais se tem, mais se gostaria de ter (5,9). Com o aumento das riquezas, aumentam também os que as devoram (5,10), e ao proprietário das riquezas o autor lembra um destino trágico: da mesma forma que veio a este mundo, assim o deixará (5,14). Que use então essas riquezas na brevidade de sua vida como dom de Deus, sugere o redator do Eclesiastes (5,17).

Nosso autor também sublinha o reverso da medalha: existem ricos que não usufruem de suas riquezas, e sequer podem contar com uma sepultura adequada (6,2-6). E conclui o discurso com um provérbio: "Todos trabalham para comer, mas nunca se sentem satisfeitos" (6,7).

Os últimos dois versículos dessa unidade podem ser vistos como uma conclusão dos seis primeiros capítulos: "Que vantagem tem o sábio sobre o insensato? Qual é a vantagem do pobre que sabe conduzir-se bem na vida? Melhor é ver o que está diante dos olhos do que divagar no desejo. Isso também é vaidade, e correr atrás do vento" (6,8-9). Trata-se, a deduzir de alguns versículos, de uma reflexão geral que retoma alguns temas centrais do livro: o trabalho e a fadiga do homem; a insatisfação; a pergunta sobre a vantagem e o objetivo da atividade humana; o contraste entre rico e pobre, entre insensato e sábio. Numa palavra: trata-se do juízo sobre a inconsistência da vida.

9) Unidade de transição: o homem diante do predefinido e do imprevisível (6,10-12)

Os primeiros dois versículos (10-11) contêm a chave de leitura dos primeiros seis capítulos: qualquer esforço humano é inútil diante da sabedoria do desígnio divino, em face do qual qualquer discurso humano não passa de palavra insensata. Coélet confessa os limites da própria liberdade diante da onipotência ativa de Deus na criação e, em particular, na vida dos homens.

Contrariamente, as perguntas do versículo 12 perecem acenar para uma série de interrogações: "Quem pode saber o que é conveniente ao ser humano durante a sua vida, ao longo desses dias contados de sua existência fugaz pelos quais passa como uma sombra? Quem lhe dará a conhecer o que vai acontecer após seu soterramento?" (6,12).

Segunda parte: Coélet e a sabedoria tradicional (Ecl 7,1–11,6)

O que convém ao homem? (7,1-14)

Coélet começa respondendo à pergunta feita em 6,12: "Quem sabe o que é o bem (*mah tob*) para o homem?". E o faz por meio de uma série de provérbios com uma palavra-chave: "melhor" (*tob*). Trata-se de provérbios já conhecidos do povo, que Coélet cita e comenta, oferecendo ricas referências e precisões, às vezes em contraste com o pensamento tradicional.

É bom evitar os extremos (7,15-22)

Coélet quer ensinar aos seus discípulos uma atitude equilibrada na vida apontando para o meio termo (7,15-18), consciente de que entre os homens a perfeição não existe (7,19-22). São conselhos que ele dá após ter tomado conhecimento da derrota, na vida real, dos princípios de justiça e de sabedoria. Não conclui como o salmista do Sl 73,13: "Na verdade, em vão conservei puro o meu coração e lavei as mãos em sinal de inocência", mas aceita a situação, e prega a moderação, evitando os perigos tanto de uma exagerada piedade quanto os de uma pecaminosidade exorbitante (7,16-17).

A sabedoria é inalcançável (7,23–8,1a)

O tema geral desta unidade gira em torno da sabedoria e da insensatez (7,25). Coélet, pensando naquela sabedoria capaz de explicar as leis ao mundo e dar sentido à vida, conclui que tal sabedoria está para além do alcance humano. Em sua contínua busca recupera uma sentença tradicional antifeminista acerca da periculosidade da mulher (talvez pense no que representou Dalila para Sansão): "somente com a ajuda de Deus é possível fugir de seus laços mortais" (7,26-27).

Em sua investigação, Coélet não encontrou uma verdadeira mulher, mas os verdadeiros homens também são raros (7,28): portanto, sua busca deve continuar. Uma coisa, entretanto, ele pôde revelar: "Vede, porém, a única coisa que encontrei: Deus criou os seres humanos corretos" (7,29a).

Trata-se de uma descoberta não verificável pelo homem por meio da razão, mas que deriva de sua visão de fé, baseada provavelmente na leitura de Gn 1,27: "Deus criou o homem à sua imagem, à imagem de Deus o criou, homem e mulher os criou". Portanto, não existe nenhuma superioridade do homem sobre a mulher: ambos foram criados por Deus em igual dignidade. Coélet não se deixa transportar pela corrente antifeminista; ele quer defender a bondade de Deus. O ser humano, homem e mulher, ao contrário, é o único responsável pelo mal no mundo (7,29b).

Os limites da sabedoria humana (8,1b-9,12)

É possível delimitar esta ulterior perícope com base em seus conteúdos relativos à sabedoria e à incapacidade de explicar e de interpretar, de responder à pergunta expressa em 6,12: "Quem pode explicar ao homem o que vai acontecer depois dele debaixo do sol?".

1) Quem é o verdadeiro sábio (8,1b-9)

Nesta unidade Coélet se pergunta sobre o comportamento mais adequado para o conselheiro ou para o súdito diante de um príncipe poderoso, mas também, mais em geral, qual é a atitude correta do homem nas diversas circunstâncias da vida, dentre as quais a morte. O verdadeiro sábio é aquele que em cada situação da vida – no contato com os mais fortes, na busca do momento mais adequado, na incerteza do futuro, no medo diante da morte – sabe manter o equilíbrio interno manifestado pela doçura e pela paz de seu semblante: "A sabedoria de uma pessoa brilha no seu rosto e lhe abranda o semblante severo" (8,1b).

2) Uma antítese: justos e malvados (8,10-14)

De um lugar de observação especial, do Templo de Jerusalém, Coélet pode ver os malvados que entram e saem do Templo como se fossem piedosos, desafiando com seus sacrifícios o próprio Senhor, infringindo assim a Lei, ao passo que os que o servem, os devotos, são vítimas de seus abusos. Além disso, esses falsos piedosos se vangloriam cidade afora de suas práticas piedosas. Aos olhos do sábio Deus continua a não se manifestar, e isso não tem sentido: "Também isso é vaidade" (8,14).

3) Primeiras conclusões (8,15-17)

Também nesta passagem, após tantas reflexões, Coélet volta à dimensão da cotidianidade, na qual se podem saborear momentos de felicidade nas pequenas alegrias ordinárias: comer, beber, usufruir das ocasiões agradáveis, transcorrendo horas tranquilas com os amigos e pessoas queridas. Tudo isso é dom de Deus. Em seguida, Coélet volta às observações iniciais do capítulo 7 acerca da incapacidade do homem de encontrar o sentido de tudo o que acontece debaixo do sol (8,17).

4) A incognoscibilidade do destino humano (9,1-12)

Coélet pretende dizer uma última palavra sobre questões muito importantes, como o destino comum e universal de todos os seres humanos, independentemente de seus comportamentos na vida e o valor que dão à sabedoria na vida real, social e política. Suas reflexões partem da constatação de que todos são destinados à morte. A porta da morte está irremediavelmente fechada. A ninguém, nem sequer ao mais sábio, ao mais poderoso, ao mais santo, foi entregue a chave para abri-la (9,2).

Todos têm o mesmo destino. Bem ou mal, no fim todos parecem destinados a receber o mesmo tratamento, a mesma recompensa. Se existe alguma diferença entre os homens, esta só se encontra entre os vivos. É melhor estar vivo do que morto: "Para aquele que é contado entre os vivos ainda há esperança, pois mais vale um cachorro vivo do que um leão morto" (9,4). Os vivos são mais beneficiados dos mortos porque podem ainda esperar um futuro cheio de promessas. Na Escritura, o fundamento da esperança é Deus, senhor da vida e da morte.

Força e vulnerabilidade da sabedoria (9,13–10,20)

A argumentação fundamental da perícope é o desconhecimento da sabedoria. Em primeiro lugar, com uma parábola Coélet ilustra a eficácia da sabedoria quando não é acompanhada por um poder real, aquela que pode ser causa de salvação em si (9,13-16). Um homem sábio, mas poderoso, consegue salvar sua cidade sitiada por um poderoso; mas também "havia na cidade um homem pobre, porém sábio, que poderia ter salvo a cidade com sua sabedoria, mas ninguém se lembrou daquele homem pobre" (9,15).

Por outro lado, o sábio sabe que a sabedoria vale mais do que as armas, que por sua vez podem falhar em razão de erros humanos (9,17-18). Na vida social uma leve insensatez pode ser mais decisiva do que a sabedoria. Basta uma mosca morta para provocar ranço e fermentação no unguento do perfumista (10,1-3). A sabedoria deveria servir à boa administração das populações; mas, com estupor, Coélet se dá conta que são os ineptos que comandam (10,4-7).

Ele constata que a competência não exclui o fracasso (10,8-11). É um pensamento que Coélet ilustra com uma série de provérbios de origem rural, em que são descritas atividades típicas do mundo camponês: arrancar, demolir muros ou sebes, remover pedras, cortar lenha, manusear víboras. De fato, em tais atividades nem sempre a destreza dos peritos é coroada com sucesso. Por exemplo: "Quem quebra pedras pode se machucar" (10,9).

No ambiente de Coélet a palavra era o meio de partilha entre as pessoas, de transmissão de ideias e conhecimentos: segundo a sabedoria tradicional, mediante a palavra cada um se manifesta por aquilo que é (10,12-15).

A unidade se conclui com alguns ditos sobre a administração do reino (10,16-20). Ela começa com uma lamentação na qual o autor se dirige diretamente a um país governado por um jovem rei impotente e irresponsável, de quem se aproveitam os funcionários públicos em festejos e comilanças que começam antes mesmo do amanhecer. Feliz, no entanto, o país governado por um rei respeitado, com quem colaboram os administradores públicos para o bem do país. Coélet conclui dando um conselho pessoal aos seus leitores para que nunca falem mal do rei ou do rico, nem mesmo na intimidade do lar, e inclusive imaginar fazê-lo; a motivação do conselho é o medo de ser descobertos.

O homem ignora o que pode acontecer (11,1-6)

Nesta nova unidade literária o autor apresenta exortações de caráter pessoal, recorrendo a imagens tiradas da natureza e suas manifestações: mar, terra, nuvens, chuva, árvores, pontos cardeais, vento, manhã, noite. Não obstante tudo, ele convida a arriscar: "Exporta teu cereal por via marítima e, com o passar do tempo, terás retorno" (11,1). O convite à coragem, porém, é acompanhado pelo conselho à prudência, já que do futuro nada se sabe: "Divida em sete ou oito partes, pois não sabes que calamidade poderá atingir a terra" (11,2). Por outro lado, tampouco em termos de prudência se deve exagerar: o agricultor que fica continuamente olhando para o tempo mais propício à semeadura jamais semeia.

A tese de fundo dessa unidade é desenvolvida em Ecl 11,5: "Se ignoras o caminho do sopro de vida e como se forma o feto no ventre da mulher grávida, também ignoras a ação de Deus que faz todas as coisas". Assim como o homem ignora o mistério da concepção e da vida, assim ele ignora a obra de Deus. Num contexto em que se afirma a impotência humana quanto ao conhecimento da obra de Deus, o homem pode reafirmar com decisão sua fé em Deus criador de tudo, que faz todas as coisas.

O cântico final: juventude e velhice (Ecl 11,7–12,8)

Coélet termina seu trabalho com um poema que evoca a juventude e a velhice, retomando dois temas importantes dos capítulos precedentes: a alegria e a morte. Coélet não conhece nada para além da morte, que atinge a todos: justos, injustos, pobres e ricos. É certo que Deus julgará o justo e o malvado, mas o sábio não sabe quando se dará esse julgamento: apesar disso, é melhor viver do que morrer. Inútil afadigar-se correndo atrás de lucros (que a morte destruirá), já que Deus oferece ao homem já em sua vida presente algumas alegrias simples, como participar de uma mesa fraterna, executar com prazer o próprio ofício, viver em sintonia com a própria mulher.

Os temas da alegria e da morte são apresentados nos primeiros dois versículos do poema (17,7-8). O homem é convidado a alegrar-se pela felicidade presente, mas sem esquecer o futuro obscuro da velhice, penosa e sem sentido, visto que a morte conduz ao nada. Coélet, já ancião, se dirige diretamente ao jovem, aconselhando-o a usufruir plenamente de sua idade, período breve, cheio de vigor e de possibilidades (11,9-10). Que o jovem aproveite das alegrias desse breve tempo, que com o passar dos anos não poderão mais ser experimentadas! Mas seja prudente, para não arruinar sua saúde. Aconselha a nunca esquecer que no final da vida haverá um juízo de Deus, mesmo se Coélet não sabe nem quando nem como tal juízo se manifestará. Não se trata, de fato, de uma evidência fundada na experiência, mas de uma convicção teológica. O jovem deve continuamente lembrar-se de seu Criador, daquele que o plasmou com o pó da terra e lhe soprou o espírito, antes que os dias penosos da velhice cheguem (12,1a). E não se esqueça que Deus lhe deu a vida para ser usufruída, antes que venha a última etapa, a da morte.

Depois dos conselhos ao jovem, segue uma série de proposições subordinadas que começam com "antes que" (12,1b-7). Os especialistas não estão de acordo com o modo de ler essa unidade: é uma descrição realística do envelhecimento progressivo do homem até a morte ou se trata de uma alegoria do corpo humano arruinado pela idade? Parece preferível a primeira interpretação. A morte do homem após seu envelhecimento progressivo acontece como ruptura e fracasso (12,6-7). Com a morte Deus retoma para si o sopro com o qual vivificou o homem: este permanece uma sombra de si no *sh^e'-ól*. Coélet não conhece a esperança de uma sobrevivência após a morte: diante da realidade da morte o homem deve interrogar-se sobre o sentido da vida, mas Coélet confessa que pessoalmente não o compreende. Para ele tudo é "vaidade" (12,8).

O epílogo: elogio e defesa do mestre (Ecl 12,9-14)

Com a expressão final de Coélet "tudo é vaidade" (12,8), parece que o autor terminou o que pretendia dizer. Entra em cena agora outro personagem, que parece tê-lo conhecido, que além de evidenciar a qualidade das palavras de Coélet apresenta suas atividades. De repente surge a expressão "meu filho" (v. 12), ausente no resto do livro, seguida de uma advertência que parece resumir todo o livro: "teme a Deus e guarda seus mandamentos" (v. 13). O convite ao temor de Deus está presente no ensinamento de Coélet, diferentemente do convite a observar seus mandamentos, mais afinado com a tradição sapiencial. Nesse epílogo encontramos os critérios destinados à comunidade que agora usa o Livro de Coélet como livro autorizado. Coélet é caracterizado como um "sábio": "Além de ser sábio, Coélet também ensinava a ciência ao povo, estudou, examinou e pôs em ordem muitos provérbios" (12,9).

O que Coélet disse no livro não são emoções pessoais pessimistas, mas pertencem à sabedoria israelita e fazem parte de seu ministério oficial de ensino no interior da comunidade. O versículo 9 descreve seu papel como crítico. A compilação dos ditos de Coélet é colocada em paralelo com a dos sábios tradicionais. Em última análise, fonte de sua sabedoria é o "pastor" divino (v. 11).

A insistência é que os leitores da comunidade não se perturbem com outros livros não pertencentes à coleção canônica (v. 12), mas que interpretem os ditos de Coélet no contexto mais amplo da fé israelita, que inclui não somente os outros filões sapienciais, mas também a Lei mosaica. Com a afirmação do versículo 13 ("teme a Deus e guarda seus mandamentos"), o discípulo de Coélet não confundiu o ensinamento do mestre, embora a afirmação não pareça totalmente alinhada com o conteúdo do livro: o livrinho, ao contrário, é assim inserido no "cânon sapiencial".

Temáticas teológicas

Por que vives?

A pergunta de fundo do livrinho de Coélet diz respeito ao sentido da existência, que termina com a morte, após a qual não há mais vida para ninguém, seja rico ou pobre, inteligente ou insensato, justo ou malvado. Como orientar-se em tal situação ao longo dos breves anos que Deus concede ao homem? Coélet oferece aos seus discípulos, sobretudo aos mais jovens, uma bússola com seus quatro polos: *hébel* como polo frio, alegria de viver como polo quente, temor de Deus como luz do Oriente, práxis de vida de uma sabedoria parcial como polo ocidental.

Hébel

O sentido básico desse termo deve ser buscado no âmbito do sopro, do vapor, do bafo do vento, do ar que se vai. Usando o termo *hébel*, Coélet entende sublinhar não tanto a "fuga do mundo", mas os aspectos efêmeros e transitórios da vida humana. Esta não passa de simples fumaça que se esvai.

Nesse sentido, parecem efêmeros tanto o trabalho quanto o desejo humano de colocar os fundamentos de sua vida nos lucros: "Que proveito tira alguém de todo o trabalho com que se afadiga debaixo do sol?" (1,3). Em última análise, é igualmente inútil todo o esforço do sábio, que pretende compreender inclusive a obra de Deus, e não consegue (8,16-17). A morte, finalmente, põe às claras todas as ilusões que o ser humano se inventou. Tudo não passa de um sopro "debaixo do sol", e a vida do homem é efêmera, inconsistente (8,8).

A primeira indicação que Coélet dá aos seus discípulos, portanto, é a liberdade de coração diante de tudo o que não é Absoluto. Ele aprecia e ama qualquer realidade mundana, mas também tem consciência de seus limites. Não quer ser condicionado por nada.

Alegria de viver

Tema central não somente da filosofia helenística, mas também da sabedoria de Israel, é o conteúdo da felicidade do homem e suas condições de possibilidade. Em polêmica com a sabedoria tradicional de seu povo, Coélet afirma que a felicidade não se encontra na riqueza, na longevidade, na projeção, no poder, mas consiste principalmente numa experiência de alegria. Esta, por outro lado, não é fruto dos próprios esforços, mas somente dom de Deus.

O tema aparece em sete textos: 2,24-26; 3,12-13; 3,22; 5,17-19; 8,15; 9,7-10; 11,7-10. Em quatro deles (2,24; 3,22 e 8,15) aparece a expressão "não há nada melhor", que introduz uma convicção do autor: o melhor bem para o homem é experimentar a alegria. Esta não é uma conquista humana, um puro *carpe diem*, mas é a parte da herança dada como dom ao homem diretamente por Deus; e não diz respeito somente a alguns momentos da vida, mas à sua totalidade. É limitada e modesta, como a alegria do comer e do beber que lembram a festa, a amizade, o casamento, o nascimento, a hospitalidade; más é, ao mesmo tempo, a descoberta de um "bem" pelo qual vale a pena continuar vivendo.

Temor de Deus

Mesmo em polêmica com a teologia tradicional, Coélet é seguramente um homem de fé. O objetivo de seu trabalho é o de mostrar a relação entre Deus e o homem numa nova perspectiva. Referência fixa em Coélet é a realidade da morte, que nivela tudo e todos: esta obriga o homem a aceitar a própria vida cotidiana e temer a Deus, aceitando, mesmo que limitados, os próprios dons.

Segundo uma afirmação fundamental da sabedoria de Israel, "o temor do Senhor é o princípio do conhecimento" (Pr 1,7). Coélet evita usar a expressão tradicional "temor do Senhor", não se servindo nunca do tetragrama YHWH. "Temer a Deus", para nosso autor, é diferente do sentido que lhe é dado pela tradição bíblica na Torá, nos Salmos, nos Profetas e nos outros Livros Sapienciais, para os quais Deus deve ser temido porque pune quem não observa sua Lei (cf. Dt 28,58-59). Para Coélet, dado que o homem não conhece os critérios do juízo divino a seu respeito, deve-se temer a Deus não por medo, mas como um ato completamente gratuito e desinteressado, não ligado a contrapartidas. Em última análise a convicção da sabedoria tradicional, em base à qual quem teme a Deus é abençoado e quem não o teme é amaldiçoado, de fato, não se verifica (c. 8,11-14).

Além disso, ao homem escapa o "mistério do tempo" (3,11), o sentido global do agir divino. Portanto, temer a Deus significa aceitar os limites do próprio conhecimento, dispondo-se a acolher como dom de Deus as simples alegrias da vida. Temer a Deus é também a única atitude religiosa possível (4,17–5,6), contra toda tentativa de subjugar Deus aos próprios fins mediante particulares formas religiosas (como sacrifícios e votos).

Enfim, Coélet adverte seus discípulos sobre a ilusão de salvar-se mediante a prática escrupulosa da Lei ou sobre a ilusão ainda mais particular de ignorá-la completamente, entregando-se às malvadezas e à insensatez. Ele os remete, ao contrário, na direção do temor completamente gratuito em relação a um Deus ainda a ser totalmente descoberto. Os vivos, de fato, têm vantagem sobre os mortos, já que ainda podem esperar num futuro cheio de promessas: "Para aquele que é contado entre os vivos, ainda há esperança" (9,4).

Na releitura final, feita pelo apologista em 12,13, ele tenta fazer uma síntese entre o ensinamento do mestre e o tradicional, segundo o qual o temor de Deus está ligado à observância da Lei. Coélet repropõe a fé no Deus de Israel no interior de uma situação histórica em transformação, causada pela força e pela nova luz que estava chegando da Grécia.

Uma sabedoria parcial

Um quarto ponto fundamental é oferecido por Coélet ao próprio discípulo ao convidá-lo e ao encorajá-lo a buscar a sabedoria (1,13), por mais inalcançável que ela possa parecer: "Quando me dediquei a conhecer a sabedoria e a observar as tarefas que se realizam na terra, sem permitir aos olhos conciliar o sono nem de dia nem de noite, observei toda a obra de Deus em seu conjunto e percebi que ninguém é capaz de descobrir tudo o que se realiza debaixo do sol. Por mais que alguém se esforce por descobrir, não o conseguirá; ainda que o sábio pretenda sabê-lo, não o conseguirá" (8,17-17).

Não se trata da impossibilidade de conhecer, já que o sábio consegue adquirir algum conhecimento, mas da possibilidade de conhecer plenamente o objeto indagado: a obra de Deus. Esse conhecimento só pode ser desejado e buscado, visto que é fruto de um dom de revelação. Coélet parece propor o problema teológico – e não somente epistemológico – do reto conhecimento. Existe, portanto, sempre um resíduo entre aquilo que o homem pode efetivamente conhecer de Deus e seu ser profundo, objeto último de toda atividade cognitiva.

Existe uma realidade que se pode conhecer com os olhos da carne e uma que se pode conhecer com os olhos do coração. Mas estes olhos são um dom do Senhor. Para o homem se trata de rejubilar-se por aquilo que o Senhor lhe permite ver, aguardando uma plenitude ulterior.

Bibliografia comentada

Comentários

Ainda útil para o aprofundamento do aspecto filológico é o comentário:

Di FONZO, L. *Ecclesiaste*. Roma/Turim, 1967 [La Sacra Bibbia].

O melhor comentário para um público muito culto:

VÍLCHEZ LÍNDEZ, J. *Qoèlet*. Roma: Borla, 1997 [Commenti biblici] [orig. espanhol: 1994].

De nível mais acessível:

SACCHI, P. *Ecclesiaste*. Roma: Paoline, 1971 [Nuovissima versione della Bibbia, 20].

Muito conhecido por sua linguagem fascinante é o comentário de Ravasi:

RAVASI, G. *Qohelet*. Cinisello Balsamo: San Paolo, 1988 [Parola di Dio].

Mais simples é o comentário:

LOHFINK, N. *Qohelet*. Bréscia: Queriniana, 1997 [L'Antico Testamento commentato] [orig. alemão: 1980].

Uma nova tradução do Coélet para um público vasto é proposta por L. Mazzinghi:

MAZZINGHI, L. "Qohelet". In: *I libri di Dio* – La Bibbia. La sapienza di Israele. Milão: Mondadori, 2000, p. 353-386.

Textos de caráter mais divulgativo e espiritual

Para um público não especializado estão disponíveis algumas introduções.

BONARA, A. *Il libro di Qohelet*. Roma: Città Nuova, 1992 [Guide spirituali all'antico Testamento].

_____. *Qohelet, la gioia e la fatica di vivere*. Bréscia: Queriniana, 1987 [Leggere oggi la Bibbia, 1.15].

Também podem ser facilmente lidas as propostas de leitura de:

BIANCHI, E. *Lontano da chi, lontano da dove?* Turim: Gribaudi, 1977, p. 147-190.

E as mais recentes de cunho espiritual:

GHIDELLI, C. *Parole come frecce* – Come leggere Qoèlet. Cinisello Balsamo: Paoline, 1991.

LAVATORI, R. & SOLE, L. *Coèlet* – L'uomo dal cuore libero. Bolonha: EDB, 1997.

SCIPPA, V. *Qoèlet: L'"arcano progetto di Dio e la gioia della vita"* – Introduzione e commento. Pádua: Messaggero, 2010 [Dabar-Logos-Parola].

_____. *Qoèlet* – La gioia di vivere dell'uomo. Cinisello Balsamo: San Paolo, 1998.

Ao Livro de Coélet foi dedicado um número da revista *Parole di vita* (48/3, 2003).

Outros textos úteis

A estrutura literária e retórica do livro foi examinada em:

D'ALARIO, V. *Il libro del Qohelet* – Struttura letteraria e retorica. Bolonha: Dehoniane, 1993 [Supplementi alla Rivista Biblica, 27].

Para um estudo aprofundado do texto confira o trabalho de um especialista italiano sobre o tema:

MAZZINGHI, L. *"Ho cercato e ho esplorato"* – Studi sul Qohelet. 2. ed. Bolonha: EDB, 2009 [Collana biblica].

Nesta obra pode-se encontrar uma ampla introdução aos problemas levantados por Coélet, uma seção dedicada à teologia e uma criteriosa bibliografia.

Um segundo texto, que retoma as opiniões mais recentes dos estudiosos:

BELLIA, G. & PASSARO, A. (orgs). *Il libro del Qohelet* – Tradizione, redazione, teologia. Milão: Paoline, 2001 [Cammini nello Spirito, 44].

Uma redação análoga das contribuições em que se examina o livro do ponto de vista exegético, filosófico e moral:

RAMBALDI, E.I. & POZZI, P. (org.). *Qohelet*: Letture e prospettive. Milão: F. Angeli, 2006 [Collana di filosofia].

Uma recente bibliografia comentada, aos cuidados da Faculdade Teológica da Itália Setentrional sobre o livro em questão, é apresentada por R. Vignolo em *Orientamenti Bibliografici* (*Semestrale di letture* 37, 2011, p. 11-20).

Eclesiástico (ou Sirácida)

Introdução

Ben Sirac é o último dos sábios residentes na comunidade de Jerusalém do pós-exílio. É um homem fiel à tradição. Ele recolhe, repensa, aprofunda, e às vezes com grande originalidade, a precedente reflexão sapiencial de Israel, adaptando-a às novas orientações do pensamento. Segundo o neto que escreveu o prólogo do livro, ele conhece muito bem os textos da Lei, dos Profetas e outros escritos sucessivos e os relê à luz da própria experiência, fruto de estudos assíduos e de vários encontros em suas viagens. Une o velho ao novo. Ele se apresenta humildemente como um grande coletor de frutos deixados pelos precedentes autores, mas sabe criar belíssimos poemas sobre a sabedoria e o sábio. É um autor que testemunha a busca de uma fé não somente derivada dos cultos, mas interiorizada em termos pessoais.

Autor e data de composição

Trata-se do único sábio do Antigo Testamento de quem conhecemos o nome a partir da própria obra, escrita originalmente em hebraico: no *Prólogo* à tradução grega se fala claramente disso. É denominado "Jesus, filho de Sirac", *Iesús hyiós Seirách* (cf. *Prólogo*, v. 7; Eclo 50,27; 51,30). Jesus é o nome próprio, e Ben Sirac é o nome de família. O sobrenome hebraico *ben sirá'* foi transcrito para o grego como Sirac, daí o título em grego *Sirácida*, e em latim *Ecclesiasticus,* Eclesiástico em português.

O título Eclesiástico não se encontra nos Padres Gregos, mas na tradição latina. Qual é o significado desse nome? Alguns (p. ex., Cassiodoro) o explicam em base à leitura pública que se fazia dele na Igreja, outros com a exigência de distinguir os livros "canônicos" dos livros "eclesiásticos".

Sendo oferecido como leitura aos catecúmenos para a formação doutrinal e moral, ele se torna o modelo da obra edificante segundo a doutrina e a prática da Igreja.

Em geral se considera o ano 180 a.C. como data da obra, já que o livro não reflete os problemas que surgiram na Palestina com a chegada do poder de Antíoco IV Epífanes em 175 a.C. e a consequente revolta dos Macabeus, desencadeada por causa da profanação do Templo em 167 a.C. Essa datação é confirmada pelo prólogo da tradução grega feita pelo neto do Ben Sirac, que fala da própria chegada ao Egito em 132 a.C., no trigésimo oitavo ano do reinado do Rei Ptolomeu Evergetes, que reinou no Egito durante dois períodos: 170-164 e 146-117 a.C. Pode-se concluir, portanto, que o neto tenha terminado seu trabalho de tradução entre 132 e 117 a.C.

Um segundo indício, em Eclo 50,1-24, é o louvor a Simão, identificado como Simão II, sumo sacerdote entre os anos 219 e 196 a.C. Pode-se intuir que o autor descreve o ministério desse sumo sacerdote considerando-o testemunha ocular, mesmo se em Eclo 50,1, fale dele como recentemente falecido: "Simão, filho de Onias, sumo sacerdote, foi quem durante sua vida restaurou o Templo, e em seus dias fortificou o santuário". Comumente se considera que a obra foi escrita na Palestina. Ben Sirac é testemunha da vida religiosa e social da Jerusalém do seu tempo, anterior à apostasia da fé tradicional.

O homem Ben Sirac

Do *Prólogo* anteposto pelo neto ao livro e do próprio livro é possível construir a personalidade de Sirac. Sua profissão foi a de sábio e escriba, dedicado ao estudo da Lei, dos Profetas e dos outros escritos de seus antepassados. O próprio Ben Sirac chama sua casa de *bet midrash* ("casa de instrução"): a escola onde se aprendia a conhecer os livros sagrados. Nela ele convida a habitarem os carentes de instrução (51,23).

Ele nos deixou seu autorretrato no elogio do escriba (38,24–39,11): todas as artes são dignas, mas nenhuma outra pode ser comparada à do escriba. O artesão dedica todo o seu tempo ao trabalho, o escriba o dedica ao estudo da Sagrada Escritura. Sua sabedoria lhe permite entrar em relação com os grandes da terra; mas, sobretudo, lhe permite experimentar uma profunda relação com Deus. Na assembleia do povo somente o sábio é procurado. Somente ele é capaz de julgar, já que conhece a lei e o direito.

O Sirácida recolheu a sabedoria que devia ser comunicada ao seu povo percorrendo duas vias. Primeiramente ele perscrutou profundamente os textos renomados da Escritura, buscando neles as experiências de fé de Israel. Ele quase nunca cita literalmente a Bíblia, mas reelabora de maneira original o antigo ensinamento adaptando-o aos seus ouvintes, numa época já bastante aberta a muitas influências estrangeiras.

A segunda via seguida é a experiência pessoal do autor. Ele está aberto aos valores humanos universais, considerando-os em sua reflexão. É um intelectual crente, que sabe inculcar nos jovens, atraídos pelo mundo e pela cultura grega, o valor das próprias tradições sem recusar por princípio as novas ideias provenientes do helenismo. A revelação bíblica para ele é sabedoria autêntica, da qual ninguém deve se envergonhar.

O problema textual

A obra de Ben Sirac chegou até nós por intermédio de uma complicada tradição textual: o texto hebraico, a versão grega, a *Vetus Latina*. Jerônimo afirma ter conhecido o texto na língua original e, segundo o testemunho do Talmude, também alguns rabinos o teriam citado no final do século IV de nossa era. O *texto hebraico*, perdido há séculos, em parte foi recuperado em três grupos de fragmentos. Manuscritos do século XI foram encontrados em 1896 na *Ghenizáh*, um túnel escuro, sepulcro dos livros sagrados, da antiga sinagoga do Cairo que pertencia ao movimento hebraico caraíta. Textos encontrados nas grutas de Qumran e uma cópia fragmentada descoberta em 1964 em Massada, numa escritura dos inícios do século I a.C., confirmaram a autenticidade dos manuscritos do Cairo. Todos esses fragmentos colocados juntos cobrem dois terços de todo o livro.

A *versão grega* dos LXX nos chegou em duas versões: a breve (Sinaítico, Vaticano, Alexandrino) (Gr I) e a longa, num manuscrito de número 248 (Gr II). A tradução siríaca, a *Peshitta*, foi feita a partir de um texto hebraico. A *versão latina* presente na *Vulgata* não foi feita por Jerônimo (340-420 de nossa era), mas já pertencia à *Vetus Latina*, que se reporta ao Gr II, a versão mais longa. A tradução provavelmente foi feita na África do Norte por obra dos cristãos da segunda metade do século II. As variantes das testemunhas dos manuscritos hebraicos, entre si e em relação com as traduções grega, latina e siríaca, indicam que o livro se difundiu muito rapidamente em versões diferentes. É bem provável que ainda no século I de nossa era o livro já tivesse sofrido revisões, com inserções de muitos acréscimos.

O cânon

Esse pluralismo textual (texto breve, texto longo; texto hebraico, texto grego) levanta um problema teológico: onde buscar o original inspirado? No texto semítico perdido e hoje, em parte, recuperado ou nas duas traduções? Normalmente supõe-se que uma tradução seja – objetivamente falando – "inspirada" só enquanto está de acordo com o original autógrafo. Mas aqui se reivindica a "inspiração" às expansões do texto que não saíram da pena de Ben Sirac. Tais expansões, porém, fazem parte de uma tradição judaica autêntica e consagrada num escrito que tem todos os sinais da inspiração à semelhança dos livros do Antigo Testamento escritos originariamente em grego. A Igreja Católica reconhece o livro como canônico, sem precisar seu tamanho e sem excluir a segunda edição. O Concílio de Trento (8 de abril de 1546) inseriu o Eclesiástico entre os livros do Antigo Testamento inspirados e canônicos, precisando que estes devem ser aceitos "integralmente, com todas as suas partes, como, geralmente, são lidos na Igreja Católica e se encontram na edição antiga da Vulgata latina". A *Nova Vulgata* (1979) retoma, corrigindo-o, o texto longo da *Vetus Latina*. A tradução italiana do Livro do Eclesiástico na Bíblia Sagrada da Conferência dos Bispos daquele país de 2008 segue a versão grega feita pelo neto de Ben Sirac, considerada atualmente o testemunho mais seguro do original. Nas notas são indicadas as passagens que se afastam do texto. Além disso, são inseridos no texto, mas em itálico, os acréscimos da segunda edição (Gr II) transmitidos pelos manuscritos gregos. Outros acréscimos e variantes, transmitidos em hebraico, latino ou siríaco, são referidos em notas.

Gêneros literários e modalidade de composição

O Eclesiástico tem como modelo o Livro dos Provérbios, mas não contém provérbios particulares sem comentários. Ele também se assemelha ao Livro da Sabedoria por seu interesse pela história e pela reflexão. O livro parece uma coleção de provérbios, que têm a forma de dístico, reunidos por temas e ordenados para a divulgação. O autor conhece bem a Bíblia e exprime seu pensamento adotando a fraseologia dos livros precedentes. Sua obra se torna quase um mosaico de termos e de imagens bíblicas. Esse estilo é denominado antológico. São recorrentes os seguintes artifícios literários: inclusão, quiasma, aliteração, assonância, ritmo, unidade de 22 linhas (número de letras do alfabeto hebraico). São usados os gêneros literários tradicionais de formas ulteriores, como o elogio, que encontrará um uso notável um século e meio mais tarde em Alexandria com o Livro da Sabedoria de Salomão. Eis alguns exemplos dos principais gêneros literários:

1) *A sentença*: "Ouve de boa vontade o discurso sobre Deus e não fuja das máximas sábias" (6,35).

2) *A exortação* (trata-se frequentemente de um conselho negativo, do tipo "não faça isso..."): "Não te fies nas riquezas e não digas: 'Me basto a mim mesmo'" (5,1).

3) *A sentença desenvolvida*. Mais dísticos agrupados desenvolvem um mesmo tema: amizade (6,5-17); inveja e avareza (14,3-10); fuga do pecado (21,1-10); fidelidade aos amigos (22,19-26); mulher má (25,13-26); palavra (27,4-7); justiça (27,8-10); língua maldosa (28,13-26); banquetes (32,1-13); discernimento (36,20-22). Por exemplo, acerca do tema da justiça: "Se procurares a justiça, hás de alcançá-la e dela te vestirás como de um traje de honra. Os pássaros da mesma espécie aninham-se juntos: assim a verdade se volta para os que a praticam. Como o leão espreita sua presa, assim o pecado espreita os que praticam a injustiça" (27,8-10).

4) *O jogo de palavras*: "No tempo da felicidade esquecemos a desgraça; no tempo da desgraça não nos lembramos da felicidade" (11,25).

5) *O provérbio numérico*: "Há duas nações que minha alma detesta, e a terceira nem é nação: os estabelecidos na montanha de Seir, os filisteus, e o povo insensato que habita Siquém" (50,25-26).

6) *A comparação*: "A misericórdia é bem-vinda no tempo da tribulação, como as nuvens de chuva no tempo da seca" (35,26).

7) *O enigma*: "Que é o ser humano e para que serve? Qual é o seu bem e qual é o seu mal?" (18,8).

8) *A bem-aventurança*: "Feliz o marido que tem uma boa esposa; o número de seus dias será duplicado" (26,1).

9) *A ameaça profética*: "Ai de vós homens ímpios, que abandonastes a Lei do Altíssimo! Se vos multiplicais, é para a perdição; se nasceis, é para a maldição que nasceis; se morreis, a maldição será o vosso destino. Tudo que vem da terra voltará para a terra; assim os ímpios procedem da maldição e se dirigem para a ruína" (41,8-10).

10) *A controvérsia doutrinal* (introduzida por: "não digas..." ou "não se deve dizer..."): "Não digas: 'Ele olhará a abundância de minhas oferendas; e, quando fizer a oferta ao Deus Altíssimo, ele a aceitará'" (7,9).

11) *O provérbio de preferência* (introduzido pelo adjetivo comparativo "melhor..." ou "é preferível"): "É preferível a maldade do homem à condescendência da mulher; uma mulher descarada é uma infâmia" (42,14).

12) *A representação* (p. ex., o rico): "Há quem enriqueça à força de privação e economia, mas eis qual será a parte de sua recompensa: quando disser que encontrou repouso e que agora vai poder gozar de seus bens, não sabe de quanto tempo vai dispor; para outros deixará os bens e morrerá" (11,18-19).

13) *A oração*: "Os olhos do Senhor estão voltados para os que o amam; ele é escudo poderoso e firme baluarte, proteção contra o vento escaldante e abrigo contra o ardor do meio-dia, defesa contra os tropeços e auxílio contra as quedas. Ele ergue o ânimo e ilumina os olhos dando saúde, vida e bênção" (34,19-29).

Estrutura

O Eclesiástico é o livro sapiencial mais longo e, portanto, o autor deve ter empregado realmente muito tempo para escrevê-lo. Imagina-se que Ben Sirac tenha colocado por escrito diariamente algumas notas, com as quais posteriormente formou o livro. É possível que seus próprios discípulos tenham compilado as reflexões do mestre. Ainda não há clareza de como o autor estruturou sua obra. O debate permanece aberto[41]. É, sobretudo, a ordem das perícopes, compostas aos moldes de Pr 1–9; 30–31, que carece de clareza.

Alguns elementos parecem claros: o louvor final a Deus criador (42,15–43,33) e o elogio aos antepassados (44,1–50,24). O que precede e o final, no capítulo 51, a ordem não é tão evidente. Somente se percebe que o tema da sabedoria e do sábio aparece em várias exposições do texto, em particular nos primeiros dois capítulos, considerados o portal de entrada do livro, e no capítulo 24, que ocupa o centro. À espera de estudos ulteriores baseados em dados literários, estilísticos e temáticos, propomos esta subdivisão:

---

41. Cf. ROTH, W. On Gnomic-Discursive Wisdom of Jesus Ben Sirach. *Semeia* 17, 1980, p. 59-79. • NICCACCI, A. *Siracide o Ecclesiastico* – Scuola di vita per il popolo di Dio. Cinisello Balsamo: San Paolo, 2000. • MINISSALE, A. *Siracide*. Roma: Paoline, Roma, 1980.

O portal teológico do Livro do Eclesiástico (Eclo 1–2)

Primeira parte: A sabedoria de Deus na vida do homem (Eclo 3,1–42,14)

Segunda parte: A glória do Senhor no mundo e na história (Eclo 42,15–50,24 [29])

A glória do Senhor no mundo (42,15–43,33)

O elogio dos antepassados (44,1–50,24)

Apêndice (51,1-30)

Leitura rápida

O portal teológico do Livro do Eclesiástico (Eclo 1–2)

Nos primeiros dois capítulos, Ben Sirac apresenta o núcleo teológico de seu ensinamento: a relação entre a sabedoria e o temor do Senhor por meio da fidelidade aos mandamentos. Ele começa com uma composição hínica dedicada à sabedoria (1,1-10). Esta provém de Deus ("Toda sabedoria vem do Senhor", 1,1), foi a primeira criatura saída de suas mãos ("A sabedoria foi criada antes de todas as coisas", 1,4) e é destinada como um dom aos homens e às mulheres que a amam ("A cada mortal a doou com generosidade, a concedeu a todos os que o amam", 1,10).

No poema seguinte (1,11-30), Ben Sirac evidencia a relação existente entre o temor do Senhor e a sabedoria ("O princípio da sabedoria é temer ao Senhor", 1,14a). Temor do Senhor não significa medo e angústia diante de Deus, mas é a atitude religiosa que torna o homem consciente de seu ser criatura. Partindo dessa base, o discípulo pode descobrir o projeto de Deus presente no universo. O autor, além disso, oferece aos seus discípulos uma primeira instrução sobre a paciência: "Quem é paciente resistirá até o momento oportuno; depois, a alegria lhe será restituída. Guardará seus pensamentos até o momento oportuno, e os lábios de muitos proclamarão sua sabedoria" (1,23-24).

Uma segunda instrução, ao contrário, é dedicada à sinceridade (1,28-30), que deve ser a atitude do verdadeiro discípulo que teme a Deus e deseja encontrar-se com a sabedoria: "Não sejas rebelde ao temor do Senhor, nem dele te aproximes com duplicidade de coração" (1,28).

A essa altura Ben Sirac expõe um autêntico programa de vida espiritual, retomando o tema do temor ao Senhor (cap. 2). Os temas morais, sociais e culturais referidos neste capítulo serão tratados difusamente ao longo do livro. Buscar a sabedoria é uma tarefa de caráter religioso que incide em todos os aspectos da pessoa. O discípulo que quer entrar na escola da sabedoria deve preparar-se para o exame probatório. O sábio lhe dá então três conselhos: que oriente o coração, que seja tenaz, que não desanime no momento da desventura. Como alguém apaixonado, ao contrário, que o discípulo se agarre ao Senhor. A prova superada comporta um crescimento em sabedoria, ou seja, em todas as dimensões da pessoa humana (cf. 2,1-3).

Outros conselhos: que o jovem aceite os desígnios de Deus sem impor condições ("Aceita tudo o que te acontecer" 2,4); que aceite pacientemente a tribulação; que lute contra as resistências interiores que obstaculizam o caminho. A provação faz parte do método educativo a que é submetido o discípulo antes dele marcar um encontro pessoal com a sabedoria. Deus é o agente primeiro da provação. E o mesmo Deus que manda as provações ao discípulo o ajuda a sair ileso (2,4-6). Quem decide seguir o Senhor, independentemente das dificuldades, deve confiar no Senhor: "Vós que temeis ao Senhor, confiai nele" (2,8). Toda a tradição é uma confirmação de que o Senhor salva na hora da tribulação e liberta das provações que ele mesmo impôs (2,10).

Os jovens, no entanto, devem estar atentos contra a covardia que leva a perder a vontade de lutar, que desencoraja diante das novas situações e leva a perder a esperança no Senhor (2,12-14). A obediência ao Senhor não deve ser reduzida a um ato formal de submissão; trata-se de cativá-lo e agradá-lo, e de alimentar-se de suas leis: "Os que temem o Senhor procurem agradar-lhe; e os que o amam, saciem-se de sua lei" (2,16).

Ao buscarem o comprazimento do Senhor com o estudo da Lei, os discípulos se sentem preparados para assumir com responsabilidade as decisões na orientação da própria vida: "Os que temem o Senhor tenham sempre o coração preparado" (2,17). O jovem que decide seguir o Senhor sabe de antemão que pode contar com sua infinita e incondicional misericórdia: "Lancemo-nos nos braços do Senhor e não nos braços dos homens, pois sua grandeza se iguala à sua misericórdia" (2,18).

Chegados até aqui, os discípulos podem fazer uma escolha, visto que já conhecem o programa. Mas optar pelo Senhor não é fácil. A luta para não se perder no caminho comporta a fadiga, o risco do pecado e o consequente castigo divino. Nessa busca, porém, sempre está presente o Senhor misericordioso que perdoa, que salva, sobretudo nos momentos mais angustiantes.

É justamente essa a mensagem de esperança que o sábio quer transmitir aos jovens que desejam marcar um encontro vital com a sabedoria.

Primeira parte: a sabedoria de Deus na vida do homem (Eclo 3,1–42,14)

O ensinamento de Ben Sirac que vem depois desta introdução e persiste até 42,14 não é muito sistemático. Mesmo assim é possível identificar os temas teológicos mais recorrentes e recuperar uma visão mais sintética de seu pensamento[42].

O temor de Deus, princípio da sabedoria

Trata-se de um tema anunciado no prólogo e retomado em seguida no livro. A sabedoria não é fruto de uma conquista humana. É dom de Deus aos que o amam e vivem segundo sua vontade. O homem que não se abre para Deus permanece prisioneiro do mundo e de suas leis, prisioneiro de si mesmo, fechado ao amor. Para que a sabedoria frutifique, é necessário recusar o pecado (6,2-4).

1) A sabedoria instrui seus filhos (4,11-19; 37,16-26)

A sabedoria fala como uma mãe que instrui seus filhos ao longo da estrada da vida. Ela não é somente uma mestra que oferece um ensinamento teórico, mas uma educadora que convida e estimula a seguir seus ensinamentos, mostrando seus frutos: "A sabedoria exalta seus filhos e cuida dos que a procuram. Quem ama a sabedoria ama a vida, e os que a procuram desde a aurora serão repletos de alegria. Quem a possui terá a honra por herança; e, para onde quer que vá, o Senhor o abençoará. Quem a venera presta culto ao Santo, pois o Senhor ama os que amam a sabedoria" (4,11-14).

Servir a sabedoria significa prestar culto a Deus. A sabedoria, além disso, ensina a discernir o bem e o mal e a agir segundo a vontade de Deus (4,15-16).

2) Verdadeira e falsa vergonha (4,20-31; 41,14–42,8)

O discípulo da sabedoria permanece fiel a Deus e não o trai para agradar aos homens. Esta é a verdadeira glória do sábio. O respeito humano, a timidez, o medo da humilhação não fazem parte de sua vida: "Não sejas parcial

---

42. Cf., p. ex., JIMÉNEZ HERNÁNDEZ, E. *Il Siracide* – Risonanze bibliche. Nápoles: Chirico, 2006.

contra ti mesmo, nem te intimides para tua ruína. Não deixes de falar quando necessário e não escondas tua sabedoria por vanglória, pois é pela palavra que se reconhece a sabedoria e pelas expressões da língua que se reconhece a instrução" (4,22-24).

O verdadeiro discípulo é humilde e também sabe confessar seus pecados, aceitando suas consequências sem opor-se a elas. Seria como opor-se às correntes impetuosas de um rio: "Não contradigas a verdade, mas sente vergonha de tua ignorância. Não tenhas pudor de confessar teus pecados, nem te oponhas à correnteza do rio" (4,25-26). O sábio também elenca com clareza os atos dos quais o discípulo deve envergonhar-se (41,16–42,1a) e, logo em seguida, os atos dos quais não deve envergonhar-se (42,1b-8).

Pais e filhos

O mestre Ben Sirac trata seus discípulos como filhos, prolongando a função dos pais; estes, por sua vez, exercem a função de mestres, indicando aos próprios filhos a vida da salvação: "Filhos, escutai a advertência de um pai e ponde-a em prática para serdes salvos. Pois o Senhor glorifica os pais em seus filhos e consolida sobre eles a autoridade da mãe" (3,1-2).

1) Honra pai e mãe (3,1-6; 33,20-24)

Honrar pai e mãe está ligado ao temor de Deus: "Quem obedece ao Senhor proporcionará repouso à sua mãe. Quem teme o Senhor, honra o pai" (3,6-7). A piedade filial se expressa com a gratidão para com os progenitores pelo dom da vida (7,27-28). Trata-se de uma honra que deve durar toda a vida, sobretudo quando os pais são anciãos e os filhos adultos. Não devem existir abandonados, nem mesmo quando o idoso perde a razão (3,12-13).

Muitas vezes os pais idosos se privam de tudo em favor de seus filhos e, em seguida, os filhos se livram deles; por isso Ben Sirac aconselha o homem a conservar a posse de seus bens o máximo que puder: "Quando chegar o fim dos dias de tua vida, aproximando-se tua morte, então distribui tua herança" (33,24).

2) Educação dos filhos (30,1-13)

O amor do pai e da mãe não termina no momento do parto, mas continua na educação do filho até conduzi-lo à plena maturidade humana e à fé. Essa educação pode propiciar satisfação aos pais com o passar dos anos:

"Quem ama seu filho usa com frequência a vara, para poder mais tarde alegrar-se com ele" (30,1).

A complacência em demasia do pai tem como consequência a indocilidade do filho, que se torna cabeçudo e se deixa guiar somente pelo impulso de suas paixões, que o arrastam para uma vida desordenada. Isso causa muitos sofrimentos aos pais: "Quem trata com moleza o filho deverá curar-lhe as feridas e, a todo gemido, suas entranhas estremecerão" (30,7).

3) Normas de temperança e de educação nos banquetes (31,12–32,13)

Um momento importante da educação dos filhos é o comportamento quando estão à mesa. As boas maneiras são fruto de uma retidão moral. Ben Sirac se dirige em particular aos jovens que ocuparão um futuro lugar importante na sociedade. Devem se guardar das extravagâncias no comer: "Estás assentado a uma mesa farta? Não escancares diante dela a tua boca e não digas 'Que abundância!'" (31,12). Relacione-se com o comensal vizinho sem causar-lhe desconforto (31,14-15a). Não sejas ganancioso no comer (31,17).

Quem preside a mesa tem um lugar de honra, lugar que também tem suas obrigações (32,1-2). Durante o banquete o jovem deve ser modesto deixando que os anciãos falem. Que aprenda a calar-se ou a falar moderadamente (32,9). Por todas as pequenas alegrias saboreadas no banquete, que se lembre de bendizer o Senhor: "Depois, por tudo isso bendize aquele que te criou e te cumula de seus benefícios" (32,13).

4) Os servos (33,25-33; 7,20-21)

Também os servos são considerados membros familiares da casa. Ben Sirac sugere usar de severidade para com eles, mas com muito respeito, mostrando, aliás, afeto: "Se tens um só escravo, trata-o como um irmão, pois necessitas dele como de ti mesmo" (33,31). O autor se eleva acima da sociedade pagã de seu tempo, na qual os escravos não tinham nenhuma dignidade.

Relações humanas

O discípulo sábio que vive constantemente na presença de Deus também sabe se regular nas relações com o próximo.

1) Humildade e caridade (3,17–4,10)

O jovem discípulo é convidado a portar-se com uma atitude humilde. Ele aprende do sábio a ser uma criatura de Deus limitada e que às vezes também erra. Não lhe é permitido, portanto, sentir-se superior a ninguém: "Filho, realiza teus trabalhos com mansidão e será mais amado que alguém que dá presentes. Quanto mais importante fores, tanto mais te humilhes, e assim encontrarás favor diante do Senhor" (3,17-18).

O humilde tem o favor de Deus e é amado pelos homens. À humildade se opõe a obstinação do coração, que foi o comportamento do faraó: "Um coração obstinado sobrecarrega-se de angústias; e o pecador acumula pecado sobre pecado. Não há remédio para a mísera sedução do orgulho, pois nele está enraizada a planta do mal" (3,27-28). O verdadeiro discípulo da sabedoria junta a humildade à caridade, que por sua vez suscita a misericórdia que perdoa os pecados: "A água extingue o fogo ardente, a esmola expia os pecados" (3,30).

2) Verdadeira e falsa amizade (6,5-17; 9,10; 11,29-34; 22,19-26; 37,1-6)

Baseado no estudo da sabedoria e na própria experiência Ben Sirac sabe o quanto é importante a amizade. Quem sabe custodiar a própria língua encontra muitos amigos: "Palavras amáveis multiplicam amigos, e uma língua bem-falante multiplica a bondade" (6,5).

O verdadeiro amigo pode ser reconhecido nos momentos difíceis da vida. "Não é na prosperidade que se reconhece o amigo, nem na adversidade o inimigo fica oculto. Quando alguém é feliz, seus inimigos se entristecem; na infelicidade, porém, até o amigo se afasta" (12,8-9). O verdadeiro amigo permanece fiel na prosperidade e na adversidade.

O amigo fiel é um tesouro sem preço: "Um amigo fiel é um refúgio seguro: quem o encontra, encontra um tesouro" (6,14). Trata-se de um dom de Deus para quem vive em seu temor, verdadeiro e último vínculo que une dois amigos: "Quem teme o Senhor sabe escolher os amigos: da forma como ele é, assim serão seus amigos" (6,17).

3) O conselheiro e a consciência (37,7-17)

Além do amigo, o discípulo também precisa de alguém que o aconselhe no bem. Mas é importante saber distinguir o conselheiro desinteressado do conselheiro interesseiro. Segundo Ben Sirac, não é prudente pedir conselho a qualquer pessoa (37,10-11). Em quem o discípulo deve então confiar? Num homem que teme a Deus, pois o temor de Deus é garantia de sinceridade e de desinteresse (37,12).

Além do conselho do homem temente a Deus, existe a consciência, iluminada pela luz de Deus invocado na oração: "Atenha-te, em seguida, ao que te aconselha o coração, pois ninguém te é mais fiel do que ele. De fato, a consciência de uma pessoa costuma advertir melhor do que sete sentinelas postadas no alto para vigiar. Por todas essas coisas invoca o Altíssimo para que guie teu caminho na via da verdade" (37,13-15).

4) Prudência no relacionamento com os outros (8,1-19)

O sábio sabe distinguir o tipo de pessoa com que se relaciona: o poderoso, o rico, o violento, o insensato, o pecador, o ancião, o fraco.

Diante do poderoso ele sugere: "Não discutas com um poderoso para não caíres em suas mãos" (8,1). Diante do rico que corrompe a justiça com o dinheiro aconselha: "Não brigues com um rico, para que ele não te contraponha o seu peso: o ouro, de fato, corrompeu muitos e fez desviar o coração do rei" (8,2). Com os charlatães, ao contrário, é melhor não falar (8,3). Com o insensato, não vale a pena brincar (8,4). Mas, diante dos fracos, a postura do discípulo sábio deve ser compreensiva (8,5-7).

Ben Sirac, em seus conselhos, arrola outros tipos de pessoas. Diz ser prudente evitar relações com o insolente, para que ele não faça de tuas palavras uma armadilha (8,11). Diz também ser insensato litigar com um juiz, já que ele pode perder a imparcialidade ao julgar tua causa (8,14). Também afirma não ser prudente viajar com uma pessoa temerária (8,15), ou revelar confidências a estranhos (8,18-19).

Relacionamentos com as mulheres

Ben Sirac conhece a literatura sapiencial do pós-exílio que celebra a beleza do amor e da sexualidade conjugal num contexto de fé.

1) Conselhos acerca do comportamento com as mulheres (9,1-9)

O discípulo já adulto não deve se esquecer da mãe que o trouxe ao mundo (3,1-16). Ben Sirac dá conselhos concretos em relação às esposas e às demais mulheres que povoam o universo masculino. Ele começa dizendo que a harmonia do casal se funda na confiança recíproca. As desconfianças em relação à esposa a levam a pecar: "Não tenhas ciúmes da mulher que amas, a fim de que ela não haja perversamente contra ti" (9,1). O marido, porém, não se deixe dominar pela esposa, como Sansão por Dalila (Jz 16,4-21): "Não te entregues a uma mulher, a tal ponto que ela venha a dominar-te" (9,2).

Nos relacionamentos com as outras mulheres, Ben Sirac lembra diversos perigos. Que os discípulos se guardem da prostituta, que pode prender facilmente o homem em suas redes com seu simples olhar (9,3-4). A castidade é ajudada pela modéstia dos olhos. É imprudente andar bisbilhotando pelas ruas da cidade: "Não vagueies o olhar pelas ruas da cidade, nem gires por seus recantos solitários. Desvia da mulher bela o teu olhar e não fites a beleza que não te pertence" (9,7-8).

2) Mulheres más e mulheres virtuosas (25,13–26,27)

Uma mulher sensata é um dom para o marido: "Feliz o marido que tem uma boa esposa: o número de seus dias será multiplicado" (26,1). Mas guarda-te de uma mulher má: "Preferiria morar com um leão e um dragão, a morar com uma mulher perversa" (25,16). Trata-se de uma visão pessimista, que culmina com uma alusão a Gn 3,1-6: "Foi pela mulher que o pecado começou, é por causa dela que todos morremos" (Eclo 25,24).

Se grave é separar-se da mulher amada, mais grave ainda é ceder às suas incitações ao mal. Essa visão negativa da mulher, porém, não é a última palavra de Ben Sirac. A mulher virtuosa é o dom de Deus aos que o temem: "A mulher virtuosa é a alegria do marido, que passará em paz os anos de sua vida. Uma boa esposa é uma herança excelente, reservada aos que temem o Senhor. Rico ou pobre, seu marido tem alegria no coração, e em qualquer circunstância mostra um rosto alegre" (26,2-4). Existe o fascínio exterior da mulher, reflexo do fascínio interior que deriva de sua prudência, de sua discrição e de sua formação (26,13-16).

3) A escolha da mulher (36,20-27)

Em conformidade com Gn 2,28, Ben Sirac também está convencido de que não é bom que o homem viva só; ele precisa de alguém ao seu lado. Um homem que não construiu uma família é como uma pastagem sem cerca, onde todos, animais e homens, passam, comem e destroem os frutos (36,27-31).

O auxílio de que fala Ben Sirac não se refere somente à atração sexual, mas principalmente à base de sustentação afetiva do homem em suas fadigas cotidianas e nos momentos difíceis da vida: "A beleza da mulher alegra o rosto e ultrapassa todos os desejos do homem. Se em sua língua há bondade e doçura seu marido não está entre o comum dos homens. Quem adquire uma esposa tem o começo da fortuna: um auxílio igual a si mesmo e uma coluna de apoio" (36,27-29).

4) Preocupações de um pai com sua filha (42,9-14)

Enquanto ela estiver sob seu teto, o pai tem o dever de vigiar sua filha. A negligência e as más companhias podem desviá-la, gerando desonra ao pai e à família inteira (42,11).

A glória

O homem é criado por Deus; sua grandeza é proporcional à sua dependência do Criador. Deus o exalta à medida que ele reconhece a própria pequenez.

1) Os governantes e o pecado de orgulho (9,17–10,18)

Uma das funções do ensinamento sapiencial era o de preparar os discípulos para os postos de comando. Quem governa o mundo e a história é Deus. Mas ele quer servir-se de homens para governar os povos. O governante participa do poder de Deus (10,1-5).

A tentação mais frequente de um governante é o orgulho, que se manifesta na vingança, na opressão e na violência: "É por causa das injustiças, das violências e do dinheiro que a soberania passa de um povo para o outro" (10,8). O poderoso soberbo se acredita um deus, mas rapidamente se percebe quem ele é e seu poder assim entra em decadência.

2) A verdadeira glória do homem (10,19-31)

A verdadeira grandeza do homem consiste manter-se em seu devido lugar diante de Deus, temendo-o e aceitando sua vontade. O verdadeiro sábio é humilde porque o temor de Deus é seu princípio de sabedoria. O faraó e seus ministros, em momentos difíceis, se deixam dirigir por um escravo, José.

3) Deus não olha as aparências (11,1-28)

A verdadeira honra do homem não consiste nas aparências, na riqueza, na beleza externa, mas na qualidade de seu comportamento. Observe a abelha, "é pequena entre os seres que voam, mas seu produto tem a primazia na doçura" (11,3). A verdadeira vida está numa relação profunda com Deus e não no acúmulo de riquezas (11,18-19). O sábio, mesmo nas aparentes dificuldades, não se deixa vencer pelo desânimo (11,26). Somente no final de sua vida o homem descobre o verdadeiro sentido da vida: "Antes da morte não proclame ninguém beato; pois é na morte que se é reconhecido" (11,28).

4) Prudência com o inimigo (11,29–12,18)

Aos seus discípulos, jovens e sem esperança, Ben Sirac dá conselhos para distinguir o amigo do inimigo, para afastá-los das más companhias que os podem desviar do temor do Senhor, verdadeira glória do ser humano (12,10-11). A joia geralmente é lapidada para que mostre sua verdadeira beleza, mas o inimigo, de fato, está sempre pronto a trair: "O inimigo traz doçura nos lábios, mas no coração planeja atirar-te numa fossa" (12,16).

As riquezas

Uma das realidades mais denunciadas é a riqueza enquanto fonte de orgulho e de autossuficiência, que impele o homem a satisfazer suas paixões esquecendo a precariedade da vida.

1) Falsa segurança (5,1-8)

Não é condenada a riqueza em si mesma, mas a falsa segurança que essa dá ao homem, que coloca a confiança nas próprias forças ou no poder, tornando-se assim um idólatra (5,1-3). No dia do juízo as riquezas não servirão para nada: "Não te fies em riquezas injustas, pois de nada te valerão no dia da calamidade" (5,8).

2) Ricos e pobres (13,1–14,2)

Ben Sirac adverte seus discípulos sobre a amizade com os ricos orgulhosos, que acreditam que o mundo inteiro foi feito por eles. É melhor atar relações com os da mesma condição (13,3). O rico, mesmo enquanto mulher, quer tirar vantagem sobre o pobre (13,4). Ele se acredita uma espécie superior à do pobre: "Que paz pode haver entre a hiena e o cão? E que paz entre o rico e o pobre?" (13,18).

3) O avarento e o generoso (14,3-19; 20,9-17)

Para Ben Sirac a avareza destrói lentamente o homem, enchendo-o de ansiedade e de angústias e tirando-lhe a alegria da vida. O avarento se endurece sempre mais e se isola dos outros. A riqueza não lhe convém (14,3-5). O Eclesiástico aconselha, ao contrário, a generosidade para com os outros, harmonizando-se, por outro lado, com a generosidade para consigo mesmo: "Antes de morrer, trata bem teu amigo, estende a mão e dá-lhe segundo tuas posses. Não te prives de um dia alegre, nem percas parte alguma de um desejo legítimo" (14,13-14).

4) Empréstimos e garantias (29,1-20)

É perigoso emprestar dinheiro a estrangeiros e ricos ou tê-los como fiadores (8,12-13). Se, ao contrário, obtivestes um empréstimo, Ben Sirac aconselha pontualidade na devolução. Nesse caso ainda é possível obter outro empréstimo, quando a necessidade surgir (29,2-3). De qualquer forma, a fiança é sempre um ato de caridade: "Um homem de bem ser fará fiador de seu próximo; só quem tiver perdido a vergonha o abandona" (29,14).

5) Viver de esmolas (29,21-28; 40,28-30)

Uma vida de mendigo faz o homem perder sua independência: "É preferível uma vida de pobre sob um teto de madeira a iguarias suntuosas em casas alheias" (29,22). A mendicância expõe o homem a contínuas humilhações (40,28-29).

6) A preocupação com as riquezas é idolatria (31,1-11)

O exagerado desejo de riquezas pode transformar-se em idolatria. O dinheiro acaba se transformando no Deus do rico: "Quem ama o ouro não permanecerá justo; quem corre atrás do lucro nele se perderá" (31,5). Mesmo se raros, segundo Ben Sirac, existem ricos que merecem louvor: os que fazem acompanhar suas riquezas da caridade (31,8-9).

Saúde, doença e morte

Ben Sirac dá também conselhos sobre o modo de manter um justo equilíbrio entre corpo e espírito.

1) Saúde da alma e do corpo (30,14-25; 37,27–38,15)

Que o discípulo se guarde, sobretudo, de toda ânsia por riquezas, que provocam insônia e desgastam o corpo (31,1-2). As riquezas sem saúde não servem: "É preferível um pobre de corpo sadio e vigoroso do que um rico com um corpo flagelado pela doença" (30,14). O sábio também deve se guardar de uma doença espiritual obscura, a depressão: "Não entregues tua vida à tristeza nem te atormentes com tuas reflexões" (30,21).

Também o médico e os remédios são criados por Deus para prestar socorro às doenças: "Honra o médico por seus serviços, pois ele também foi criado pelo Senhor" (38,1).

2) A morte (38,16-23; 41,1-13)

Após a doença vem a morte, e os ritos fúnebres prescritos são realizados (38,6). Nada de exagero, porém, na tristeza: "Não entregues o coração à tristeza; afugenta-a, pensando em teu próprio fim. Não esqueças que não há retorno; ao morto ela não favorecerá, tampouco a ti" (38,20-21).

A morte vem do Senhor, por isso é inútil opor-se à sua vontade. Uma vez morto, ao homem pouco importa se viveu muito ou pouco (41,4).

Para Ben Sirac existe uma diferença entre os mortos: esta se encontra em seus descendentes que prolongam a família e a fama. Os filhos dos ímpios maldirão seus pais por ter-lhes transmitido como herança um nome que os desonra (41,6). Um destino muito diferente é reservado aos bons, que após a morte deixam um bom nome (41,12-13).

3) Alegrias e misérias da vida humana (40,1-27)

Ben Sirac parece encontrar a confirmação da situação do descendente do Adão pecador, descrita em Gn 3. Todos, bons e maus, vivem uma vida cheia de sofrimentos como consequência do pecado: "Grandes preocupações são dadas a cada pessoa e pesado jugo oprime os filhos de Adão, desde o dia em que saem do ventre materno até o dia da volta para a mãe de todos" (40,1).

O primeiro motivo de angústia para o homem é pensar que um dia deverá morrer e deixar todas as coisas desta vida, às quais o coração se apegou (v. 2). O homem tenta uma via de fuga diante do pensamento das misérias da vida abandonando-se ao sono. Mas esse também não passa de um breve alívio, já que as preocupações são inclusive capazes de arruiná-lo. A morte é o destino de bons e maus, embora Ben Sirac afirme que somente os maus devem temê-la (v. 26b-27).

Muitas coisas contribuem para uma vida feliz aos tementes a Deus. A correta relação com o Senhor leva a relações satisfatórias na vida concreta do dia a dia, em particular com a esposa, que proporciona uma alegria que supera a afeição dos filhos e amigos. Toda a criação é saboreada como boa e bela, no entanto, é o estudo da sabedoria que proporciona alegria interior (40,20-22).

Frutos do pecado

Segundo Ben Sirac, o pecado tem consequências: cada um recolhe o que semeia.

1) Não semear nas ranhuras da injustiça (7,1-36)

Ben Sirac já havia lido no Livro dos Provérbios a máxima tradicional: "Quem semeia maldade colhe desgraça, e o flagelo de sua fúria cessará" (Pr 22,8). É um pensamento que nosso autor retoma: "Afasta-te do pecado, e ele se afastará de ti. Não semeies nos sulcos da injustiça, para não vires a colhê-la sete vezes mais" (7,2-3). O pecado repetido cria o hábito e adormece a consciência. Tudo isso, como consequência, repercute na comunidade enfraquecendo-a (7,7-8).

2) O pecado não vem de Deus (15,11-20)

O pecado vem do homem, que opta livremente contra Deus, que, por sua vez, odeia qualquer abominação: "Não digas 'Foi por causa do Senhor que me afastei', pois ele não faz o que detesta" (15,11).

Repetindo o Gênesis, Ben Sirac sabe que Deus criou o homem livremente: "Foi ele que, no princípio, criou o ser humano e o entregou ao poder de sua própria decisão" (Eclo 15,14). Também deu uma Lei com a qual oferece ao homem a possibilidade de conservar-se no caminho da vida, embora não o impeça de assumir o caminho da morte: "Se quiseres, podes observar os mandamentos; ser fiel depende da boa vontade. Diante de ti, pôs o fogo e a água; e tu estenderás a mão para onde quiseres" (15,15-17).

3) As consequências do pecado (16,1-23; 21,1-28)

Ben Sirac conhece como a história de Israel atesta os efeitos do bem e do mal: ele tem presente a revolta do povo em sua marcha através do deserto, Corá, Datã e Abiram (cf. Nm 16,1), os gigantes do dilúvio, as cidades de Sodoma e Gomorra, os povos cananeus que habitavam a Palestina (Eclo 16,6-17). O mal contém em si o castigo, as consequências da morte, como o fruto na semente. Deus vê tudo. Só o insensato pensa que Deus não vê: "Não digas 'Vou esconder-me do Senhor', e 'Quem se lembrará de mim lá de cima? No meio da multidão ficarei desconhecido; que represento eu na imensa criação?'" (16,17).

4) A correção de Deus (22,27–23,27)

Ben Sirac conhece a fraqueza do homem, mesmo se temente a Deus. Ele sabe por experiência que não cair no pecado não depende do homem. Somente Deus pode libertar o homem da queda nos pecados da língua, do pensamento, da ignorância, da negligência, de desejo e de ação, razão pela qual termina sua instrução com uma oração invocando o auxílio do Senhor para não pecar com a língua, com o pensamento, com a arrogância dos olhos, com o desejo de dinheiro e de sexo (22,27–23,6).

A sabedoria na criação

Repetidamente Ben Sirac recomenda aos seus discípulos a sabedoria, convidando-os a buscá-la com constância e indicando também onde ela se encontra e os frutos que dela derivam.

1) A busca da sabedoria (6,18-37)

Este é um poema que tem o mesmo número de versículos das letras do alfabeto hebraico: 22 letras. Ben Sirac lembra aos seus jovens estudantes que a aquisição da sabedoria requer uma dedicação constante e penosa, como a do camponês que prepara o terreno sem ver ainda seus frutos (6,18-19). Quem quer ver imediatamente os resultados deixa de lado a busca: "Quanto é difícil para o insensato a sabedoria! Nela não permanecerá o ignorante; é como uma pedra pesada que está sobre ele para prová-lo, mas este não tardará a lançá-la fora" (v. 20-21).

Buscar a sabedoria é como deixar-se escravizar: é algo penoso, mas quem a encontra, nela encontra repouso (v. 24-28). O que parece uma rede sufocante finalmente se reverte em lugar seguro: "Seus grilhões serão para ti poderoso abrigo e seus laços, veste suntuosa" (v. 29). Segundo a tradição hebraica, os primeiros homens, pretendendo uma sabedoria independente de Deus, perderam a veste suntuosa que os cobria da nudez. Para Ben Sirac, ainda é possível recuperar aquela veste antiga: basta frequentar a escola da Sabedoria que procede de Deus.

2) O elogio da Sabedoria (24,1-34)

O capítulo 24 se encontra justamente no centro do Livro do Eclesiástico. Este contém um discurso da Sabedoria inspirado no capítulo 8 dos Provérbios. Entretanto, enquanto Pr 8 é um discurso proferido em praça pública e destinado a todos, Eclo 24 se apresenta como uma espécie de homilia feita no Templo durante uma assembleia litúrgica: "A sabedoria faz seu próprio elogio e se gloria no meio de seu povo; abre a boca na assembleia do altíssimo e se gloria diante de seu poder" (Eclo 24,1-2).

Portanto, a Sabedoria, num autoelogio de 22 dísticos (v. 3-21: o número remete às 22 letras do alfabeto hebraico), descreve poeticamente toda a sua história: saída de Deus como sua Palavra, ela reinou sobre o universo inteiro e sobre todos os povos. O caminho na direção do Templo de Jerusalém, de onde agora está falando, foi um movimento de descida e de concentração. Ela se estendeu para os quatro cantos do universo: céu e abismos, as extremidades verticais do cosmo; mar e terra, os dois elementos horizontais do mundo. Habitou com Deus nas altas esferas e, como Ele, sentou-se sobre as nuvens: a nuvem que cobria o Sinai e que encheu o Templo de Sião (v. 4). Não se limitou a visitar um único povo, mas frequentou os filhos de Abraão, todas as nações da terra, sem exceção (v. 6b). Embora dispusesse de um domínio universal, ela buscou uma morada não somente nos céus, mas também entre os homens (v. 7). Desejando instalar-se num lugar específico, o Senhor lhe ordenou instalar-se em Jacó, e precisamente em Sião, a colina do Templo, e distinguir-se da cidade de Jerusalém: "Então o Criador de todas as coisas me deu uma ordem, aquele que me criou fixou minha tenda e disse-me: 'Arma tua tenda em Jacó e tua herança esteja em Israel'" (v. 8).

A partir desse centro – do Templo, lugar da presença do Senhor no meio de seu povo – esta cresceu enormemente, como a árvore da vida, até cobrir toda a terra de Israel, vendo com alegria desenvolver seus ramos, desabrochar suas flores e produzir seus frutos, oferecidos como alimento aos seus ouvintes: "Elevei-me como o cedro no Líbano, como o cipreste nas montanhas do Hermon. Cresci como a palmeira de Engadi, como as plantações de rosa em Jericó; como uma formosa oliveira na planície e me elevei como um plátano" (v. 13-14).

A Sabedoria é apresentada como aquela que faz subir ao Senhor o perfume de um culto espiritual agradável a Deus. É uma liturgia que não se desenvolve no Templo de Jerusalém, mas no contexto mais amplo representado pelo território de Israel: "Como o cinamomo e o bálsamo de aromas, como a mirra escolhida exalei perfume; como o gálbano, o ônix e o estoraque, como a fragrância de incenso no tabernáculo" (v. 15).

Do discurso da Sabedoria se passa em seguida ao ensinamento de Ben Sirac, que a identifica com a Lei lida nas assembleias de Jacó (v. 22-27): "Tudo isto é o livro da aliança do Deus Altíssimo, a Lei que Moisés nos prescreveu como herança para as assembleias de Jacó" (v. 23).

Enfim, Ben Sirac se apresenta a si mesmo como um mestre de Sabedoria: "Eu, como um canal saído de um rio, como o aqueduto que dá num jardim..." (v. 30). Sua sabedoria não é fruto das próprias conquistas intelectuais, mas simplesmente da Torá que, como discípulo, aprendeu da tradição, e da qual é o primeiro a beneficiar-se. Ele se define simplesmente como um canal através do qual escorre a água chegada do rio da Sabedoria. Ele nada mais é senão um canal de irrigação, cujos fluxos se engrossam progressivamente, até se tornarem um rio, aliás, um mar; como o riacho que em Ez 47 sai do Templo para tornar-se progressivamente uma onda imensa que se derrama no deserto fazendo-o reflorescer como um jardim, chegando até o Mar Morto e tornando doces suas águas salgadas.

Manifestações da Sabedoria

A sabedoria, para além da criação, se manifesta nos momentos simples da vida familiar e social.

1) O dom do discernimento (18,8-33)

Quando se faz um gesto de caridade, mais importante do que o ato é o modo de fazê-lo, que não deve ser humilhante para quem o recebe: "Filho, não ajuntes censuras aos benefícios nem palavras amargas a teus dons" (18,15). O sábio, ao aproximar-se o momento da morte sabe discernir os sinais com os quais Deus lhe fala. Antecipadamente se prepara reconhecendo suas culpas, humilhando-se e pedindo perdão (v. 20-22). O homem que tem discernimento sabe dominar os desejos sensuais. O insensato, ao contrário, perde o controle (v. 30-31).

2) Domínio da língua (19,4-17; 5,9-15)

Antes de falar, o discípulo da sabedoria verifica os fatos e, se necessário, corrige as más interpretações. Ao se difundir um boato, este pode se voltar contra quem o inventou, já que quem o ouve pode pensar que o mentiroso pode se comportar do mesmo modo em sua ausência (19,7-9).

3) Ser sábios não significa ser astutos (19,18-27)

Também o pecador se serve de engenhosidade e habilidade para realizar seus planos, mas estes não são verdadeira sabedoria. O critério para distinguir a verdadeira da falsa sabedoria é sempre o temor do Senhor, que se manifesta na realização de sua vontade: "Vale mais ser menos inteligente, mas com o temor de Deus, do que ter muita prudência e transgredir a Lei" (19,24).

4) Calar e falar (20,1-31; 5,14–6,1)

Em alguns casos o silêncio é mais eficaz do que o excesso de palavras, em outros é necessário falar para não justificar o mal com o silêncio: "Há quem se cale por não ter resposta; e há quem se cale por senso de oportunidade. O sábio se cala até que chegue o momento oportuno; o loquaz e o insensato deixam passar a ocasião" (20,6-7).

Outras manifestações da sabedoria

De algumas atitudes Ben Sirac faz elogio; com outras, ao contrário, se irrita.

1) Máximas (25,1-11)

Ele se impressiona com a concórdia entre irmãos, com o amor entre amigos e com a harmonia entre esposos: "Com três coisas eu me alegro, que são belas diante do Senhor e dos seres humanos: a concórdia entre irmãos, a amizade entre vizinhos, e a mulher e o marido que vivem em harmonia" (v. 1).

Três outras coisas, ao contrário, ele não suporta: a soberba do pobre, a avareza do rico e o adultério do ancião: "Há três tipos de pessoas que detesto, e cuja vida me causa profunda irritação: o pobre soberbo, o rico mentiroso, e o velho adúltero, desprovido de bom-senso" (v. 2).

Ele enumera, em seguida, dez máximas (v. 7-11) que culminam na possessão do temor de Deus: "Como é grande quem encontrou a sabedoria! Mas não está acima de quem teme o Senhor. O temor do Senhor está acima de tudo: a quem será comparado aquele que o possui?" (25,10-11).

2) A verdade no falar (27,8-24)

A palavra do homem piedoso, temente a Deus, é sempre sábia; a palavra do insensato, que muda como a lua, carece de verdade (v. 11). Da verdade nasce a fidelidade, cujo fruto é a confiança, que é a base da amizade. Trata-se de uma confiança que pode se romper quando se trai uma confidência: "Quem revela segredos perde crédito; e não mais encontra amigo íntimo" (v. 16).

3) Na culpa existe a pena (27,30–28,26)

O sábio domina sua raiva remetendo a justiça a Deus; o pecador cai na rede da ira e da vingança: "Quem se vingar encontrará vingança no Senhor, que pedirá contas severas de seus pecados. Perdoa ao próximo a injustiça cometida; então, quando orares, teus pecados serão perdoados. Se alguém guarda rancor contra o próximo, como poderá buscar cura no Senhor?" (28,1-3).

Quando se peca se sofre imediatamente a pena. É como soprar sobre a faísca, o fogo se acende e queima quem o acendeu: "Uma briga súbita ateia o fogo, uma disputa violenta faz derramar sangue. Se soprares uma fagulha, ela se inflamará; se lhe cuspires em cima, ela se apagará" (28,11-12).

A busca de Deus

O homem sábio busca a Deus e o consulta sobre suas decisões.

1) A manhã, tempo de graça (32,14–33,6)

Não é somente no Templo que se pode buscar a Deus e consultá-lo por meio de um sacerdote. É possível buscar a Deus e consultá-lo perscrutando as Escrituras, sobretudo pela manhã. As respostas recebidas do Senhor servirão para viver toda a jornada na vontade de Deus (32,14-16).

2) Diferença entre dias e seres da criação (33,7-19)

O discípulo de Ben Sirac deve aprender a abrir os olhos e contemplar a obra de Deus no universo. A beleza, a harmonia e a ordem residem na diferenciação. Desde o momento da criação Deus separou os seis dias de trabalho do sábado, dia de repouso e de festa (v. 7-8).

Nosso próprio sábio se declara mestre em Israel, não por própria escolha, mas por um chamado particular de Deus que lhe concedeu penetrar os segredos da sabedoria, comunicada a outros antes dele. Humildemente ele afirma ser apenas um coletor que vem depois dos vinhateiros que o precederam: "Quanto a mim, sou o último a ficar em vigília, como quem recolhe atrás dos vinhateiros" (v. 16). Ben Sirac recupera a tradição sapiencial que o precedeu, enriquecendo-a.

3) Sonhos, viagens e experiência humana (34,1-17)

O insensato lança as bases de sua vida nas areias movediças dos sonhos, caindo na superstição. Seus sonhos são o reflexo daquilo que o sonhador projeta neles: "Como quem pretende agarrar uma sombra ou correr atrás do vento, assim é o que dá atenção aos sonhos" (v. 2). Ao contrário, quem é sábio, como Ben Sirac, percebe as ações de Deus na vida e sobre estas lança as bases de sua vida. Ao invés de sonhos, nosso sábio adquiriu sabedoria em suas experiências pessoais feitas em diferentes viagens (v. 9-12).

4) Busca de Deus no culto (34,18–35,26; 7,9-10)

Também o culto pode tornar-se uma falsa segurança, quando desacompanhado de uma profunda interioridade. É impossível venerar a Deus e, ao mesmo tempo, cometer injustiças contra o próximo: "Oferecer em sacrifício bens injustos é um desdém, e as oferendas dos maus não agradam" (34,21). Não existe dissociação entre culto e vida. Ou seja, o culto espiritual começa fora do Templo: "Quem observa a Lei vale tanto quanto muitas oferendas; quem cumpre os mandamentos oferece um sacrifício que salva" (35,1-2). A súplica do humilde é a oração que ultrapassa as nuvens do céu e chega ao seu destino, junto ao Senhor (35,21-22).

5) O artesão e o escriba (38,24–39,16)

Existem profissões que favorecem a busca de Deus, diferentemente de outras, muito embora importantes e necessárias para a sociedade: "A sabedoria do escriba se adquire nas horas de lazer; quem diminui as ocupações é que se torna sábio" (38,24). Todos os artesãos – camponeses, carpinteiros, pedreiros, serralheiros, oleiros – têm em comum uma dedicação assídua, por isso lhes sobre pouco tempo para dedicar-se ao estudo da sabedoria (38,24-26).

O tempo que o artesão dedica ao seu trabalho o escriba Ben Sirac o dedica ao estudo das Escrituras: "Ele busca a sabedoria de todos os antigos e se dedica ao estudo das profecias. Conserva as sentenças dos homens famosos e penetra as sutilezas das parábolas. Busca o sentido oculto dos provérbios e aplica-se aos enigmas das parábolas" (39,1-3).

Ele está consciente, porém, que a fonte da sabedoria é somente Deus, razão pela qual na oração matutina invoca a luz para compreender o sentido da realidade e implora o perdão dos pecados, porque incompatíveis com a sabedoria: "Empenha o coração em acordar cedo, dirigindo-se ao Senhor, que o criou, e elevando suas súplicas ao Altíssimo; abre sua boca para orar e implora por seus próprios pecados" (39,5).

Sua sabedoria lhe permite entrar em relação com os grandes da terra. Mas é com Deus que ele estabelece sua mais profunda relação: o sacerdote se dedica ao culto e à oração comunitária, o escriba prolonga a liturgia na oração pessoal, na comunhão íntima com Deus (39,6).

6) Canto de louvor à sabedoria de Deus (39,16-35)

A precedente confissão autobiográfica de Ben Sirac se transforma em júbilo, ao qual seus discípulos são convidados a unir-se: "Elevai a voz e entoai cânticos, bendizei Senhor por todas as suas obras. Proclamai as magnificências do seu nome, dai-lhe graças por seu louvor, no cântico de vossos lábios e em vossas harpas" (39,14-15).

Segunda parte: A glória do Senhor no mundo e na história (Eclo 42,15–50,24[29])

Ben Sirac conclui sua obra inspirando-se nos Sl 104 e 105: o primeiro bendiz o Senhor por sua ação no mundo, o segundo pelas maravilhas que realizou nas origens de Israel. É uma espécie de *Te Deum* à onipotência e à sabedoria de Deus, que se manifestam na criação e na história.

A glória do Senhor no mundo (42,15–43,33)

O louvor em Ben Sirac emerge de sua atenta contemplação da natureza: "Vou agora recordar as obras do Senhor, e o que vi vou explicar" (42,15). Mais do que o sol, é a glória do Senhor que brilha sobre todas as suas obras, cujo esplendor ninguém se saciará de contemplar: "O sol brilhante contempla tudo lá do alto, e a obra do Senhor está cheia de sua glória" (42,16).

Ben Sirac volta seu olhar, sobretudo, ao céu, e nele contempla quatro de seus elementos: a lua, que com suas fases determina as festas; o sol, que aquece e deslumbra com seu esplendor; as estrelas, sempre fiéis ao lugar que o Senhor lhes destinou no céu; o arco-íris, que lava a bendizer ao Senhor que o fez (43,1-12).

Num segundo momento, o autor volta seu olhar para o mundo daqui de baixo (43,12-26). Sua atenção se volta para os fenômenos atmosféricos que acontecem na terra durante o inverno, e sobre o poder do mar, o Mediterrâneo, dominado pela sabedoria do Senhor. Os mercadores conseguem atravessá-lo porque o Senhor o controla firmemente.

E Ben Sirac conclui: "Poderíamos dizer muitas coisas e não chegaríamos ao fim. Eis a conclusão: 'Ele é tudo'" (43,27). O Senhor é a fonte de tudo o que existe, por isso deve ser louvado.

O elogio dos antepassados (44,1–50,24[29])

Mais do que na criação, é nos homens escolhidos por Deus para realizar seus desígnios salvíficos que brilha a glória do Senhor. Os contemporâneos de Ben Sirac, tentados a seguir os modelos helenísticos, podem encontrar na história dos antepassados de Israel um modelo de fidelidade a Deus.

Dos patriarcas anteriores Ben Sirac nomeia Enoc, depois Noé, o patriarca do dilúvio, com o qual Deus fez aliança, comprometendo-se a não mais destruir nenhum ser vivo: "Alianças eternas foram firmadas com ele, para que não fossem mais destruídos todos os viventes por um dilúvio" (44,18).

Após o dilúvio nosso autor menciona Abraão, "pai de uma multidão de nações", que fez aliança com o Altíssimo e por ele foi abençoado (44,19-21), bem como Isaac e Jacó, os outros dois patriarcas (44,22-23).

Moisés foi escolhido por sua fé, com a qual mereceu a confiança divina, e pelo fato de ter sido o homem mais humilde da terra. Somente a ele o Senhor revelou sua glória e por ele transmitiu seus preceitos a Israel: "O fez entrar na nuvem escura e lhe deu face a face os mandamentos, lei de vida e de inteligência" (45,5).

Aarão é descrito amplamente, já para nosso autor é emblema do culto, objeto de interesse particular de Ben Sirac (45,6-22). Outros excelentes modelos para seus contemporâneos são Josué, Caleb e os juízes (46,1-20).

Josué foi quem introduziu o povo na terra prometida. Caleb, com Josué, prestou homenagem à terra, e assim se libertou do castigo divino. Dentre os juízes Ben Sirac destaca Samuel (46,13-20), que se manteve fiel ao Senhor, combatendo por ele diante dos inimigos.

Coligado com Samuel está o Profeta Natã (47,1), que garante continuidade com o novo início representado pelo Rei Davi (47,2-11): este é louvado como guerreiro por seu tributo à liturgia e como autor dos Salmos. Do reino de Salomão (47,12-20) Ben Sirac lembra duas fases: a primeira, de glória; a segunda, de ignomínia. Salomão teve o mérito de ter construído o Templo, mas sua opulência, sua luxúria e sua velhice o levaram a separar-se da sabedoria, abandonando a Deus. Seu filho Roboão (47,21-24) manteve firmes as promessas de Deus, mas sofreu as consequências de suas burrices com a divisão do reino.

As figuras de Elias e Eliseu representam modelos de homens fiéis ao Senhor, em oposição aos reis de Israel, dentre os quais Ben Sirac encontra somente duas figuras merecedoras de louvor: Ezequias e Josias. Estes, porém, não puderam evitar a catástrofe de Jerusalém. Permaneceu somente a palavra de Jeremias, de Ezequiel e dos doze profetas. Estes últimos deram esperança ao povo: "Quanto aos doze profetas, que seus ossos refloresçam de seus túmulos! Pois consolidaram Jacó e o resgataram com sua confiante esperança" (49,10).

Após o Exílio (4911–50,24) merecem uma menção especial Zorobabel, descendente de Davi, e o sacerdote Josué, por terem reconstruído o Templo. Neemias é lembrado por ter restaurado as muralhas e os portais da cidade. Esdras, no entanto, não é lembrado.

Na conclusão (49,14-16) Ben Sirac remonta à época patriarcal até Adão, precursor de toda a humanidade, coroando-o de glória. Reaparece aqui Enoc, a quem vem associada a menção de José, Sem e Set.

O retorno às origens não fecha o elogio, já que Ben Sirac acrescenta um longo poema em honra ao sumo sacerdote Simão (50,1-21). Simão morreu, provavelmente, em 187 a.C. Este, também denominado o justo, renovou o Templo e as fortificações da cidade, continuando a obra de Zorobabel, Josué e Neemias, e oficiando no Templo a liturgia do holocausto cotidiano, revestido dos ornamentos que lembram os de Aarão. Para Ben Sirac, o tempo pós-exílico é caracterizado pela renovação de Jerusalém e, sobretudo, pelo tempo de graça ao zelo dos sacerdotes, filhos de Aarão. Neles Ben Sirac recoloca suas esperanças, por eles pede a sabedoria do coração (50,22, no hebraico).

Em base às figuras lembradas por Ben Sirac em seu elogio aos antepassados podemos destacar como ele conhece o Pentateuco, os Profetas Anteriores (Js–2Rs), Isaías, de Jeremias, de Ezequiel, e o Livro dos Doze Profetas; dos Escritos nosso autor conhece Neemias, os Salmos e Jó, citado em 49,9.

Apêndices (51,1-30)

O capítulo 51 contém dois apêndices ao livro: o primeiro (v. 1-12) é uma oração ou Salmo; os versos 13-30 são um poema autobiográfico sobre a sabedoria. Alguns duvidam da autenticidade desses dois textos, mas a linguagem, a forma e os conteúdos testemunham sua autenticidade.

Em 51,1-12, o Salmo é um hino de agradecimento de um indivíduo que sobreviveu a um grande perigo. Não se menciona qual tenha sido a dificuldade que Ben Sirac experimentou e da qual se livrou graças à ajuda do Senhor.

O segundo apêndice (51,13-30) é um poema alfabético que tem como objeto a busca da sabedoria. Trata-se de uma busca que progride com a oração e com o contínuo esforço. O autor se esforçou para encontrar e dar a conhecer a sabedoria (v. 13-22). Ele convida os discípulos a frequentar sua escola, a *bet midrash*, para completar a busca pela sabedoria. Não se trata de um puro exercício intelectual, mas de uma experiência vital que reconcilia o homem consigo mesmo e com Deus.

Temáticas teológicas

O longo Livro do Eclesiástico tem 51 capítulos e representa um texto de estudo sobre a sabedoria, destinado aos discípulos que frequentavam a escola de Ben Sirac. Nele se encontra uma variedade de temas morais e teológicos: os mais relevantes são a sabedoria, o temor do Senhor e a Lei.

Sabedoria, temor do Senhor e Lei

Sabedoria, temor do Senhor e Lei formam uma tríade indivisível, que pode ser considerada uma síntese do pensamento do autor: "Toda sabedoria é temor do Senhor, em toda sabedoria está a prática da Lei" (19,20).

No livro se encontram frequentes louvores à sabedoria e convites a alcançá-la. Dois hinos, em particular, são colocados em lugar estratégico na obra: no início (cap. 1) e em seu centro (cap. 24). A sabedoria está em relação direta com Deus (1,1-10), de cuja companhia usufrui para sempre. Dele foi criada, existe antes de todas as coisas, é derramada sobre todas as criaturas e oferecida a todos os que a amam. Deus tem um conhecimento perfeito da sabedoria (elemento ausente em Pr 8) e a criou (elemento que não consta em Jó 28).

O fato de Deus derramar sua sabedoria sobre todas as criaturas significa que ele cria segundo um plano específico, ou seja, estabelecendo uma ordem no mundo. Existe uma sabedoria escondida, isto é, os segredos do universo criado por Deus, mas existe também uma sabedoria visível que pode ser vista no universo. Esta é a sabedoria que Deus derramou sobre suas obras e que concede a quem o ama. Não existem duas sabedorias diferentes: a sabedoria divina de um lado e a sabedoria humana de outro. A sabedoria que Ben Sirac ensina é uma realidade divina em forma humana. Somente o temor do Senhor pode fazer os homens descobri-la.

Para Ben Sirac, o temor do Senhor é uma fé profunda, que oferece aqueles olhos cordiais que permitem contemplar o misterioso desígnio de Deus na criação: "O temor do Senhor é sabedoria e instrução" (1,27). O temor, portanto, é um afetuoso respeito para com o Senhor unido à alegre busca de sua vontade, como podemos constatar nos Sl 1, 19 e 119.

Existe uma correspondência entre sabedoria e temor do Senhor, e isto pressupõe uma observância da Torá (cap. 24). A sabedoria, saída da boca de Deus, percorreu o universo como sinal de domínio, até que, por ordem do Senhor, desceu à terra e fixou sua morada em Israel concentrando-se num ponto particular: no Templo de Jerusalém. Daqui se espalhou novamente até os confins da terra de Israel. Primeiramente a consagrou com seu crisma e depois fez subir para o alto o incenso do culto espiritual, que consiste em discernir e em fazer a vontade de Deus inscrita nas coisas e nos fatos cotidianos, à luz, porém, da palavra revelada, conservada na Torá: "Tudo isto é o livro da aliança do Deus Altíssimo, a Lei que Moisés nos prescreveu como herança para as assembleias de Jacó" (24,23). A Lei enche de sabedoria Israel tornando-o um novo paraíso terrestre do qual fluem os quatro rios d'água. A Lei é a manifestação mais alta da sabedoria, isto é, da ordem divina criada, que os mestres estavam procurando.

A água desses rios da sabedoria/Lei alimenta um riacho particular, o de Ben Sirac, que vê com alegria a água de sua sabedoria tornar-se um rio e um mar. Seu magistério, por enquanto, é somente um riacho, mas o ensinamento de seu livro se tornará no futuro um rio, aliás, um mar de sabedoria.

O Eclesiástico é um sábio crente que não busca a sabedoria somente para si, mas para o povo. Ele se sabe incumbido de uma missão educativa no interior da comunidade hebraica: "E isto para que, familiarizando-se com essas coisas, os que desejam aprender progridam ainda mais na vida segundo a Lei" (Prólogo 14).

Criação e história

A sabedoria não é somente derramada por Deus sobre a criação como em Pr 8, mas também sobre Israel. O caminho da sabedoria de Deus, resumido em Eclo 24, é ilustrado em duas seções hínicas: no louvor à criação (42,15–43,33) e no elogio dos antepassados (cap. 44–50). Ele não se cansa de ajudar seus discípulos a contemplar a ordem e o milagre da criação. Também nos astros e nos fenômenos atmosféricos ele sente pulsar a vida. A criação permite o conhecimento do Criador, diante do qual da boca do ser humano só pode emergir o louvor: "Ele é tudo!" (43,27). Para Ben Sirac, também na história faz-se vida a sabedoria divina: os personagens nomeados na galeria dos antepassados (cap. 44–50), todos foram "tementes a Deus". Estes, com os olhos do coração, souberam colher nos acontecimentos da humanidade, e de Israel em particular, uma história de salvação e de aliança.

Um olhar responsável sobre o cotidiano

Ben Sirac olha com realismo toda relação e atividade do homem e da mulher. Reconhece a presença do bem e do mal, da justiça e da injustiça. Não propõe mudanças radicais, como os profetas, mas o saber viver bem, e o escolher em cada ação o que edifica a pessoa e a sociedade. Não ensina o abandono dos costumes herdados das gerações precedentes, mas prospecta "um aperfeiçoamento": isto significa para ele temer o Senhor mediante a escuta e a prática da Lei.

Bibliografia comentada

Comentários

Para uma primeira abordagem do livro, existe em italiano o comentário do estudioso mais preparado para esse assunto:

MINISSALE, A. *Siracide*. Roma: Paoline, Roma 1980 [Nuovissima versione della Bibbia, 23].

Some-se o comentário:

FRAGNELLI, P. *Siracide*. Casale Monferrato: Piemme, 1995, p. 1.571-1.666 [La Bibbia Piemme].

Uma nova tradução italiana do texto pode ser encontrada em:

BORGONOVO, G. "Siracide". In: *I libri di Dio*. Vol. III: La sapienza di Israele. Milão: Mondadori, 2000.

Textos de caráter divulgativo

Para uma boa introdução ao livro, indicamos:

MINISSALE, A. *Le radici della tradizione*. Bréscia: Queriniana, 1988 [Leggere oggi la Bibbia, 1.17].

Ainda de caráter introdutório e de fácil leitura são os seguintes textos:

BARSOTTI, D. *Meditazioni sul libro del Siracide*. Pádua: Messaggero, 1989.

CALDUCH-BENAGES, N. *Un gioiello di sapienza* – Leggendo Siracide 2. Milão: Paoline, 2001 [Cammini nello spirito – Sezione bíblica, 45].

JIMÉNEZ HERNÁNDEZ, E. *Il Siracide* – Risonanze bibliche. Nápoles: Chirico, 2006.

NICCACCI, A. *Siracide o Ecclesiastico* – Scuola di vita per il popolo di Dio. Cinisello Balsamo: San Paolo, 2000 [La Bibbia nelle nostre mani, 27].

PETRAGLIO, R. *Il libro che contamina le mani* – Ben Sirac rilegge la storia d'Israele. Palermo: Augustinus, 1993.

RAVASI, G. *Proverbi e Siracide*. Bolonha: EDB, 1989.

RYBOLDT, J. *Siracide*. Bréscia: Queriniana, 1997;

Textos de aprofundamento

Para um aprofundamento da teologia do Eclesiástico, veja o estudo do especialista G.L. Prato:

PRATO, G.L. *Il problema della teodicea in Ben Sirac* – Composizione dei contrari e richiamo alle origini. Roma: Biblical Institute Press, 1975 [Analecta Biblica, 65].

Para uma introdução ao livro, particularmente é válido o verbete:

PRATO, G.L. "Siracide". In: PENNA, R.; PEREGO, G. & RAVASI, G. (orgs.). *Temi teologici della Bibbia*. Cinisello Balsamo: San Paolo, 2010, p. 1.320-1.327.

Para o problema do texto, um estudo significativo:

MINISSALE, A. *La versione greca del Siracide* – Confronto con il testo ebraico alla luce dell'attività midrascica e del metodo targumico. Roma: Biblical Institute Press, 1995 [Analecta Biblica, 133].

Livro da Sabedoria

Introdução

Título

A este livro, o último da sabedoria do Antigo Testamento, os manuscritos gregos, Vaticano, Sinaítico e Alexandrino do século IV de nossa era dão o título de "Sabedoria de Salomão" (*Sofía Salomónos*), mas a tradição latina o denomina simplesmente "Livro da Sabedoria" (*Liber Sapientiae*). Esse segundo título parece mais apropriado ao conteúdo da obra, que nunca nomeia explicitamente Salomão (nele só existe um "eu" anônimo).

É evidente, no entanto, que o autor fala sob as vestes de Salomão (p. ex., em 9,7-8.12). Tal paternidade não é histórica, mas serve para enquadrar a obra na tradição sapiencial, à semelhança do Cântico dos Cânticos, dos Provérbios e de Coélet. É um dos pouquíssimos livros da Bíblia escrito organicamente em grego, junto com o Segundo Livro dos Macabeus e, em parte, com o Livro de Baruc.

Autor

Não conhecemos a identidade do autor. A paternidade salomônica do livro já tinha sido colocada em dúvida por Jerônimo e Agostinho. Da linguagem, do estilo, das ideias religiosas e do pensamento filosófico subjacentes à obra é possível afirmar que se trata de um judeu de língua grega muito religioso, profundo conhecedor da história do povo eleito, mas também discretamente perito na cultura grega, aberto ao diálogo com os homens mais iluminados da comunidade helenístico-alexandrina e, ao mesmo tempo, animado pelo desejo de propor aos seus irmãos na fé a autêntica tradição dos antepassados.

Data e lugar

A datação do livro é objeto de conjecturas e se baseia em deduções indiretas. O termo *a quo* é o ano 200 a.C., já que a obra revela uma dependência da LXX. Por outro lado, considerando que esse livro é usado pela Carta aos Romanos (cf. Rm 1,18-23) e aos Efésios (cf. Ef 6,11-17), segue-se que deve ter sido escrito antes dessas cartas. Por isso, o século I a.C. é a data sobre a qual concorda a maior parte dos autores, tendendo para a segunda metade desse século, provavelmente o período dos primeiros anos da ocupação romana do Egito por parte de Augusto, iniciada no ano 30 a.C.

Supõe-se que a obra tenha sua origem em Alexandria, importante centro da diáspora hebraica, bem como centro cultural do Mediterrâneo oriental e símbolo da cultura helenística, que estava se difundindo no Império Romano nascente. Os reis Ptolomeus, protetores das ciências e das artes, haviam acolhido intelectuais e artistas de todo o mundo helênico. A cidade era conhecida mundo afora por duas instituições: o museu e a biblioteca.

Imagina-se que o autor tenha sido um judeu alexandrino pelo fato de conhecer as ideias gregas e dedicar uma atenção especial ao Egito nos capítulos 11–19. O livro parece não ter sido escrito num espaço de tempo excessivamente longo.

Destinatário do livro

O autor se dirige antes de tudo aos correligionários judeus, especialmente aos da comunidade de Alexandria. Em particular, ele parece querer lembrar a tradição aos jovens tentados a aderir ao projeto educativo grego que previa, por meio do ginásio, uma formação integral, com o aprendizado das diversas disciplinas da mente e do corpo: quem quisesse ter sucesso na vida pública devia receber esse tipo de formação. Em geral, toda a comunidade alexandrina é advertida a respeito da sedução advinda do mundo grego (filosofia prática que busca a felicidade, religião dos mistérios, magia, ateísmo sub-reptício, hedonismo velado de melancolia).

Parece, entretanto, que ele também se dirija àqueles leitores do mundo pagão relativamente mais sensíveis à problemática religiosa, seja para oferecer-lhes uma informação sobre o conteúdo autêntico da religião judaica, seja para propor de modo muito educado a sabedoria hebraica como opção de vida. O amor paciente de Deus para com todas as suas criaturas e a infinita moderação divina para com a insensatez pagã podiam ser considerados convites discretos dirigidos aos pagãos para admitir que a sabedoria está presente na história, convidando todos a uma conduta que lhe corresponda (cf. Sb 11,21–12,2).

A investigação histórica parece confirmar essa interpretação antropológica do texto. Em Alexandria, ao lado dos habitantes judeus e egípcios, também viviam os gregos. Dentre os judeus existiam os apóstatas, subjugados pela cultura helenística. Também estava presente um grupo de helenistas, convencidos de conquistar a imortalidade com ações heroicas e dentre eles vale lembrar o clube da "Expectativa da morte prematura" (*Synapothanúmenon*), que se fazia remontar a Antônio e Cleópatra, um grupo que por seu niilismo parece ser alvo direto da condenação dos que "chamam a morte para si" (1,16).

Outra característica da sociedade alexandrina do tempo era o fascínio exercido pela ostentação de distintivos sociais, como os sinais de reconhecimento dos círculos dionisíacos ou as imagens de amuletos da sorte. O ataque a quem se dispõe a navegar e a atravessar ondas enfurecidas invocando por protetor um pedaço de lenho, mais frágil do barco que o carrega (Sb 14,1), não parece uma crítica genérica à idolatria, mas uma polêmica contra essa prática, que podia revelar-se perigosa e ameaçar a fé da população hebraica, convidada a aderir à única Palavra que salva.

O gênero literário

O livro, em seu conjunto, não parece pertencer a nenhum gênero literário propriamente bíblico. A pesquisa se orientou na direção do mundo grego. Alguns viram nele uma "exortação didática", que se remete ao *gênero literário protréptico* (*logos protreptikos*). Para outros, o gênero literário mais consoante ao Livro da Sabedoria parece ser um *gênero epidítico* ou *demonstrativo*, um dos gêneros literários da retórica grega, que na forma do "encômio" se propõe a ilustrar a grandeza de uma virtude e as ações por ela inspiradas. Seu intento – o louvor e o elogio – parece consoante às características da sabedoria. Tal gênero, embora não sujeito a um esquema rigoroso, comporta, entretanto, uma apresentação da origem da virtude, sua natureza e suas obras. Parece, portanto, que neste escrito nosso autor entenda elogiar a sabedoria e por isso lhe reserva um lugar central no livro (Sb 6,22–9,18).

Entretanto, os estudiosos reconhecem que tal elogio apresenta alguns traços não encontráveis nos modelos greco-latinos.

Duas características, sobretudo, manifestam a pertença do Livro da Sabedoria à tradição bíblico-judaica: a *abordagem midráxica* da história de Israel na terceira parte do livro (cap. 10–19) e o uso singular da *comparação*, que já pode ser notada na série dos dípticos que ilustram o confronto entre o destino do justo e o dos ímpios (3,1–4,20); mas, sobretudo, no grande afresco histórico dos capítulos finais, onde são contrapostos hebreus e egípcios. O grande ator dessa história é Deus, que com o mesmo instrumento premia os israelitas e pune os egípcios (cf. Sb 11,5).

Estrutura e unidade do livro

Os livros antigos não tinham índice. Para compreender sua estrutura é necessário observar os indícios internos: inclusões, simetrias, números dos versículos e esquemas numéricos, digressões, dípticos. Tendo presente tais elementos, em geral se propõe uma articulação do livro em três partes: o futuro do homem (1,1–6,21); o presente (6,22–9,18); a sabedoria do passado (10,1–19,22)[43].

A primeira parte (1,1–6,21) ilustra o antigo e difícil problema da relação justos-ímpios. Estes últimos, na vida terrena, parecem levar a melhor, mas o olho do sábio consegue ver para além da morte, descobrindo a imortalidade prometida aos justos e o juízo final que pesa sobre os ímpios. No final a situação dá uma guinada.

Na parte central, o autor faz o elogio à sabedoria. A busca e a realização da justiça são fruto do dom da sabedoria, que provém do alto. Após elogiá-la (6,22–8,21), ele convida os leitores a persegui-la com a oração (cap. 9).

Na última parte do livro, o autor apresenta uma síntese da história da salvação, vista como obra da sabedoria. Primeiramente, é colocada em relevo sua obra salvífica de Adão a Moisés (cap. 10); em seguida, a sabedoria pode ser vista em ação por ocasião do êxodo (cap. 11–19)

---

43. Cf. MAZZINGHI, L. *La Sapienza tra Antico e Nuovo Testamento*. Cinisello Balsamo: San Paolo, 1998.

Primeira parte: O futuro do homem (Sb 1,1–6,21)

Exortação a seguir a justiça (1,1-15)

O projeto dos ímpios (1,16–2,24)

A participação nos grupos festivos (1,16–2,9)

Eliminação dos obstáculos à vida alegre dos ímpios (2,10-22)

O projeto de Deus é a vida (2,23-24)

O destino do justo e o do ímpio (3–4)

A prova dos justos e o castigo dos ímpios (3,1-12)

A esterilidade contra a fecundidade (3,13–4,6)

A morte prematura do justo (4,7-20)

Ímpios e justos no juízo escatológico (5)

Introdução (5,1-3)

Discurso dos ímpios (5,4-13)

Reflexões do autor (5,14-23)

Novo apelo a seguir a sabedoria (6,1-21)

Segunda parte: O presente (Sb 6,22–9,18)

Introdução (6,22-25)

Elogio da sabedoria (7,1–8,21)

A sabedoria é um dom de Deus (7,1-12)

A sabedoria e Deus (7,13-21a)

A sabedoria em suas perfeições (7,21b–8,1)

A sabedoria possui todos os bens desejáveis (8,2-9)

A sabedoria é a melhor companheira do justo (8,10-16)

A sabedoria é um puro dom de Deus (8,17-21)

Oração de Salomão para obter a sabedoria (9)

Terceira parte: A sabedoria no passado (Sb 10–19)

O papel da sabedoria das origens até o êxodo (10)

Juízo de Deus sobre a história (11–19)

Introdução e tema da reflexão sobre o êxodo (11,1-5)

Primeira antítese: água da rocha, águas do Nilo ensanguentadas (11,6-14)

Primeira digressão: magnanimidade de Deus onipotente para com o Egito e Canaã (11,15-12,27)

Segunda digressão: a idolatria (13–15)

> *Culto à natureza (13,1-9)*
>
> *Acusação do culto aos ídolos (13,10–15,13)*
>
> *A zoolatria egípcia (15,14-19)*
>
> Segunda antítese: praga dos animais e dom das codornizes (16,1-4)
>
> Terceira antítese: picadas das serpentes no deserto e praga dos insetos (16,5-14)
>
> Quarta antítese: praga do granizo e dom do maná do céu (16,15.29)
>
> Quinta antítese: a praga das trevas e a luz da Lei (17,1–18,4)
>
> Sexta antítese: morte dos primogênitos egípcios e libertação de Israel na noite de Páscoa (18,5-25)
>
> Sétima antítese: morte dos egípcios e libertação dos israelitas no juízo do mar (19)

A unidade da obra é demonstrada pelos vários *flashbacks* disseminados no livro: trata-se de breves repetições de uma palavra-chave, de um grupo de palavras ou de uma ideia bem definida em duas partes diferentes do Livro da Sabedoria. Por exemplo: a parte central está unida àquela final da associação entre 6,12 e 13,5-6, onde a sabedoria é buscada e encontrada usando o instrumento da visão mental:

"A sabedoria é resplandecente e não murcha, faz-se ver (*theoréitai*) por aqueles que a amam e se deixa *encontrar* por aqueles que a *procuram*" (6,12).

"Porquanto, partindo da grandeza e da beleza das criaturas, chega-se a contemplar (*theoréitai*), por analogia, aquele que lhes deu origem. Todavia, estes merecem menor repreensão: talvez se tenham extraviado *procurando* a Deus e desejando *encontrá-lo*" (13,5-6).

Leitura rápida

Primeira parte: o futuro do homem (Sb 1,1–6,21)

Exortação a seguir a justiça (1,1-15)

O autor inicia seu livro com as palavras do rei ideal para um hebreu: Salomão. O último livro da Bíblia Hebraica (1-2 Cr) fala dele somente em termos positivos, ignorando as críticas do histórico deuteronomista por seus desvios idolátricos, causados por suas relações com mulheres pagãs, dentre as quais a filha do faraó (1Rs 11,1). Ele é o rei sábio, que pode falar com competência diante da assembleia dos reis do mundo: "Amai a justiça, vós juízes da terra; tende bons sentimentos para com o Senhor e com simplicidade de coração procurai-o" (1,1).

A quem se dirige o autor? Para alguns estudiosos, os "juízes da terra" são aqueles judeus alexandrinos chamados a ser responsáveis por sua comunidade. Outros, ao contrário, levam em consideração a composição da sociedade alexandrina do tempo, constituída por hebreus, egípcios e gregos, e afirmam que o autor se dirige com argumentações que podem ser compartilhadas também com leitores não judeus: os greco-romanos iluminados.

Os judeus de Alexandria são convidados a não tentar o Senhor como nas águas de Meriba (Ex 17,1-7) e a confiar em sua palavra com simplicidade de coração, a fazer a sua vontade praticando a justiça. Mas também os espíritos greco-romanos mais iluminados são convidados a se absterem da prática do mal, já que a injustiça obscurece a consciência impedindo que a relação com Deus alcance a inteligência humana: "A sabedoria não entra numa alma que planeja o mal nem mora no corpo oprimido pelo pecado" (1,4).

O sábio já está em condições de responder às interrogações cheias de angústia feias por Jó e por Coélet sobre o problema da retribuição: por que o justo sofre e morre, enquanto o ímpio sempre parece ser bem-sucedido? O mal e a morte não pertencem ao projeto de Deus, que quer a salvação, mas nascem do pecado dos homens: "Pois Deus não fez a morte, nem se diverte com a perdição dos seres vivos. Criou todas as coisas para a existência; as criaturas do mundo são salutares e nelas não há veneno mortal, nem a morte tem poder sobre a terra" (1,13-14).

A morte, que não entra nos desígnios de Deus, é aquela eterna, a separação definitiva de Deus por obra do pecado (cf. 2,24); não se fala aqui da morte física, mas da morte "segunda". Esta faz sentir seus efeitos já na existência dos ímpios e terá seu alcance definitivo com a morte física e o juízo final.

O projeto dos ímpios (1,16–2,24)

Ao desígnio de salvação de Deus se contrapõe o projeto dos ímpios, sejam alexandrinos ou judeus.

1) A participação nos grupos festivos (1,16–2,9)

Uma das práticas condenadas pelo autor no início de seu livro é a participação em algumas associações de convívio que se reúnem em banquetes periódicos, onde se bebe muito vinho (2,7-9). Tais assembleias, segundo o autor da Sabedoria, constituem um polo ilusório de atração, um divertimento alienante que impede de levar a sério a realidade da vida. Em particular o autor tem em mira uma nova associação, fundada após a batalha de Ácio por Antônio e Cleópatra, que se difundia em Alexandria naqueles anos: "Os ímpios, no entanto, chamam para si a morte com gestos e palavras. Tendo-a por amiga, desejam-na apaixonadamente e fazem aliança com ela. São realmente dignos de pertencer-lhe" (1,16).

Parece que a gozação e o comportamento irrisório fossem características da educação que se recebia no ginásio. Para nosso autor, essa falta de seriedade diante da vida é uma impiedade. Sua descrição é feita com as palavras dos próprios ímpios, alexandrinos e judeus renegados: nossa vida, dizem, se nos foge e não tem sentido (2,1); a única solução é gozar a vida tentando esquecer o drama do tempo que depressa se vai (2,6-9).

2) Eliminação dos obstáculos à vida alegre dos ímpios (2,10-22)

Qualquer obstáculo a essa vida desregrada deve ser eliminado: o pobre, a viúva, o ancião são inúteis e representam perda de tempo e dinheiro (v. 10). Sobretudo, é necessário eliminar o justo, que com a própria vida incomoda a consciência do ímpio, principalmente a do judeu renegado (v. 12).

3) O projeto de Deus é a vida (2,23-24)

Aos olhos do ímpio, o justo sofre e morre, ao passo que o ímpio parece ter sempre sucesso. Não é assim, entretanto, a realidade vista a partir de Deus. Nosso autor relê Gn 1–3 descobrindo o projeto originário de Deus: a vida do homem é destinada à incorruptibilidade (*aftharsía*) (v. 23-24).

O termo "incorruptibilidade", aplicado à realidade espiritual, significa o que se subtrai às condições mutáveis da matéria, e é quase sinônimo de "imortalidade": trata-se de uma participação do homem na vida de Deus que o fez à "imagem da própria natureza". A morte é uma intrusa nesse estupendo plano divino. Esta entrou no mundo dos homens por causa do tentador, a serpente antiga, identificada com o diabo, que induziu o homem ao pecado por inveja dos dons extraordinários concedidos ao primeiro casal. Se somente os ímpios fazem a experiência da morte, o autor não quer aqui falar de morte como fenômeno físico, mas da morte eterna, que se concretiza na privação da felicidade a partir da morte física.

O destino do justo e o do ímpio (3–4)

Segundo o autor, existe uma realidade visível aos olhos da carne e uma que somente os olhos do coração podem ver. Os ímpios, cegados por sua malícia se enganam, não conseguem penetrar os mistérios de Deus e não podem aceitar que os justos perseguidos possam, de certo modo, ser premiados e recompensados por seus sofrimentos.

Nesta nova seção, o tema do destino do homem é desenvolvido num plano mais concreto mediante a consideração de três casos particulares: os sofrimentos dos justos (3,1-12), a falta de filhos (3,13–4,6), a morte prematura (4,7-20).

1) A prova dos justos e o castigo dos ímpios (3,1-12)

Nosso autor tem uma resposta àquela pergunta sobre a fé que emerge da aparente contradição que se apresenta na vida: a ruína dos justos e o triunfo dos ímpios. Numa primeira unidade (v. 1-9) ele vê com os olhos de Deus que o sofrimento, a dor e a morte do justo se transformam por intervenção do alto em verdadeira realidade invisível aos olhos da carne: a vida eterna (v. 1-3). Ao atravessar o túnel da morte os justos experimentam a mão protetora que sustenta Israel no momento de sua passagem pelo Mar Vermelho.

Como exemplos emblemáticos dessa novidade no pensamento hebraico o autor apresenta dois casos: a mulher estéril que morre sem filhos (3,13–4,6) e o justo que morre jovem (4,7-20).

2) A esterilidade contra a fecundidade (3,13–4,6)

Se, segundo a tradição hebraica, a fecundidade é sinal de bênção de Deus, a esterilidade seria sinal do quê? O autor responde não negando a tradição, mas aperfeiçoando-a à luz da fé na imortalidade pessoal. O que conta não é ter muitos filhos ou uma vida longa, mas viver segundo a vontade de Deus e obter frutos que não obstaculizem a eternidade, dado que as raízes da árvore são as da própria sabedoria que é "eterna" (3,15). A fecundidade dos ímpios, na realidade, é inútil; nem todos os filhos são garantia de bênção e de perpetuidade (4,1).

3) A morte prematura do justo (4,7-20)

O autor vai contra a mentalidade comum do Antigo Testamento segundo a qual uma vida longa é sinal de bênção e uma morte prematura seria uma ferida que atinge somente os ímpios. Na nova perspectiva da vida eterna, o que realmente vale para o homem hoje não é o número dos anos, mas viver da forma que agrade a Deus, para poder entrar na festa sem fim com ele (v. 16).

Ímpios e justos no juízo escatológico (cap. 5)

Nesta seção será considerado o destino definitivo dos justos e dos ímpios. Com uma ficção literária o autor descreve o fim da história, apresentando um processo no qual se emite uma sentença. Não há mais tempo para voltar atrás. Esse juízo coletivo não coincide necessariamente com o "juízo universal", mas também não o exclui (v. 1-3).

1) Discurso dos ímpios (5,4-13)

O tormento que experimentarão naquele dia os ímpios é expresso com suas próprias palavras. Devem admitir os próprios erros e a verdade: suas vidas passaram sem deixar rastros de beleza. Não porque, de fato, a vida seja assim, mas porque assim foi vivida por eles, ou seja, sem conhecer a via do Senhor (v. 6-7). No fim da vida se viram de mãos vazias (v. 9).

2) Reflexões do autor (5,14-23)

Em seguida o autor apresenta Deus como único senhor da história e da criação e os justos e os ímpios não mais como atores, mas como destinatários da merecida recompensa definitiva. Ele descreve o juízo divino com imagens emprestadas de Is 59,16-17. Trata-se de uma batalha em que o mal é derrotado: nessa luta, também o cosmo inteiro se torna instrumento do juízo de Deus (5,21-23).

Novo apelo a seguir a sabedoria (6,1-21)

Existe uma única via para evitar a falência definitiva no juízo final que acaba de ser descrito: seguir o caminho da sabedoria. Os destinatários desse convite são os mesmos a quem se dirigem as primeiras palavras do livro: os governantes da terra (1,1). Do mestre da sabedoria, o Rei Salomão, são convidados a ouvir e a compreender não somente os responsáveis pela comunidade hebraica alexandrina, mas também aqueles que exercem um poder na comunidade dos homens e todos os leitores não judeus, os greco-romanos iluminados. Quem a busca, dedicando seu próprio tempo, pode encontrá-la (6,14-16). E a sabedoria e incorruptibilidade se conjugam (v. 18-19).

Segunda parte: o presente (6,22–9,18)

Nesta segunda parte, o autor, deixando falar sempre mais claramente Salomão, descreve a sabedoria em si mesma.

Introdução (6,22-25)

Os argumentos que ele quer desenvolver são sintetizados na introdução: "Vou expor-vos o que é a sabedoria e qual a sua origem, sem vos ocultar os seus mistérios. Investigarei suas manifestações desde o princípio da criação, porei a descoberto o seu conhecimento sem desviar-me da verdade" (v. 22).

Ele quer usar o gênero literário do encômio propondo aos leitores o elogio da sabedoria. Desta ele pretende mostrar a natureza ("o que é"), a origem ("como nasceu") e a história ("Investigarei suas manifestações desde o princípio da criação"). Nos capítulos 7 e 8 são expostas a natureza e a origem da sabedoria. Como conclusão, o capítulo 9 cita a oração para obter a sabedoria.

Elogio da sabedoria (7,1–8,21)

Mesmo sem nomeá-lo, o Livro da Sabedoria expõe em seguida a experiência pessoal de Salomão, o rei sábio por excelência, que fala na primeira pessoa.

1) A sabedoria é um dom de Deus (7,1-12)

O rei não se apresenta como um homem excepcional, tampouco nasceu sábio, nem assim se tornou por suas próprias forças (v. 1). A sabedoria é um dom obtido com a oração (v. 7); o sábio invoca a sabedoria de Deus pelo fato de ter consciência de desejar o bem maior da terra, sem o qual nada faz sentido (v. 8).

2) A sabedoria e Deus (7,13-21a)

A superioridade da sabedoria é dada pela sua íntima união com Deus. Ela está, ao mesmo tempo, presente no mundo como capacidade de compreender o sentido da vida cotidiana, e ligada estreitamente a Deus que criou a realidade com um sentido próprio e alcançável, já que o próprio Deus a doou ao homem (v. 14-15). O sábio é amigo de Deus e, ao mesmo tempo, profundo conhecedor da realidade do mundo v. (17). Não existe oposição entre o conhecimento científico e a fé em Deus.

3) A sabedoria em suas perfeições (7,21b–8,1)

Com 21 (3x7) atributos emprestados da linguagem filosófica da época, usados para descrever a realidade do *Logos*, da razão universal, o autor apresenta a personificação da sabedoria atribuindo-lhe, como aos seres racionais e principalmente a Deus, um espírito, isto é, um princípio vital, dinâmico e ativo. O papel de animação do cosmos, atribuído ao espírito da filosofia estoica, é atribuído pelo nosso autor tanta à sabedoria (7,24; 8,1) quanto ao espírito (1,7; 7,22), eliminando, porém, qualquer ideia panteísta (7,22-24).

4) A sabedoria possui todos os bens desejáveis (8,2-9)

Salomão sublinha algumas razões pelas quais amou a sabedoria assumindo-a como sua esposa: uma imagem que os profetas usaram para descrever as relações entre o Senhor e seu povo. Ele se enamorou de sua beleza, intimidade com Deus, ciência divina, riqueza, inteligência, virtude, conhecimento, experiência e decidiu ligar-se a ela pelo resto de sua vida: "Resolvi, portanto, trazê-la para a minha intimidade, sabendo que me será conselheira nos dias felizes e conforto nas preocupações e na tristeza" (8,9).

5) A sabedoria é a melhor companheira do justo (8,10-16)

Salomão pôde ser um grande governante graças à companhia constante da sabedoria. Dentre os muitos benefícios recebidos, os principais são a fama entre os homens ao longo da vida (v. 14) e a glória eterna após a morte (v. 13).

6) A sabedoria é puro dom de Deus (8,17-21)

Salomão, mesmo tendo qualidades naturais perfeitas tanto no corpo quanto na alma, não merece o dom divino da sabedoria. O que é necessário é a oração (v. 21).

Oração de Salomão para obter a sabedoria (cap. 9)

Este capítulo em forma de oração está no centro literário do livro. É a continuação e o auge do discurso sobre a sabedoria. O autor segue o exemplo de 1Rs 3,6-9 e 2Cr 1,8-10, atualizando os textos bíblicos no contexto da cultura grega. O capítulo 9 pode ser dividido em três estrofes: a) v. 1-6; b) v. 7-12; c) v. 13-18.

Na primeira estrofe (v. 1-6), Salomão se apresenta diante de Deus para pedir-lhe o dom da sabedoria, insistindo na própria fraqueza. Não é possível alcançar sozinho a sabedoria, como pensavam os gregos; faz-se necessário pedi-la na oração ao Deus que cria com sua palavra e salva o homem ao longo da história (v. 1).

Na segunda estrofe (v. 7-12), Salomão reconhece não estar em condições de realizar a missão para a qual o Senhor o escolheu se Deus não lhe der a sabedoria (v. 10). A sabedoria está próxima do homem, permitindo-lhe conhecer a vontade de Deus e assumir as próprias responsabilidades no interior da comunidade. A sabedoria é a própria presença de Deus no homem e no mundo.

A terceira estrofe (v. 13-18) retoma o tema da fraqueza humana diante de Deus e de seus desígnios. Insiste-se no fato que ao homem é impossível conhecer a vontade de Deus sem o dom da sabedoria e do espírito, fonte de renovação interior: "E o teu projeto, quem poderia conhecê-lo, se não lhe desses sabedoria e se das alturas não enviasses teu santo Espírito?" (v. 17).

Em suma, só com a oração – e não com os próprios esforços – se pode obter a sabedoria, capacidade oferecida por Deus ao homem de compreender sua vontade e o sentido das coisas.

Terceira parte: a sabedoria no passado (10–19)

Após ter falado da natureza divina da sabedoria, de sua origem e colaboração com Deus na criação (cap. 7–9), o autor observa as obras da sabedoria na história humana, do início à época do êxodo de Moisés (cap. 10–19). Diferentemente do elogio aos antepassados do Eclesiástico (Eclo 44–50), modelo bíblico no qual nosso autor se inspira, aqui não é citado nenhum nome dos personagens lembrados naquele livro. O gênero literário é o *midrash*: um comentário livre da Escritura, para poder aplicá-la à vida do tempo do escritor, mesmo que de uma forma um tanto quanto velada.

O papel da sabedoria das origens ao êxodo (10)

Este capítulo está no centro do livro. Ele também poderia ser visto como uma conclusão da segunda parte, já que seu tema central é a sabedoria, ao passo que na sequência o tema é Deus. Trata-se de uma história estilizada da salvação pela sabedoria, que vai de Adão a Moisés. Não obstante o pecado de Adão, o primeiro homem, a sabedoria se aproximou dele para salvá-lo: "Foi ela que protegeu aquele que foi moldado primeiro, o pai do mundo, o criado sozinho, e o libertou de sua queda" (v. 1). Quem, ao contrário, voluntariamente afastou-se dela, só viu ruínas, como Caim (v. 3). No dilúvio, é a sabedoria ainda que salva os homens da destruição total (v. 4).

E ela igualmente esteve à frente do caminho dos patriarcas: sustentou a fé de Abraão no Monte Moriá, guiou o caminho de Jacó "que fugia da cólera de seu irmão" (v. 10), desceu com José à prisão e o elevou à glória diante do faraó. Ela também libertou Israel da escravidão do Egito, e "com prodígios e sinais, enfrentou reis temíveis" (v. 16), entrando assim na alma de Moisés.

A sabedoria, em última análise, guiou o povo ao longo de sua caminhada. Caminhada em cujas sendas as maravilhas do Senhor se manifestaram ao restaurar esse povo dos raios do sol a pino, ao iluminá-lo de noite, ao fazê-lo atravessar as águas do Mar Vermelho afogando seus inimigos. O capítulo termina com o cântico vitorioso de Moisés (Ex 15,1-18), lembrado por aqueles que, instruídos pela sabedoria, aprenderam a reconhecer a ação de Deus nos eventos históricos (10,20-21).

Juízo de Deus sobre a história (11–19)

Esta última unidade do Livro da Sabedoria é um *midrash hagádico* [narrativo] do êxodo sob forma de hino. Os acontecimentos do êxodo são, explícita ou implicitamente, citados e explicados com o objetivo de torná-los inteligíveis, a fim de que possam ser postos em prática os ensinamentos que estes nos transmitem. Assim os longínquos acontecimentos do êxodo são atualizados para os leitores do livro. O hino é em grande parte dirigido diretamente ao Senhor, nomeado na segunda pessoa: não é somente o Deus de Israel, mas o Senhor universal.

1) Introdução e tema da reflexão sobre o êxodo (11,1-5)

O autor resume brevemente a história do êxodo no período posterior à passagem do Mar Vermelho, considerando somente os fatos positivos. Naquele tempo, o instrumento da sabedoria foi o servo de Deus Moisés. Evidencia-se aqui um princípio de base que se repetirá de formas diversas ao longo da reflexão, uma síntese do pensamento do autor sobre esse período da história de Israel: "Assim, o que foi castigo para os inimigos, tornou-se para eles benéfico na aflição" (v. 5).

Deus age nos acontecimentos da natureza e da história. Um mesmo instrumento conhece diversas aplicações: o Deus da natureza e da história pode usá-lo para favorecer ou castigar. Esse tema é ilustrado com sete dípticos antitéticos, extraídos da história canônica do êxodo. Essa forma de proceder por antíteses é típica do gênero literário do encômio, denominado pelos gregos *synkrísis* ou *confronto*. Com uma série de exemplos, o autor quer ilustrar o destino diferente que encontram os justos e os ímpios, como ele já havia afirmado na primeira parte (cf. cap. 1–6).

2) Primeira antítese: água da rocha, águas do Nilo ensanguentadas (11,6-14)

A primeira ilustração se refere às águas do Nilo, transformadas em sangue por obra de Moisés e Aarão a fim de convencer o faraó a deixar o povo de Israel partir (Ex 7,17-25). O tema é a água, instrumento de castigo para os egípcios e bênção para os israelitas. A sede ligada à falta de água potável foi uma prova para os israelitas para que compreendessem o que havia em seus corações; para os egípcios, ao contrário, foi um verdadeiro castigo. Note-se que a dureza para com os egípcios deve ser entendida como convite à conversão dirigido aos leitores.

3) Primeira digressão: magnanimidade de Deus onipotente para com o Egito e Canaã (11,15–12,27)

O autor reflete sobre o fato que Deus puniu os egípcios aos poucos, enviando-lhes uma série de pequenos animais, répteis irracionais e desprezíveis. Isso não significa que seu poder tenha diminuído, mas se deve à sua misericórdia e compaixão para com o homem, na expectativa de que ele se converta (11,17-18). Deus não destrói os ímpios, pois ama todas as suas criaturas (11,24).

Na segunda parte da digressão (12,2-27), é considerado o caso dos cananeus: por que o Senhor, tão bom com todos, com a invasão da parte de Israel castigou os cananeus, que sequer o haviam provocado? O autor alega um motivo teológico que explicaria a conquista de sua terra: os cananeus teriam realizado atos de magia, obras de bruxaria e de adivinhações, ritos execráveis com orgias. Trata-se das culpas de que são acusados, na verdade, os egípcios contemporâneos ao nosso autor (12,3-5).

Com toda probabilidade, a alusão à antropofagia sagrada (12,5) faz referência ao ritual dionisíaco, comprovado em Alexandria, de consumo de carne crua, que comemorava o mito de Dioniso, deus menino feito em pedaços e devorado pelos Titãs. Mesmo que o Senhor os tenha castigado, ele continuou a revelar sua misericórdia: ele exerce sua justiça somente quando sua misericórdia é rejeitada. Os cananeus não se arrependeram: Deus o sabia desde o início (12,10b); mas, não obstante tudo, deu-lhes a possibilidade do arrependimento. E mesmo quando os puniu, os tratou com benevolência e clemência, já que pessoas frágeis (12,17-18).

O que se pode esperar de semelhante atitude do Senhor? Para os israelitas Deus é modelo de bondade e fundamento da esperança de perdão (12,19). Para os eventuais leitores pagãos, o que acontece aos egípcios no tempo do êxodo serve como lição para todos os tempos: a estupidez demonstrada com a adoração dos animais e o coração empedernido, refratário às correções, foi para eles causa de tremendos castigos (12,26).

4) Segunda digressão: a idolatria (13–15)

Certamente não é a primeira vez que na Escritura aparece o ataque contra a idolatria. Alguns textos como Is 44,9-20 e o Sl 115 (113B), onde essa polêmica aparece, são levados em conta por nosso autor. Essa digressão (cap. 13–15), entretanto, é a mais ampla reflexão sobre a idolatria em toda a Bíblia. Com essa polêmica direta contra a idolatria egípcia, o autor quer abrir os olhos de seus irmãos hebreus sobre o perigo que ronda seus dias. O comportamento dos idólatras contrasta com a bondade e a misericórdia de Deus para com todas as suas criaturas.

a) Culto da natureza (13,1-9)

Este texto é um dos mais significativos do livro. A ideia central que nele subjaz é que a razão humana tem a capacidade de elevar-se das coisas criadas em direção ao conhecimento de um Deus transcendente e criador mediante um processo por analogia. O autor critica aqueles filósofos estoicos gregos que em sua busca de Deus pararam no meio do caminho, identificando Deus com as realidades naturais: "São insensatos por natureza todos os que ignoram a Deus e que, pelos bens visíveis, não chegaram a conhecer aquele que é, nem, pela consideração das obras, reconheceram o Artífice" (v. 1).

O processo cognitivo para chegar ao conhecimento de um Deus transcendente é indicado pelo autor "por analogia": "Se ficaram maravilhados com seu poder e sua energia, concluam daí quão mais poderoso será aquele que as formou. Porquanto, partindo da grandeza e da beleza das criaturas, chega-se a contemplar, por analogia, aquele que lhes deu origem" (v. 4-5). O juízo negativo do autor sobre o culto da natureza é, no entanto, bastante compreensivo, enquanto percebe nesses filósofos uma sincera vontade de buscar a Deus (v. 6-7).

b) Acusação à idolatria (13,10–15,13)

O autor inicia este longo debate criticando os que se fabricam ídolos de pedra, de metal, sobretudo de madeira, identificando a divindade com o próprio ídolo ou com sua imagem representativa. Adoram aquilo que eles mesmos se criaram (13,10).

Numa segunda seção (14,1-10) continua a polêmica anti-idolátrica com o exemplo do marinheiro que invoca o ídolo protetor de seu navio. Segundo o autor, mesmo os inexperientes podem embarcar num navio sem medo, pois existe uma providência divina que lhes permite enfrentar o mar. Somente esta é capaz de salvar o homem dos perigos, como no passado salvou Noé do dilúvio (14,6).

Numa terceira seção (14,11-31) o autor reflete sobre o fenômeno da idolatria buscando suas causas e efeitos. Esta pode nascer, por exemplo, da divinização de um filho morto prematuramente (v. 15). Em seu tempo, o autor via desenvolver-se a idolatria principalmente a partir do desejo dos reis de fazer-se adorar como deuses: isto acontecia nos cultos imperiais iniciados por Augusto (v. 16b). As consequências da verdadeira falta de conhecimento de Deus são ondas de imoralidades, que alguns preferem denominar paz, a *pax romana*: "E dão o nome de paz a tais males" (v. 22).

Na quarta seção (15,1-6) se entra numa espécie de oásis vivificante após uma caminhada pelo deserto: trata-se de uma confissão de íntima comunhão que existe entre Israel e seu Deus, experimentado em sua história como misericordioso: "Tu, porém, nosso Deus, és bom e verdadeiro, és paciente e governas o universo com misericórdia" (v. 1). A bondade de Deus é contraposta mais uma vez à idolatria (v. 6).

Na quinta seção (15,7-13), dedicada ainda à origem da idolatria, é representado um oleiro que brinca de fabricar um demiurgo: acentua-se aqui a inanidade da argila e a culpa dos fabricantes de ídolos (v. 13).

c) A zoolatria egípcia (15,14 19)

Esta unidade é a terceira seção da crítica das religiões pagãs. Agora o autor denuncia a pior forma de idolatria, o culto egípcio aos animais (serpentes, crocodilos, escaravelhos). Esse culto é irracional, porque se trata também de animais tolos que não possuem a beleza dos outros. Enquanto objetos de culto, tais animais são privados da bênção de Deus e carregam em si a maldição da antiga serpente de Gn 3,14. Com essa crítica contra a religiosidade dos egípcios, o autor entende convidar a comunidade hebraica de Alexandria a perseverar na adoração do verdadeiro Deus, atraindo o máximo possível os pagãos bem dispostos para a religião autêntica (v. 18-19).

5) Segunda antítese: praga dos animais e dom das codornizes (16,1-4)

Neste díptico do *midrash* homilético é contraposta a praga dos animais com que foram atormentados os egípcios (cf. rãs em Ex 7,26 8,11; mosquitos em Ex 8,12-15; varejeiras em Ex 8,16-28) com o dom das codornizes concedido a Israel no deserto (Ex 16,9-13; Nm 11.10-22; Sl 78,26-29). O aspecto negativo para os egípcios é representado pela repugnância por esses animais, pela perda de apetite e pela consequente carestia, ao passo que o aspecto positivo para os israelitas é determinado pelo alimento das codornizes, por seu requinte e pela tomada de consciência do benefício recebido.

6) Terceira antítese: picadas das serpentes no deserto e praga dos insetos (16,5-14)

Também os israelitas no deserto sofreram a praga das picadas das serpentes. Segundo o autor, tal episódio, porém, teve para o povo de Deus um profundo significado pedagógico e salvífico. A serpente de bronze erguida por Moisés (Nm 21,8-9) foi para Israel "um sinal de salvação" e um convite ao compromisso concreto de observar os mandamentos. Já para os egípcios, os insetos foram causa de morte (v. 9). O objetivo da punição é didático também para o Egito: somente o Senhor tem o poder de salvar, não somente dos males presentes, mas da própria morte (16,13-14).

7) Quarta antítese: a praga do granizo e o dom do maná do céu (16,15-29)

O autor, partindo de uma afirmação de valor absoluto ("É impossível escapar de tua mão, v. 15"), se concentra em dois fatos históricos antitéticos em âmbito atmosférico: de um lado, o flagelo do granizo e das intempéries (v. 15-19) que atingiu os egípcios na sétima praga (Ex 9,13-35), de outro, a benéfica chuva do maná (v. 20-23) que saciou a fome dos israelitas no deserto (Ex. 16). Os dois tipos de fenômenos (particularmente o castigo) são analisados tanto em si mesmos quanto em seu significado pedagógico. Na última parte (v. 24-29), o autor reflete sobre a natureza do serviço oferecido por Deus aos homens, tanto castigando quando beneficiando: o poder do Senhor se manifesta tanto na natureza quanto na história.

A extraordinariedade dos fatos narrados tinha por objetivo suscitar uma reflexão tanto nos hebreus quanto nos egípcios, centrada na necessidade de ir além do plano exterior da história para colher seu significado intrínseco. O próprio castigo tinha por princípio ajudar na passagem para uma compreensão mais profunda da realidade (v. 18). Também os israelitas, graças ao dom do maná, deviam compreender que num nível mais profundo a vida é simplesmente dada pela palavra do Senhor. As realidades materiais se tornam sinal das celestes (v. 26).

8) Quinta antítese: a praga das trevas e a luz da Lei (17,1–18,4)

Na quinta antítese encontramos uma reflexão sobre a praga das trevas que golpeou o Egito (Ex 10,21-23). Às trevas dos egípcios (17,2-20) é contraposta a luz da Lei que resplandece para Israel (18,1-4).

O autor desenvolve num tom homilético os três versículos que no Livro do Êxodo falam dessa praga. A noite em que se encontram os egípcios (17,2-6) é uma noite de terror que os paralisa. Contudo, mais densas são as trevas interiores, fruto de seus pecados escondidos que os mantinham escravos, justamente eles que haviam escravizado os israelitas (17,2).

Também as tentativas de fuga do terror refugiando-se nas magias faliram (17,7-11): a ciência mágica é humilhada diante da praga, porque ao invés de curar faz cair em medos infundados e ridículos (17,8).

As trevas que envolvem os egípcios e seus magos por terem renunciado à faculdade da razão (17,11) são trevas infernais que prefiguram a noite escatológica (17,12-15). As trevas e o medo invadem tudo no Egito, transformado numa grande prisão sem grades, ao passo que no resto do mundo resplandece a luz (17,16-20). As trevas são, na realidade, fruto do pecado do homem, enquanto a luz que resplandece no mundo é o dom concedido aos que seguem a sabedoria (17,3-4).

A luz produzida pela coluna de fogo, que acompanha Israel em sua viagem rumo à terra prometida (Ex 13,21-22), é a luz da Lei (18,1-4). A luz é símbolo de uma realidade espiritual, que por meio de Israel é destinada a iluminar o mundo inteiro. Mediante a Lei, o homem poderá responder concretamente ao chamado à imortalidade (18,3-4).

9) Sexta antítese: morte dos primogênitos egípcios e libertação de Israel na noite da Páscoa (18,5-25)

O díptico se compõe de duas unidades. O motivo principal da primeira (v. 6-19) é dado pela morte dos primogênitos egípcios numa noite, a noite da Páscoa, que, para os israelitas, foi uma noite de salvação. Essa primeira unidade é subdividida em três pequenas passagens. Aquela noite foi o cumprimento de uma palavra já anunciada aos patriarcas: a libertação de Israel da escravidão do Egito celebrada com um canto (v. 6-9). Ao canto pascal dos israelitas nosso autor contrapõe o grito desesperado dos egípcios diante da morte dos primogênitos (v. 1-13). Na terceira pequena passagem (v. 14-19) é evocada a chegada do anjo exterminador (cf. Ex 12,29). Para o nosso autor, trata-se da Palavra de Deus descrita como um guerreiro que se lança num campo de batalha: "Enquanto o calmo silêncio envolvia todas as coisas e a noite chegava ao meio de seu curso, tua palavra onipotente, vinda do céu, de seu trono real, atirou-se, como guerreiro impiedoso, em meio à terra condenada ao extermínio" (v. 14-15).

A segunda unidade do díptico (v. 20-25) nasce de uma possível objeção do leitor: não somente os egípcios, mas também os israelitas, durante o caminho do deserto, foram golpeados pela morte. O autor responde lembrando o episódio de Nm 17,6-15, em que os hebreus foram salvos graças à palavra de intercessão de Aarão, de modo que a praga para os israelitas foi de caráter limitado.

10) Sétima antítese: morte dos egípcios e libertação dos israelitas no juízo do mar (19,1-22)

O autor intencionalmente reserva para este sétimo díptico, o mais trágico de todos, seu discurso mais significativo. Os egípcios representam os ímpios, os israelitas perseguidos os justos. O mesmo elemento da natureza, o mar, é instrumento do juízo divino: de morte para uns, de vida para outros. Os egípcios, em razão do assassinato dos recém-nascidos hebreus nas águas do Nilo, são punidos primeiramente com a morte de seus primogênitos (c. cap. 18) e agora com a destruição de seu exército nas águas do Mar Vermelho. O díptico supõe a narração de Ex 14 e é articulado em quatro passagens.

Primeiramente o autor descreve o exército egípcio varridos pelo Mar Vermelho (v. 1-5). Os castigos precedentes, temperados pela misericórdia divina, tinham um caráter pedagógico em vista da conversão dos egípcios, mas agora têm um caráter derradeiro: "para assim completarem o castigo que faltava a seus tormentos" (v. 4b).

O segundo relato apresenta a passagem do Mar Vermelho dos hebreus a pés enxutos (v. 6-12). Tais eventos milagrosos são interpretados pelo autor como uma nova intervenção criadora de Deus. A realidade criada se torna instrumento dócil nas mãos de Deus, em vista da salvação de seu povo: "A criação inteira, obediente a tuas ordens, de novo se remodelava em cada espécie de seres, para que teus filhos se conservassem ilesos" (v. 6). A resposta do povo à salvação oferecida do alto é um hino de louvor ao Senhor (v. 8-9) que lembra aquele de Maria e das mulheres caminhando às margens do mar (Ex 15,20).

O terceiro relato (v. 13-17) sublinha mais uma vez a cegueira dos egípcios. Estes, fechados em seu egoísmo e ódio irracional, não quiseram reconhecer os grandes méritos conquistados pelos hebreus, que por tanto anos lhes foram próximos. Eles imitaram as atitudes dos habitantes de Sodoma: "... nutriram o mais violento ódio contra os estrangeiros" (v. 13d; cf. Gn 19,1-29). Tanto os habitantes de Sodoma quanto os egípcios, que em sua cegueira moral tentaram oprimir os justos, são condenados a sofrer o mesmo tormento: cegados por uma luz ofuscante os primeiros, que queriam arrombar a porta de justo Lot (Gn 19,9-11), envolvidos pelas trevas mais densas por três dias os segundos (Ex 10,21-23), de modo que ninguém podia mover-se de onde estava ou encontrar o caminho da porta da própria casa (19,17). Nessa sua crítica à falta de hospitalidade dos egípcios, o autor está na realidade reivindicando a liberdade para o seu povo em Alexandria.

O trecho conclusivo (v. 18-21) retoma da segunda unidade (v. 6-12) a conexão entre criação e salvação na história do povo hebraico. Todos os acontecimentos do êxodo são descritos pelo autor em termos de uma nova criação. Deus é realmente um artista, que com uma única cítara consegue produzir melodias diferentes. Como as notas variam no ritmo, mesmo conservando a própria tonalidade, assim os elementos da natureza fazem o intercâmbio de suas propriedades (v. 18).

Na nova criação, não somente os elementos trocam de função em favor dos justos, mas a estes será dado um alimento imperecível, doador de imortalidade (v. 21). Como no primeiro relato da criação do Gênesis é garantido o dom do alimento a todos os seres chamados por Deus à existência

(Gn 1,29-30), assim será dado um novo alimento celeste, uma nutrição de ambrósia, fonte de incorruptibilidade.

O último versículo do livro serve de doxologia final. O passado de Israel, para a comunidade à qual o autor está se dirigindo, deve ser fonte de esperança para o futuro: "Sim, em todas as coisas, Senhor, exaltaste teu povo e o glorificaste. Jamais deixaste de olhar por ele, assistindo-o em todo tempo e lugar" (v. 22).

Temáticas teológicas

O que é a sabedoria no presente?

Na parte central do livro (6,22–9,18), o autor se detém sobre as relações entre o sábio por excelência, Salomão, e a sabedoria. Nos textos precedentes da tradição sapiencial de Israel, a sabedoria aparece como a experiência da vida, como a capacidade de compreender o sentido da realidade criada por Deus com uma ordem inteligente. Os sábios estão conscientes não somente dos próprios limites diante do problema da dor (Jó) e da morte (Ecl), mas também do fato que a sabedoria, por um lado, exprime a investigação humana sobre a realidade e, por outro, é dom de Deus (Eclo).

O autor do Livro da Sabedoria oferece aos seus leitores um ulterior aprofundamento: a sabedoria é, acima de tudo, o sinal da presença de Deus no interior da mente humana (uma concepção muito próxima da teologia cristã da graça).

Ela é descrita como uma "pessoa" distinta de Deus, mas intimamente ligada a ele, tão próxima que com ele forma uma realidade única (cf. cap. 9). Ela dispõe de um trono próprio ao lado de Deus. É de origem divina, possui a mesma perfeição de Deus, é imaterial como ele, domina tudo. É identificada com o espírito, participa da atividade divina de criação e conservação de todo o cosmo. É oferecida a cada pessoa que pretenda acolhê-la e viver com ela numa relação pessoal e amorosa. Ela deve ser invocada, recebida e acolhida num clima de oração.

O que foi a sabedoria no passado?

A terceira parte do livro (10,1–19,22) começa ilustrando a atividade salvífica da sabedoria de Deus na história humana, de Adão até a época do êxodo. Podemos imediatamente vê-la próxima do primeiro homem, mas é ela também que salva a humanidade do dilúvio, que indica o caminho rumo à vida aos patriarcas, que liberta o povo de Israel com sinais e prodígios no Egito (cap. 10). A sabedoria aparece evidente em todo o cosmo, por isso, pelas coisas criadas, é possível reconhecer a revelação do próprio Deus. Infelizmente, segundo o autor, ao monoteísmo primordial sobrepôs-se a idolatria, que distorceu a correta relação com Deus. Por isso ele polemiza com força contra a divinização da natureza, a divinização das imagens em geral, que não passam de ídolos fabricados pelo homem e, portanto, inferiores a ele. O Deus confessado pelo autor nos últimos capítulos (11,1–19,22) é o Deus da aliança, criador providente e salvador. O homem não é separável do universo criado por ele: a história da salvação começa com a criação do cosmo. É emblemático, nesse aspecto, o instrumento utilizado pelo Senhor para exercer o juízo dos egípcios e dos hebreus no Mar Vermelho (19,1-9): o mesmo elemento da natureza, o mar, é instrumento de morte para uns e de vida para outros. A natureza, portanto, é um instrumento dócil nas mãos de Deus em vista da salvação de seu povo: "A criação inteira, obediente a tuas ordens, de novo se remodelava em cada espécie de seres, para que teus filhos se conservassem ilesos" (19,6).

Qual será o fruto da sabedoria no futuro do homem?

A contribuição mais original do Livro da Sabedoria engloba o eterno problema da angústia de todo ser humano: que sentido tem a vida se ela acaba com a morte? Se após a morte não existe nenhuma esperança, que diferença existe entre o homem correto, que labuta em prol da justiça, e o homem egoísta que se serve dos outros só para construir-se a si mesmo? A dramaticidade dessa pergunta foi aprofundada pelas reflexões de Jó e do Eclesiastes. O horizonte terreno não pode oferecer uma verdadeira solução a tais questões. É a sabedoria divina que coloca na mão do homem a chave da porta da morte. Quem, em vida, buscou amá-la e obedecê-la, observando as leis, descobriu uma garantia de imortalidade, de vida eterna como comunhão pessoal com um Deus amante do homem: "O amor por ela é a observância de suas leis, e o respeito às leis é garantia de incorruptibilidade, e a incorruptibilidade nos aproxima de Deus" (6,18-19).

A incorruptibilidade (*aftharsía*) tem como sujeito primário a alma, entendida como eu individual e pessoal do homem. Para alguns estudiosos, porém, nosso autor não estaria entendendo somente uma genérica imortalidade da alma, mas aludindo também a uma verdadeira ressurreição dos corpos. A morte, ao contrário, seria uma ruína somente para o ímpio que não quis buscar e ouvir a sabedoria. A morte física, para ele, se torna antecipação da morte definitiva. Existe uma retribuição ultraterrena num juízo não somente individual, mas também universal e coletivo: "Se apresentarão tremendo na prestação de contas de seus pecados; suas iniquidades se erguerão contra eles para acusá-los" (4,20).

A Sabedoria como esposa a ser escolhida e amada

Os estudiosos[44] se perguntam o que estaria entendendo nosso autor ao introduzir o tema do amor pela sabedoria, que, como uma mulher, deve ser desejada, escolhida e amada pelo próprio marido como única companheira de sua vida (cf. Sb 8,2.9.16.18)? Estaria talvez querendo convidar seu leitor a não escolher senão a sabedoria, deixando intuir o valor do celibato? Seria curioso que um texto do Antigo Testamento relacionasse a Sabedoria com o celibato!

A referência remete à experiência de Salomão que, enfrentadas as etapas iniciais de sua vida (nascimento, juventude e tempo de formação: cf. Sb 7,1-21), agora está pronto para escolher a esposa. Não é o Salomão tão censurado pelo histórico deuteronomista, por Neemias e pelo Eclesiástico, em razão de seus múltiplos amores (cf. 1Rs 11,1-13; Ne 13,26; Eclo 47,19-20). É o Salomão jovem, não corrompido ainda, ou melhor, para nosso autor parece ser o Salomão ideal do futuro, como é apresentado pelo Livro das Crônicas (cf. 2Cr 1–9).

Já na primeira parte do livro se encontra uma afirmação surpreendente: feliz a estéril e o eunuco (3,13-14), mas desde que tementes a Deus. Não se trata de simples consolação, com a promessa de bens extraordinários. A estéril "terá seu fruto no dia da visita divina" (3,13) e o eunuco "receberá uma recompensa privilegiada por sua fidelidade, uma parte mais gratificante no Templo do Senhor" (3,14). Pergunta-se até se, no horizonte histórico em que trabalha nosso autor, seria possível pensar num celibato voluntário. Ele vive num ambiente judeu-helenístico, no qual Fílon é, dentre outros, significativo representante. Ora, este mundo conheceu uma tendência e inclusive um movimento (os Terapeutas, provavelmente um ramo do movimento essênio) favorável ao celibato, religiosamente valorizado. Nosso autor, portanto, é

---

44. Cf., p. ex., BEAUCHAMP, P. Épouser la Sagesse – ou n'épouser qu'elle? Une énigme du Livre de la Sagesse. In: *Pages exégétiques*. Paris: Cerf, 2005, p. 299-327 [Lectio divina, 202].

testemunha de uma tendência, embora não institucionalizada ainda. Além disso, sublinhe-se que na lista dos bens advindos da Sabedoria não se menciona a fecundidade. Ela doa tudo ("dela me vieram todos os bens"), exceto a fecundidade, tão estimada em Israel.

Outro texto que atraiu a atenção dos estudiosos é Sb 10,1: "Foi ela que protegeu aquele que foi moldado primeiro, o pai do mundo, o criado sozinho". O sentido de "sozinho" é considerado particularmente enigmático. Esses epítetos de "primeiro" e "sozinho" estão de acordo com a Sabedoria, por ter sido a primeira de todas as coisas (Pr 8,22-26) e por ter percorrido "sozinha" a abóbada celeste (Eclo 24,5). Tanto o homem quanto a mulher carregam em si a marca da unicidade. É o sinal da imagem de Deus neles. Tanto o homem quanto a mulher podem casar-se com a Sabedoria. Mesmo que os estudiosos não estejam em condições de reconstruir a imagem do primeiro casal na mente de nosso autor, eles pensam que se deve excluir a ideia de um Adão "sozinho" como princípio masculino isolado e preservado da mulher. Parece, ao contrário, que seu livro convide a desejar a solidão com a Sabedoria como testemunho da confidência de Deus e, ao mesmo tempo, se abstenha de identificar a castidade com a abstenção do matrimônio.

A esposa Sabedoria tão desejada, porque sinal de imortalidade (8,17), só pode ser solicitada na oração ao único que pode dá-la, o Senhor (8,21). O homem não pode apoderar-se dela.

A releitura midráxica do êxodo

O Livro da Sabedoria não se apresenta como um comentário à Escritura, mas como uma busca da sabedoria, do plano eterno de Deus, baseada na Escritura. A prolongada reflexão orante dos capítulos 10–19 sobre a história da humanidade, dos inícios ao assentamento na terra prometida, e sobre a idolatria dos povos inimigos, geralmente é definida pelos estudiosos como um "*midrash* judeu-helenístico". Trata-se de uma reflexão sobre a história bíblica com objetivo didático, semelhante ao *midrash* posterior, mas feita num clima de oração e de louvor diante de Deus, criador e guia da história humana.

Diferentemente do Eclesiástico, que usa um gênero literário semelhante em seu elogio aos antepassados (Eclo 44,1–50,24), em sua reflexão bíblica nosso autor não cita nomes nem de pessoas nem de povos, que se tornam assim figuras simbólicas, modelos de comportamento e guias da história humana.

Isso tem um significado teológico importante. O autor elimina qualquer possível barreira étnica em relação aos não judeus. Os judeus de seu tempo, porém, quando ouviam ou liam seu livro conseguiam reconhecer facilmente os personagens e os povos apresentados graças aos próprios conhecimentos da Bíblia. Essa abertura para com os povos do mundo é muito mais louvável por se manifestar num ambiente de diáspora, onde a minoria hebraica era com frequência objeto de rejeição. Segundo o autor, o critério que torna positivos tanto os diferentes personagens quanto os povos é o conhecimento, a fé, a fidelidade a Deus criador e salvador, excluindo qualquer tipo de ídolos.

Particularmente para o povo de Israel, recordar os eventos do êxodo significa alcançar uma fonte de esperança: justamente naquela circunstância, de fato, se manifestou com evidência a presença libertadora e amorosa de Deus. Essa mediação sobre a história salvífica tinha por função sustentar o caminho, às vezes difícil, das comunidades judaicas do tempo.

O Livro da Sabedoria como guia à inculturação da fé

O autor do Livro da Sabedoria vive no contexto alexandrino, frequentemente hostil à fé hebraica. Diante do mundo helenístico, de sua cultura e de sua religião, ele não escolhe a via do enfrentamento frontal, mas a do diálogo, sem renunciar minimamente as próprias raízes e sempre ligado às próprias tradições de fé. Ele responde às perguntas postas pela cultura e pela filosofia grega do tempo, expondo a genuína fé dos antepassados e assumindo a linguagem do ambiente pagão circunstante.

Bibliografia comentada

Comentários

O comentário mais acessível aos menos especializados:

CONTI, M. *Sapienza*. Roma: Paoline, 1974 [Nuovissima versione della Bibbia, 22].

Um pouco mais difíceis são os comentários:

PRIOTTO, M. "Sapienza". In: *La Bibbia Piemme*. Casale Monferrato: Piemme, 1995, p. 1.515-1.569.

SISTI, A. *Il libro della Sapienza*. Assis: Porziuncola, 1992.

Para um aprofundamento, são úteis:

SCHMITT, A. *Sapienza* – Traduzione e commento. Bréscia: Morcelliana, 2009 [orig. alemão: 1989].

VÍLCHEZ LÍNDEZ, J. *Sapienza*. Roma: Borla, 1990 [orig. espanhol: 1990].

Um trabalho essencialmente filosófico para um público conhecedor da língua grega é representado pelo comentário:

SCARPAT, G. *Sapienza*. 3 vols. Bréscia: Paideia, vol. 1: 1988; vol. 2: 1992; vol. 3: 1999 [Bibbia – Testi e studi, 1; 3; 6].

Textos de caráter divulgativo e espiritual

Uma primeira introdução ao Livro da Sabedoria pode ser encontrada numa coletânea de conferências:

RAVASI, G. *Libro della Sapienza*. Bolonha: EDB, 1988.

E também no volume:

BONORA, A. *Proverbi, Sapienza*. Bréscia: Queriniana, 1990 [Leggere oggi la Bibbia, 1.14].

Muito útil é a leitura oferecida em:

MAZZINGHI, L. *La Sapienza tra Antico e Nuovo Testamento*. Cinisello Balsamo: San Paolo, 1998.

De caráter mais espiritual:

NICCACCI, A. *Il libro della Sapienza – Introduzione e commento*. Pádua: Messaggero, 2007 [Dabar-Logos-Parola].

SCHENKER, A. *Il libro della sapienza*. Roma: Città Nuova, Roma 1995 [Guide spirituali all'Antico Testamento].

ZIENER, C. *Il libro della Sapienza*. Roma: Città Nuova, 1972 [Meditazioni Bibliche].

Uma boa introdução à leitura do livro pode ser encontrada num número da revista *Parole di vita* 48/5 (2003), completamente dedicado ao Livro da Sabedoria.

Outros textos úteis

Para um aprofundamento da estrutura e do gênero literário do livro, confira:

BIZZETI, P. *Il libro della Sapienza*: struttura e genere letterario. Bréscia: Paideia, 1984 [Supplementi alla Rivista biblica, 11].

São úteis a coletânea de alguns artigos:

GILBERT, M. *La Sapienza di Salomone*. 2 vols. Roma: ADP, Roma, 1994-1995.

E o verbete:

MAZZINGHI, L. "Libro della Sapienza". In: PENNA, R.; PEREGO, G. & RAVASI, G. (orgs.). *Temi teologici della Bibbia*. Cinisello Balsamo: San Paolo, 2010, p. 1.243-1.250.

O significado histórico e a importância teológica do livro da Sabedoria podem ser encontrados numa coletânea de estudos de especialistas de diferentes orientações hermenêuticas apresentado em um congresso da Faculdade Teológica da Sicília:

BELLIA, G. & PASSARO, A. (orgs.). *Il libro della Sapienza* – Tradizione, redazione, teologia. Roma: Città Nuova, 2004 [Studia biblica, 1].

A literatura sapiencial e a teologia

Nos estudos de teologia do Antigo Testamento do século XX, a atenção aos conteúdos da revelação divina ao povo privilegiou sem dúvida os Livros Proféticos e Históricos, sem sublinhar na literatura sapiencial os grandes temas salvíficos (a aliança, os mandamentos e os prodígios), tidos por prioritários em termos de fé.

Agora, nesta conclusão do percurso na literatura sapiencial israelita, é possível sintetizar algumas linhas essenciais relativas ao seu alcance teológico.

Observou-se que, em princípio, a sabedoria bíblica era expressa em poesia, cuja força era evocar o serviço da mensagem que os sábios queriam transmitir aos seus leitores. Em segundo lugar, viu-se que os sábios de Israel não viviam num ambiente fechado, mas sentiam a influência da cultura sapiencial dos povos vizinhos, especialmente a egípcia, a assírio-babilônica e a grega: com tais culturas eles dialogavam, embora sublinhando seus próprios traços característicos. Esse diálogo foi possível porque uma das peculiaridades da sabedoria bíblica é seu alcance universal. Mesmo quando em alguns textos sapienciais intervém o Senhor, Deus de Israel, ele age como único criador do universo e salvador do povo que o reconhece como Deus.

Enquanto nos outros livros do Antigo Testamento, na Torá e nos Profetas o auditório é o povo em sua totalidade, a palavra do sábio, ao contrário, se dirige ao indivíduo. Enquanto o profeta proclama seus anúncios com a autoridade de Deus, o sábio legitima seu conselho com sua experiência pessoal.

A sabedoria é humana ou divina?

Nos textos apresentados, deparamo-nos com várias formas de sabedoria: a sabedoria ensinada pelos mestres, a que acompanhou Deus no momento da criação, a que ele revela ao homem como temor do Senhor e distanciamento do mal e aquela que fala como uma senhora. Tratar-se-ia de dois tipos diferentes de sabedoria, a humana e a divina?

Alguns autores modernos sustentaram que nas origens a sabedoria bíblica era somente humana, inclusive profana; mais tarde, no período pós-exílico, foi acolhida no âmbito da fé de Israel. Os ditos antigos que não mencionavam Deus foram retocados com a inserção do nome de YHWH; às vezes novos ditos foram compostos para dar um sentido religioso aos textos; sobretudo, se introduz a fórmula típica da sabedoria religiosa tardia: "o princípio da sabedoria é o temor do Senhor".

Ultimamente, ao contrário, se sublinha o fato que a sabedoria bíblica se apresenta como algo de profundamente homogêneo: é sabedoria divina. A intenção fundamental dos sábios de Israel foi a de fazer teologia. Querer compreender os mistérios do mundo e do coração humano não é para eles um esforço profano. Nunca se faz uma experiência somente secular do mundo, como se este estivesse separado do Senhor que o controla e que nele se revela: o mundo inteiro é permeado pela presença de Deus, que é o responsável pela realidade com a qual os sábios entram em contato. Quando faz experiência do mundo, Israel faz experiência de Deus.

A sabedoria como busca da ordem

Os sábios, em sua busca, se propunham a descobrir a ordem existente da realidade. Uma vez descoberta a ordem dos acontecimentos, era possível adquirir a Sabedoria e estabelecer as leis para a conduta humana. Por detrás da ordem e das leis está o Deus criador, por isso as criaturas devem conformar-se com tal ordem. Confiando nessa ordem os sábios implicitamente professam sua fé no Deus que a criou, que a estabeleceu e que a mantém: a busca do sábio é um ato de fé.

Sabedoria e criação

Nos Livros Sapienciais a criação não é tanto vista como origem dos seres, mas principalmente como mundo da natureza animada e inanimada, vitrine da atividade divina. As criaturas formam um organismo vivo, que é a dona Sabedoria que se revela; por detrás dela é o próprio Deus que toma a iniciativa e se revela. As criaturas, portanto, estão em condições de falar ao homem e o homem é capaz de ouvir a sua voz porque também nele o Senhor derramou sua sabedoria. O Senhor, Deus de Israel, que se manifestou nos grandes acontecimentos da história de seu povo, se revela também por seu senhorio sobre a criação. Criação e história fazem conhecer, louvar e amar o único Senhor.

Deve-se, portanto, afirmar que a experiência sapiencial é uma experiência de fé. Os sábios acreditavam no Deus dos antepassados e no Senhor do êxodo, mas achavam-no encontrável também nos pequenos e grandes eventos da vida cotidiana. Um ouvido à escuta dessas palavras era considerado um culto tão agradável a Deus quanto a experiência litúrgica no Templo (cf. Sl 40,7).

Além de fazer a experiência da palavra profética (isto é, de uma revelação que vem do alto), graças à contribuição de seus sábios o povo de Israel pôde abrir-se para uma nova revelação "horizontal", que, pela observação da natureza, da história e da vida humana, busca descobrir a vontade de Deus.

Limites da Sabedoria

O sábio tem consciência de não ser o patrão do coração dos homens e da realidade que o circunda; ele reconhece os limites de seu conhecimento e de sua experiência. Desde os livros dos Provérbios aparece clara a ideia de que a vontade soberana de Deus não pode ser objeto de cálculo do homem: "O coração do homem elabora projeto, mas é o Senhor que fortalece seus passos" (Pr 16,9). Não existe necessariamente uma conexão entre a ação e a condição humana. A sabedoria é o projeto com o qual Deus criou. Alguns elementos desse plano divino podem ser descobertos pelo homem ouvindo a voz das criaturas; mas, no fundo, isso permanece inalcançável. Segundo Jó 28, também as criaturas mais fortes estão destituídas de um conhecimento pleno da sabedoria. Não se diz que é impossível conhecer a sabedoria, tampouco que ela não esteja presente no mundo. Trata-se de um problema de limite, de limitação do sábio, não da ordem do mundo.

Os sábios reagiram de dois modos à experiência de seu limite na investigação do sentido da vida e da criação. Às vezes reconheciam que o mestre deste mundo devia conhecer esse sentido e mantê-lo escondido do homem. A eles não restava senão colocar-se de joelhos diante de Deus infinitamente inteligente. Esta foi a atitude adotada por Jó (42,6), em seguida por Coélet (5,6) e pelo Eclesiástico (3,17-24; 39,12-35).

Outras vezes o mistério da atividade divina incitava os sábios à revolta. Este é o comportamento ainda de Jó diante do silêncio de Deus que tornava mais agudo o sofrimento aos seus olhos. Também Coélet se rebela diante da deformação do rosto de Deus oferecida pela teologia tradicional. No entanto, quer o sábio adote diante do mistério de Deus uma postura de adoração ou exprima sentimentos de contestação, a relação com o Senhor permanece sempre, para ele, fundamental.

Criação e história

A superação da crítica representada por Jó e por Coélet começou a se consolidar quando o Eclesiástico e o autor do Livro da Sabedoria compreenderam que até mesmo a revelação histórica feita a Israel era uma forma de sabedoria, como o afirma também Dt 4,6: "Esta será a vossa sabedoria e a vossa inteligência diante dos povos que, ao conhecerem todas essas leis, dirão 'Sábia e inteligente é, na verdade, esta grande nação'". A experiência espiritual feita pelo povo de Israel em sua história se tornava fonte de ensinamento para o sábio.

Essa aquisição pode ser constatada na releitura de toda a história da salvação feita em Eclo 44–49 e na releitura do êxodo proposta em Sb 10–19, segundo a qual a história do êxodo testemunha que Deus se serve das forças do cosmo para proteger o justo contra o ímpio: "Assim, a criação submissa a ti, seu criador, redobra suas energias para castigar os injustos e se abranda em benefício dos que confiam em ti" (16,24). No tempo de êxodo, a própria criação se renovou para que o povo do Senhor pudesse se formar. Segundo esses mestres da sabedoria, a teologia da criação justifica a teologia da história. Eles estão convencidos de que tudo o que Deus fez no passado, o fará ainda no futuro.

Vida moral e retribuição

Segundo a doutrina da sabedoria tradicional, Deus, sobre esta terra, favorece o justo, ao passo que o ímpio é desmascarado e punido. Os sábios estavam convencidos de que Deus retribuía aos homens de acordo com suas obras; e os sábios do Livro dos Provérbios acreditavam que a retribuição podia ser experimentada já nesta vida.

Essa opinião era partilhada inclusive pelos três amigos de Jó, que a ele acorreram para consolá-lo em sua tribulação. Jó, porém, se insurgiu contra a teoria tradicional da retribuição. Ele, que se sentia justo diante de Deus, viu sua própria vida passar de um sofrimento ao outro, ao passo que a dos malfeitores se alternava, ao menos aparentemente, entre sucessos e sucessos.

Coélet, por sua vez, não conseguia compreender como neste mundo seria possível esperar uma justa retribuição, dado que tudo parecia afirmar o contrário: a sabedoria tradicional corria o risco de testemunhar um rosto deformado de Deus. Ele, no entanto, continuava sendo fiel e não queria renunciar à sua fé. Toda a reflexão parecia exigir a revelação de um Deus diferente, que fosse o Deus da comunhão para sempre.

Com Ben Sirac a reflexão sapiencial encontrou tons pacatos. Ele, de fato, pôde declarar: "Quem teme o Senhor terá um final feliz e será abençoado no dia de sua morte" (Eclo 1,13). E diz mais: "Vós que temeis o Senhor, confiai nele e vossa recompensa não faltará" (2,8). Entretanto, nem sua resposta foi exaustiva, já que tudo acabaria na morte, tampouco o final feliz e tranquilizador oferecido por Deus aos sofrimentos de Jó (Jó 42,7-17) seria suficientemente convincente, já que não resolvia o problema.

Somente com o Livro da Sabedoria o enigma encontra solução. Seu autor contesta os sábios que o precederam, sobretudo por terem buscado o êxito do destino humano numa escatologia terrena. A solução por ele proposta já tinha sido prospectada em Dn 12,1-3 e em 2Mc 7. Ele aprofunda seu sentido. O Deus com o qual se encontra aquele que ama a sabedoria é o Deus vivo que vence a morte e restabelece seu reino nos justos; é o Deus do amor eterno. Todo ser humano enquanto imagem de Deus é incorruptível: "Ora, Deus criou o ser humano incorruptível e o tornou imagem de sua própria natureza" (Sb 2,23). E a via que leva à incorruptibilidade é a amorosa acolhida da Sabedoria: "E o amor para Ele é a observância de suas leis; o respeito às leis é garantia de incorruptibilidade e a incorruptibilidade nos aproxima de Deus" (Sb 6,18-19).

Aqueles que acolheram com amor a sabedoria e não receberam as bênçãos de Deus nesta vida, após a morte terão uma justa recompensa de Deus: "Este é aquele de quem outrora zombamos e a quem tivemos como alvo de ultrajes. Insensatos, consideramos sua vida uma loucura, e sua morte uma vergonha. Como é que ele foi contado entre os filhos de Deus e compartilha agora a sorte dos santos?" (Sb 5,4-5).

O sábio deduz esta convicção – de que o Senhor, vencedor da morte, associa o justo numa comunhão de amor eterna consigo – da história do êxodo, na qual, como já o vimos, o Criador transformou inclusiva a criação para salvar seu povo. Os acontecimentos do êxodo foram primícias daquilo que o Criador e Senhor sempre quis fazer com os seus justos. Ele é o Deus do amor que salva para sempre (cf. Sb 19,22). Somente graças a essa fé na retribuição após a morte os sábios de Israel encontram serenidade.

Quem é a sabedoria?

Todos os Livros Sapienciais do Antigo Testamento, exceto Coélet, contêm passagens importantes dedicadas à dama Sabedoria, com rosto de menina, irmã, jovem moça, noiva desejada, esposa acolhedora, hospitaleira dona de casa, mãe e mestra. Desses textos podemos evidenciar algumas características dessa sabedoria personificada.

Alguns autores pensam que simplesmente se trata da personificação literária de um atributo divino; outros, ao contrário, a consideram uma "hipóstase". Esse termo tem o sentido teológico muito específico, que supõe uma autonomia de Deus, sentido não presente nos textos. Por outro lado, a personificação literária, segundo outros, não parece reunir o sentido mais profundo das passagens em que a dama Sabedoria aparece.

A Sabedoria se apresenta tanto em semblantes humanos, com o rosto de uma mulher que vai ao encontro dos homens que falam sua língua quanto com um aspecto divino, enquanto difunde sua mensagem com a autoridade de Deus, embora permanecendo distinta. Não é uma divindade ao lado de YHWH, como a deusa egípcia *Maat* que acompanha o deus supremo necessitado de sua ajuda. A sabedoria é uma criatura de Deus, mas é primogênita de cada uma de suas obras e pré-existe à criação. As passagens principais na literatura sapiencial em que aparece a sabedoria personificada são Jó 28; Pr 1; 8; 9; Eclo 1,1-10; 24 e Sb 7–9.

Jó 28

Trata-se de uma composição poética na qual se exalta em forma entusiástica as últimas descobertas dos homens do tempo, que conseguiram extrair do subsolo todos os tipos de minerais preciosos. Não conseguiram, entretanto, descobrir a realidade mais preciosa de toda, a Sabedoria: "Mas a sabedoria, onde é que se encontra? Onde está o lugar da inteligência?" (v. 12). Somente Deus sabe onde ela mora: "Deus é quem sabe o caminho até ela, é ele que conhece sua morada" (v. 23). Ela é o segredo divino no mundo criado, que o homem não pode descobrir por si só não obstante sua extraordinária capacidade de dominar as forças da natureza. Somente Deus pode revelá-la ao homem, como se pode ver nos textos que seguem: "O temor do Senhor, isto é sabedoria" (v. 28).

Provérbios 1,20-33; 8; 9,1-6

Na introdução ao Livro dos Provérbios (cap. 1–9), é possível ler três discursos da dama Sabedoria (1,20-33; 8; 9,1-6), que têm em comum alguns aspectos particulares: são destinados a todos, comportam um apelo à escuta e à conversão, convidam para um banquete onde todos poderão nutrir-se da sabedoria, condensada nas sentenças do agrupamento presente em Pr 10–31. Quem é essa Dama Sabedoria que afirma ser originada de Deus antes de toda a criação, mas também implicada com os seres humanos causando-lhes alegria e prazer?

A sabedoria é divina, mas não é Deus, por ser uma de suas criaturas: é a revelação de Deus na e através da criação, é sua voz que ressoa através do mundo criado e se deixa sentir no nível da experiência humana.

Eclesiástico 1,1-10; 24

Em dois pontos estratégicos do Livro do Eclesiástico, em seu início e em seu centro, são colocados dois hinos que louvam a sabedoria e convidam a juntar-se a ela.

O hino de Eclo 1,1-10, como o poema de Jó 28, afirma o perfeito conhecimento da sabedoria da parte de Deus. Com Pr 8 essa passagem tem em comum a afirmação de que Deus criou a sabedoria. Não somente a criou, mas "a viu, a mediu e a derramou sobre todas as suas obras" (1,9). Deus criou segundo um projeto bem preciso e, portanto, fez tudo segundo uma ordem e uma medida exatas. Isso significa que a sabedoria escondida não é diferente da sabedoria que se manifesta no universo e que Deus concede a quem o ama.

À pergunta feita em Jó 28 (onde se encontra a sabedoria?) responde Ben Sirac em Eclo 24: ela pode ser encontrada em Israel, onde o Senhor pediu para se estabelecer, após ter saído de sua boca e ter reinado sobre todo o universo. E a partir do Templo, de onde fala, a Sabedoria se desenvolveu como uma árvore que estendeu seus ramos até cobrir toda a terra de Israel, produzindo frutos. Seu fruto mais saboroso é a Torá de Moisés (24,23), isto é, todo o patrimônio religioso e espiritual que Israel recebeu de Deus, não somente as leis ou o Pentateuco. Na Torá está contido tudo aquilo que é necessário para o homem ser sábio. Os discípulos da sabedoria são convidados a participar do banquete por ela preparado: responderemos?

Sabedoria 7–9

Os últimos textos que falam da sabedoria personificada se encontram no Livro da Sabedoria. Se, para Ben Sirac, a dama Sabedoria é a Torá, para o autor desse livro ela é o espírito: "Implorei e me veio o espírito da sabedoria" (7,7); "E teu projeto, quem poderia conhecê-lo, se não lhe desses sabedoria e se das alturas não enviasses teu santo Espírito?" (9,17). Trata-se de uma presença real do espírito divino em todas as criaturas, que leva à comunhão de vida com Deus. A sabedoria só pode ser recebida na oração.

Conclusão

Os sábios tentaram encontrar respostas à crise de confiança na justiça retributiva do mundo e o reconhecimento da vontade de Deus. Eles se deram conta de que a busca da sabedoria fracassa quando baseada somente no agir humano, em seu empenho pessoal, em sua habilidade e técnica. A solução está na abertura à transcendência, como o final do Livro de Jó o indica: "O temor do Senhor: eis a sabedoria" (v. 28). Outra resposta à crise do conhecimento é dada pelos sábios com a descrição da dama Sabedoria: a sabedoria é um atributo de Deus, uma qualidade que o acompanha desde sempre, mas ao mesmo tempo está disponível também para o homem que decide amá-la e acolhê-la em sua vida. Uma terceira resposta muito concreta se encontra em Eclo 24: Deus, em sua Torá, revelou ao seu povo o que é necessário para o homem ser sábio.

Os Livros Sapienciais e o Novo Testamento

No Novo Testamento não se encontra, em sentido estrito, nenhum livro sapiencial. No entanto, Jesus era hebreu e a Igreja nasceu do judaísmo e conviveu por determinado tempo com o judaísmo, no qual ainda estavam vivos a sabedoria popular e seus métodos de transmissão.

Formas sapienciais estão presentes na totalidade dos escritos neotestamentários: nos discursos de Jesus existem provérbios, parábolas, comparações de sabor popular, máximas. Também Paulo lembra aos Coríntios: "Um pouco de fermento leveda toda a massa" (1Cor 5,6); em seguida, Tiago desenvolve o tema, frequentemente debatido pelos sábios hebreus, sobre a necessidade de refrear a língua (Tg 3,1-12).

Quanto ao *conteúdo* da sabedoria, os Evangelhos parecem assumir a herança dos sábios do Antigo Testamento, sublinhando ao máximo a possibilidade de chegar até Deus no cotidiano. Jesus é relacionado com a sabedoria. As pessoas de seu vilarejo maravilham-se dele: "Foi para a sua terra e ensinava na sinagoga de maneira que, admiradas, as pessoas diziam: 'De onde lhe vêm esta sabedoria e esses milagres?'" (Mt 13,54). Ele, como os antigos profetas, vê o risco de uma sabedoria presunçosa de si: "Naquele tempo disse Jesus: 'Eu te louvo, Pai, Senhor do céu e da terra, porque escondeste estas coisas aos sábios e entendidos e as revelaste aos pequeninos'" (Mt 11,25). Jesus, embora com discrição, se identifica com o sábio por excelência, doador da verdadeira sabedoria: "No entanto, a sabedoria é reconhecida como justa por suas obras" (Mt 11,19).

Jesus é o novo Salomão (Mt 12,42), que ajuda a ler no Livro da natureza os sinais da presença amorosa de Deus: "Olhai os pássaros do céu: não semeiam, nem colhem, nem guardam em celeiros, mas o Pai celeste os alimenta. E vós não valeis muito mais do que eles? Quem de vós, com suas preocupações, pode aumentar a duração de sua vida de um momento sequer? E por que vos preocupais com as vestes? Observai como crescem os lírios do campo: não trabalham nem fiam. Mas eu vos digo que nem Salomão, com toda a sua glória, se vestiu como um deles" (Mt 6,26-29).

Nos relatos da paixão, Jesus é reconhecido como o homem verdadeiramente "justo" (Lc 23,47). Mt 27,43 ("Pôs confiança em Deus, que Deus o liberte agora, se é que o ama, pois Ele disse: 'sou filho de Deus'") mostra uma afinidade com Sb 2,12-20 ("Se gloria de ter Deus como pai. Vejamos se é verdade o que diz", v. 16b-17).

Paulo recolhe a herança de Jesus Cristo, contrapondo a falsa sabedoria à autêntica. A sabedoria do mundo é um conjunto de especulações lógicas e artifícios retóricos; a sabedoria de Deus é uma pessoa, o próprio Cristo Jesus crucificado: "Ensinamos uma sabedoria divina, misteriosa, escondida, predestinada por Deus antes dos séculos para nossa glória. Nenhum dos chefes deste mundo a conheceu, pois se a houvessem conhecido, nunca teriam crucificado o Senhor da glória" (1Cor 2,7-8). Para salvar o homem, Jesus, o verdadeiro sábio, adotou uma forma de amor na dimensão da cruz, que desconcerta os sábios deste mundo. Nas cartas de Paulo, o exemplo mais notável do contato de ideias com a literatura sapiencial é o do conhecimento de Deus por via natural (compare Sb 13–15 com Rm 1,18-31).

No contexto da herança teológica paulina, volta-se a falar de Jesus em conformidade com a sabedoria veterotestamentária. Dele, um hino declara: "Ele é imagem (*eikon*) do Deus invisível" (Cl 1,15), afirmação que parece ecoar Sb 7,25-27, onde a sabedoria é considerada imagem (*eikon*) da perfeição de Deus. Além disso, afirma-se que Jesus Cristo é o "primogênito de toda criatura" (Cl 1,15), isto é, a expressão plena daquilo que era atribuído à sabedoria em Pr 8,22-23: "O Senhor criou-me como início de sua ação, antes de suas obras mais remotas. Desde tempos imemoriais fui constituída, desde as origens, desde os primórdios da terra".

Também a Palavra (*ho logos*) do Evangelho de João parece recordar textos sapienciais. Em especial notou-se um paralelismo entre a expressão: "E o Verbo se fez carne e habitou (*skenóo*) entre nós" (1,14) e a afirmação de Ben Sirac: "Então o criador do universo me deu uma ordem, aquele que me criou fixou minha tenda e disse-me: 'Arma tua tenda em Jacó e tua herança esteja em Israel'" (Eclo 24,8).

Se a sabedoria no Antigo Testamento era uma via para conhecer a Deus, segundo Jo 1,18 o Filho unigênito é o único capaz de manifestar o Pai.

O Livro dos Salmos

Introdução

No judaísmo a vida religiosa, tanto comunitária quanto privada, foi marcada desde os primórdios pelos Salmos. O Novo Testamento é riquíssimo em citações tiradas do Saltério, e alguns de seus hinos, como o *Magnificat*, refletem a tradição dos louvores de Israel. O Saltério continua sendo o texto bíblico mais usado na liturgia cristã.

O fascínio dos Salmos reside no fato que, embora sendo orações e cânticos de um distante passado, são palavras nas quais o cristão se reconhece. Os Salmos são o típico exemplo de uma literatura que pode ser lida sempre de novo e continuar sendo motivo de ulteriores descobertas, de acordo com as situações existenciais de cada indivíduo. O intuíram e continuam intuindo-o poetas e músicos, que sempre se deixaram e se deixam inspirar pela linguagem e pelo ritmo dos Salmos.

A numeração e o nome

O Saltério é uma coletânea de 150 textos poéticos, um repertório de orações, de gênero e tempo diferentes.

Quem usa habitualmente o Saltério para celebrar a Liturgia das Horas lembra o número de alguns Salmos de cor: o Sl 22 é "O Senhor é meu pastor", o Sl 50 é o *Miserere*. Se, entretanto, abrir qualquer edição moderna da Escritura (p. ex., a Bíblia de Jerusalém), logo se dá conta de que o Sl 22 se tornou o Sl 23; que o *Miserere* não é mais o Sl 50, mas o Sl 51. Por quê?

A existência de uma divisão do texto bíblico em versículos – não somente para os Salmos – é documentada pela *Mishnáh* e pelo Talmude Babilônico. No códice hebraico de Aleppo (primeira metade do século X d.C.), os Salmos são escritos em duas colunas; mas não existe número ou letra entre um Salmo e outro: costumava-se designar os vários Salmos não com o número, mas com a citação de suas primeiras palavras.

A numeração dos versículos no Saltério hebraico foi inserida somente a partir da Grande Bíblia Rabínica de Bomberg, publicada em Veneza em 1547-1548, na qual números hebraicos (isto é, letras) são colocados a cada cinco versículos.

É o Saltério hebraico, publicado por Froben em 1563, a primeira seção da Bíblia Hebraica que se apresenta com algarismos arábicos à margem de cada versículo. A diversidade de numeração dos Salmos depende do fato que a liturgia latina segue a numeração introduzida na Vulgata, provavelmente por Stefano Langton, no século XIII. Esta, a partir do Sl 9 se afasta da hebraica, porque no Saltério hebraico o Sl 9 é dividido em dois (Sl 9 e Sl 10). Daí porque quase até o fim do Saltério a enumeração dos Salmos rezados na Liturgia das Horas (e que reflete a Vulgata) é de um número inferior ao da Bíblia Hebraica. A partir do Sl 148 os números dos Salmos voltam a coincidir e o número total dos Salmos permanece 150 tanto no texto hebraico quanto na versão grega (LXX) e latina (Vulgata).

Eis as diferentes numerações:

Texto hebraico	Vulgata (LXX)
1-8	1-8
9-10	9
11-113	10-112
114-115	113
116,1-9	114
116,10-19	115
117-146	116-145
117,1-11	146
147,12-20	147
148-150	148-150

As Bíblias modernas, traduzidas dos textos originais, seguem a numeração do hebraico, mas geralmente colocam entre parênteses também a numeração da Vulgata, que por sua vez segue a numeração dos LXX.

O termo hebraico para o Salmo é *mizmór*, que designa um recital cantarolado com o acompanhamento de um instrumento de corda. Ele foi traduzido na LXX por *psalmós*; termo usado também no Novo Testamento (cf. Lc 20,42; 24,44; At 1,20) e colocado expressamente como título do livro dos 150 Salmos no Códice Vaticano do século IV de nossa era. O "Saltério" é uma transliteração do termo *psaltérion*, com o qual a LXX traduz o hebraico *nébel*, "harpa"; este se encontra como título do livro no códice Alexandrino do século V d.C. Na tradição hebraica o Livro dos Salmos é chamado *séper t^{e}hillím*, plural irregular de *t^{e}hilláh* ("louvor"): o Saltério como totalidade é um louvor a mais vozes ao Senhor.

O texto dos Salmos e versões antigas

Os mais antigos códices do texto hebraico (TM) que possuímos remontam ao século X d.C. (códice de Aleppo por volta de 950; códice de Leningrado por volta de 1008). Até o século XIX se pensava que a frequente transcrição dos Salmos, a linguagem poética geralmente arcaica, as leis da métrica hebraica e os retoques de atualização tivessem causado várias corrupções do texto. Hoje, após a descoberta dos manuscritos de Qumran, em particular o rolo 11QPs^a que contém 41 Salmos em 28 colunas, usa-se de maior cautela ao propor correções ao TM.

A mais importante das versões antigas é a grega (LXX), editada provavelmente por volta do ano 100 a.C. Supõe-se que ela esteja baseada num texto hebraico levemente diferente do TM. A grande maioria das citações dos Salmos no Novo Testamento (85%) procede da LXX. Uma antiquíssima versão, que depende em parte da LXX, é a siríaca *Peshitta* (ou seja, "comum" ou "simples"), do século I-II d.C. A partir dos testemunhos de Jerônimo sabemos que existiram pelo menos três versões gregas: as de Áquila (antes da primeira metade do séc. II d.C.), de Teodócio (profunda revisão da LXX, segunda metade do séc. II d.C.) e de Símaco o Ebionita (tradução muito livre, por volta do ano 200 d.C.).

Muito importantes são também as versões latinas, porque exerceram uma influência notável na literatura eclesiástica e na liturgia. Quase todas se baseiam na LXX. À revisão editorial de Jerônimo é atribuído o *PSalmorum Romanum*, que parece ser simplesmente a tradução *Vetus Latina* dos Salmos. Após a reforma dos livros litúrgicos e do Breviário Romano sob Pio V (1566-1572) esse Saltério permaneceu em uso somente na Basílica de

São Pedro e em Milão, no rito ambrosiano. Em 386, em Belém, Jerônimo preparou o *Psalterium Gallicanum*, que se tornou o Saltério da Vulgata e, portanto, da cristandade latina. Era uma revisão da *Vetus Latina* à luz do *Héxapla* de Orígenes, mas conservava todas as fraquezas da LXX. Jerônimo fez também uma tradução diretamente do hebraico, o *Psalterium juxta hebraeos* (da qual uma comissão beneditina preparou uma edição crítica em 1954), que nunca foi acolhida no uso eclesiástico, embora sendo de excelente qualidade e esmerada tradução. Em 1945, por ordem de Pio XII, foi publicada uma nova tradução do hebraico, sobriamente crítica, por obra do Pontifício Instituto Bíblico de Roma, o assim chamado *Psalterium Pianum*. Era caracterizado por um radical abandono do vocabulário do latim eclesiástico em favor do latim clássico. Em 1969, segundo as diretivas do Vaticano II, saiu o *Líber PSalmorum,* aos cuidados da Pontifícia Comissão para a Neo-Vulgata. Este foi inserido com leves retoques na *Nova Vulgata* em 1979. Ele restaura o latim eclesiástico e corrige o *Psalterium Gallicanum* somente quando exigido pelo texto hebraico, caso contrário, quase tudo permanece igual.

Dentre essas versões, o Saltério da Vulgata teve uma grande importância, porque usada pela tradição da Igreja na liturgia. O Concílio de Trento reconheceu "autêntico" o valor do texto, do ponto de vista jurídico.

Sobrescritos ou cabeçalhos dos Salmos

A tradição hebraica pré-cristã acrescentou a um bom número de Salmos um sobrescrito ou cabeçalho que, não obstante sua antiguidade indiscutível, dada sua presença na LXX, não pertence ao texto inspirado, e muitas vezes não corresponde ao sentido do Salmo. Para distinguir tais cabeçalhos do texto do Salmo as traduções modernas os escrevem em itálico.

No Saltério hebraico 48 Salmos são anônimos, 74 são atribuídos a Davi, 12 a Asaf, 11 aos filhos de Coré, 2 a Salomão, 1 a Moisés, 3 a Emã e 1 a Etã. Na versão dos LXX e nas outras versões antigas os "autores" são bem mais numerosos. Para a tradição judaica, Davi era o autor de todo o Saltério, Moisés do Pentateuco e Salomão da literatura sapiencial. A tradição cristã geralmente aceitou tal opinião até a época moderna, mesmo que vozes discordantes não tenham faltado (Orígenes, Atanásio, Eusébio de Cesareia, Hilário de Poitiers, Jerônimo, Isidoro de Sevilha). O Concílio de Trento não se pronunciou a respeito e preferiu usar a fórmula abrangente *Psalterium Davidicum.*

Os cabeçalhos se inscrevem em três tipos diferentes: a) termos técnicos musicais e instruções para a execução; b) nomes pessoais aos quais é associado o Salmo; c) cabeçalhos históricos. O Sl 3,1 comporta os três elementos: a) Salmo b) de Davi c) em sua fuga diante do próprio filho Absalão.

Dentre os termos técnicos encontramos o genérico *shir*, "cântico", geralmente acompanhado pela música, e os mais específicos *mizmór* "Salmo", *tᵉhilláh* "hino de louvor", *tᵉpilláh* "oração". Entretanto, não conhecemos bem o significado de outros termos como *miktám, maskíl, shiggayón*. Por 55 vezes as ilustrações musicais começam com uma nota geral "ao regente do coro": essa frase deve referir-se ao maestro. Algumas anotações musicais indicam o tipo de acompanhamento: "para instrumentos de corda" (4,1) e "para instrumentos de sopro" (5,1).

Em 13 casos a fórmula é desenvolvida com notícias biográficas sobre Davi emprestadas da obra histórica deuteronomista, que testemunham uma reinterpretação *midráxica*.

Dimensão retórica e poética dos Salmos

Os Salmos são poesias e cânticos[45] narrados ou cantados em forma poética que falam da experiência de vida com Deus. Os Salmos são um condensado poético da vida cotidiana da comunidade com suas nostalgias e anseios, suas dúvidas e esperanças, suas alegrias e sofrimentos, mas também narram sua força na luta pela justiça e na oposição à mentira e à violência.

Eles comportam as características de qualquer poesia: um *conteúdo* particular, uma *forma* particular, um *efeito* particular. O conteúdo é marcado pela beleza e é transmitido numa *forma*: verso, ritmo, estrofe, procedimentos sonoros, imagens, símbolos e outras características estilísticas. É impossível interessar se pelo Salmo negligenciando sua dimensão estética, já que significado e beleza são estritamente interdependentes.

1) Paralelismo

O "paralelismo" é a repetição ou o desenvolvimento de uma intuição poética em mais partes, colocadas em paralelo. A argumentação do primeiro

---

45. Cf. MONLOUBOU, L. *L'imaginaire des psalmistes*: psaumes et symboles. Paris: Cerf, 1980 [Lectio divina, 101]. • ALETTI, J.N. & TRUBLET, J. *Approche poétique et théologique des Psaumes*: analyses et méthodes. Paris: Cerf, 1983. • ALONSO SCHÖKEL, L. *Manuale di poetica ebraica*. Bréscia: Queriniana, 1989 [Biblioteca biblica, 1]. • BROWN, W.P. *Seeing the Psalms*: A Theology of Metaphor. Londres/Louisville: Westminster John Knox, 2002.

hemistíquio de um verso é também a argumentação do segundo hemistíquio, embora dito em outras palavras. O verbo de um hemistíquio às vezes é semelhante, oposto, e até mesmo diferente do verbo do outro hemistíquio: o pensamento pode ser repetido, contrastado ou prolongado.

Distingue-se, pois, um *paralelismo sinonímico*, se ambos os hemistíquios são expressos por verbos semelhantes (cf. Sl 51,9: "Purificai-me com ramos de hissopo e ficarei limpo; lavai-me e ficarei mais branco do que a neve"); *paralelismo antitético*, se no segundo hemistíquio se diz o contrário (cf. Sl 119,128: "Por isso considero totalmente retos todos os teus preceitos e detesto todos os caminhos da mentira"); *paralelismo sintético* ou progressivo, se a ideia expressa no primeiro hemistíquio é desenvolvida no segundo hemistíquio (cf. Sl 3,5: "Em alta voz clamo ao Senhor, e Ele me responde do seu monte santo"). Em geral, porém, nem sempre o paralelismo é tão evidente, visto que o poeta adora as variações.

Também se distingue o paralelismo interno e o externo: *paralelismo interno*, entre hemistíquios de um mesmo verso (cf. os exemplos precedentes), *paralelismo externo*, entre versos sucessivos, isto é, "fora" do verso. Também o paralelismo externo pode ser sinonímico (cf. Sl 19,9: "Os preceitos do Senhor são retos,/alegram o coração;//O mandamento do Senhor é límpido,/ilumina os olhos"); antitético (cf. Sl 16,10-11: "Porque não abandonarás minha vida na morada dos mortos,/nem deixarás teu fiel ver o fosso.//Tu me mostras o caminho da vida,/a plenitude de alegria em tua presença"); sintético (cf. Sl 67,2-3: "Deus tenha piedade de nós e nos abençoe,/faça brilhar a sua face entre nós;//para que se conheça na terra o teu caminho,/e em todas as nações a tua salvação").

A estrutura do paralelismo confere aos Salmos um movimento retórico fundamental, que se assemelha ao ritmo calmo do respiro humano. Os Salmos são "respiros falantes", diante de Deus e em comunhão com os outros.

2) Outros procedimentos estilísticos

Um fenômeno frequente é a *repetição*, que tende a atrair a atenção. Uma de suas formas é a *inclusão*: um termo, um hemistíquio, ou um verso, colocados no início de um texto são repetidos no final da unidade. A presença da inclusão nos hinos e nos Salmos de ação de graças faz intuir que a tarefa de agradecer e de bendizer ao Senhor nunca acaba, já que se trata da palavra inicial e final. Além disso, a repetição oferece ao leitor indícios sobre como colocar juntas as coisas, delimitar seções ou unidades de pensamento no movimento do Salmo. Uma repetição particular é o *refrão*: um verso intercalado que se repete a intervalos regulares (cf. Sl 426.12; 43,5).

O *quiasma* é uma figura retórica pela qual duas expressões se referem a duas outras seguintes, mas em ordem inversa (cf. Sl 19,2: "Os céus [a] narram [b] a glória de Deus [c]/e a obra de suas mãos [c'] anuncia [b'] o firmamento [a']").

A *expressão polar* é um modo de exprimir a totalidade mediante a menção dos dois polos extremos ("céu e terra"), ao passo que no *merismo* a totalidade é expressa mencionando os polos extremos da mesma categoria (cf. Sl 8,8: "as ovelhas e todos os bois/e até os animais selvagens").

Geralmente no Saltério não existe a rima; mas, ao contrário, os procedimentos sonoros são frequentes. A *aliteração* é a consonância fônica no início de palavras ou de sílabas (cf. Sl 122,6: *sha'alú shelóm yeruschaláim*, "Rogai pela paz de Jerusalém"). A *assonância* é uma correspondência de sons entre vogais acentuadas (cf. Sl 1,3b: *piryó... be'ittó... lo' yibból*, "seu fruto... a seu tempo... não aparece"). A *onomatopeia* aparece quando uma palavra imita o som daquilo que descreve (cf. Sl 140,4a, onde o salmista imita a sibilação da serpente: *shananú leshonám kemó nachásh* "Aguçam a língua como serpentes").

3) Ritmo

O ritmo é a sucessão de uma série de acentos com regularidade periódica. Hoje se considera que o ritmo da poesia hebraica se baseia num determinado número de acentos de uma unidade rítmica fechada pelo sinal da pausa longa ou curta: geralmente se indica com cifras o número dos acentos e com o sinal + a pausa curta. Pode haver um verso com dois hemistíquios com três acentos cada um (3 + 3); ou um verso com três hemistíquios de dois acentos cada um (2 + 2 + 2). Digno de nota é o verso chamado *qináh* (lamento) usado principalmente nas lamentações e constituído pelo esquema 3 + 2. O esquema mais usado é 3 + 3.

4) Imagens

A linguagem das imagens é indeterminada, evocativa. Ela não serve para revestir ideias, mas se vale de sinais que exprimem simbolicamente a realidade da qual se quer falar ou descrever. O repertório imaginativo dos poetas hebreus é diferente do nosso, já que ligado a experiências típicas do Oriente Médio antigo.

Nele podemos reconhecer a *similaridade* (do latim *similitudo*), figura retórica que consiste em colocar em relação duas realidades, numa das quais é possível individuar propriedades semelhantes às da outra. Uma ou mais partezinhas (cf. "como") funciona como interligação. Uma similaridade completa é composta de quatro partes: objeto da comparação, elemento usado em sentido metafórico, sinal da comparação, base da comparação, isto é, o traço semântico que é compartilhado pelo objeto e pelo elemento (cf. Sl 1,3: "Ele [objeto] é como [sinal] árvore [elemento] plantada à beira da água [base]").

A *metáfora* (do grego *metaféro*, "eu transporto") é uma similaridade que omite a conexão (o sinal, "como"). Ela implica uma transferência de significado com a substituição de um termo por outro, criando, assim, imagens de forte função expressiva. E sua base está a semelhança. A metáfora pode ser completa ou abreviada, quando a base é subentendida (cf. Sl 119,105a: "Lâmpada para os meus passos [elemento] é a tua palavra [objeto]": a base [luz] é subentendida). Em alguns casos, a fim de esclarecer o conteúdo de uma metáfora, alguma tradução moderna a transforma numa similaridade. Assim, a expressão "lâmpada para os meus passos é a tua palavra" poderia tornar-se: "Como (sinal) lâmpada (elemento) que resplandece (base subentendida) em meus passos é a tua palavra (objeto), ó Senhor". A poesia hebraica é pobre em metáfora nova e surpreendente; ela prefere dilatá-la empregando-a como similaridade.

A *alegoria* é uma figura retórica que sob um objeto esconde outro, fazendo uma correspondência de membro com membro. É um discurso que esconde um significado diferente de seu significado literal. A alegoria permite transformar noções abstratas em imagens geralmente sugestivas. Um exemplo poderia ser encontrado no Sl 129,1-3, onde se identifica a história do indivíduo com a de toda a comunidade em peregrinação para Sião, convidada a confessar a ação do Senhor. A vida do orante se torna alegoria da história de Israel: "Muito me perseguiram desde a minha infância – Israel que o diga –,/muito me perseguiram desde a minha juventude, mas não prevaleceram contra mim!/Sobre minhas costas lavraram lavradores, longos sulcos abriram".

O *símbolo* (do latim *symbolum*, termo que por sua vez deriva do grego *symballo*, "juntar") designava originariamente as duas metades de um objeto que, quebrado, podia ser recomposto aproximando-as: cada metade se tornava assim elemento de reconhecimento. Hoje o *símbolo* é entendido como sinal no qual a relação entre significante e significado é quase natural: é um "estar no lugar de". A poesia bíblica é um tesouro de símbolos religiosos, simples ou maravilhosos. Distingue-se o símbolo *arquetípico*, que tem suas raízes na condição humana, espiritual e física do homem (luz, escuridão, água, fogo, casa, estrada, montanha, a posição do corpo em pé, sentado ou andando); o símbolo *cultural,* próprio de uma ou mais culturas (um objeto ou um animal é símbolo de alguma coisa quando representa essa coisa segundo as tradições de sua cultura: a cruz é o símbolo do cristianismo, a meia-lua é o símbolo do islã, a balança é o símbolo da justiça, o rebanho de ovelhas é o símbolo do povo que segue o pastor divino no judaísmo); o símbolo *histórico*, que procede de um fato histórico, que por sua vez assume um valor simbólico para o povo (libertação do Egito, Mar Vermelho).

Os principais gêneros literários do Saltério

O primeiro a aplicar a análise dos gêneros literários ao Saltério foi H. Gunkel[46] (1862-1932). De acordo com esse estudioso, textos diversos pertencem ao mesmo "gênero literário" se concordam com três elementos distintivos: na forma de linguagem comum (estrutura); no conteúdo, tesouro comum de pensamentos e temas; no ambiente, pertença a um determinado contexto de origem (*Sitz im Leben*). O reconhecimento de diversos gêneros literários presentes no Saltério se tornou central em cada comentário ao livro a partir de S. Mowinckel[47] (1884-1965). Este foi também o tempo cuja tendência era multiplicar o número dos gêneros literários do Saltério na tentativa de dar razão a cada Salmo e a cada uma de suas partes.

Muito se discutiu se a maioria dos Salmos realmente nasceu do culto e nele foi usada (cf. S. Mowinckel, E.S. Gerstenberger[48]), ou se nos Salmos existem fórmulas e linguagem de gêneros literários originários de ambientes

---

46. GUNKEL, H. *Einleitung in die Psalmen* – Die Gattungen der religiösen Lyrik Israels. Göttingen: Vandenhoeck & Ruprecht, 1933 [4. ed.: 1985].

47. MOWINCKEL, S. *Psalmenstudien.* 4 vols. Oslo: Kristiana, 1921-1924. • MOWINCKEL, S. *The Psalms in Israel's Worship.* Grand Rapids: Eerdmans, 2004 [trad. rev. por *Offersang og Sangoffer*, Oslo, 1951].

48. GERSTENBERGER, E.S. *Psalms* – Part I with in Introduction to Cultic Poetry. Grand Rapids: Eerdmans, 1988 [The Forms of the Old Testament Literature, 14].

cúlticos, que em seguida deixaram de ser usados na liturgia (cf. H. Gunkel, F.-L. Hoofeld – E. Zenger[49]). Uma posição intermediária é defendida por K. Seybold[50]: o tronco originário dos Salmos, que pode ser reconstruído criticamente, foi composto em ambientes cultuais; os Salmos, em seguida, mediante acréscimos e, sobretudo, em razão de sua passagem por coletâneas parciais, se desligaram do culto.

O estudo dos gêneros literários levou a concluir que a composição dos Salmos não esteve ligada a um contexto ou a um acontecimento histórico particular, como se pensava na segunda metade do século XIX: B. Duhm[51], por exemplo, tinha tentado estabelecer o ambiente de origem dos Salmos reconstruindo acontecimentos históricos específicos (frequentemente o período dos Macabeus), períodos que, de várias maneiras, seriam evocados em cada Salmo.

Nos Salmos encontramos um condensado de vida que continua manifestando vida. As diferentes formas literárias em que esse condensado aparece podem ser reduzidas a duas modalidades antitéticas de percepção. Na primeira modalidade existe o "sim" agradecido e alegre pelo dom maravilhoso da vida e pela presença de Deus experimentada nesse dom. As formas literárias desse "sim" se encontram no *hino* e no *Salmo de ação de graças*. Frequentemente, porém, a vida conhece obstáculos e desventuras de vários tipos: é um "não" à vida que sobe até alcançar o umbral da eternidade para chegar até Deus, a fim de que intervenha e restabeleça a alegria e a paz. Esse "não" encontra sua forma literária na *súplica*. Como "Livro das Laudes", o Saltério faz a oração chegar até Deus tanto no tempo em que se experimenta sua presença quanto sua ausência.

1) Súplicas

As súplicas refletem experiências de ausência de Deus. Elas consideram experiências da vida humana: sofrimento, desilusão, castigo, angústia e falta de esperança. Trata-se de um gênero literário muito frequente no saltério: 40% dos Salmos representam súplicas.

---

49. HOSSFELD, F.-L. & ZENGER, E. *Psalmen 51-100*. Friburgo/Basileia/Viena: Herder, 2000. • HOSSFELD, F.-L. & ZENGER, E. *Psalmen 101-150*. Friburgo/Basileia/Viena: Herder, 2008.

50. SEYBOLD, K. *Die Psalmen*. Tübingen: Mohr, 1996 [Handbuch zum Alten Testament, I/15].

51. DUHM, B. *Die Psalmen*. Freiburg i.B./Leipzig/Tübingen: Mohr, 1899 [Kurzer Hand--Commentar zum Alten Testament, 14].

As súplicas têm uma *estrutura típica* (cf. Sl 13). Começam com uma *invocação*, que dirige a oração a Deus (13,2a: "Até quando, Senhor"). Segue o *lamento*: uma seção na qual é descrita a situação do orante, que se lamenta com Deus por motivos diversos (13,2b-3: "Até quando me ocultarás tua face? Até quando alimentarei preocupações na alma, pesar no coração, dia após dia? Até quando prevalecerá o inimigo sobre mim?"). Na *petição* sucessiva ao lamento o orante pede que Deus se faça novamente presente em sua vida (13,4: "Olha para cá e responde-me, Senhor meu Deus! Ilumina meus olhos, livra-me do sono da morte"). Vários Salmos incluem *motivações* ou razões para Deus ajudar (13,5: "para que meu inimigo não diga: 'eu o venci', e para que meus adversários não exultem com minha queda"). A *conclusão* geralmente é surpreendentemente positiva. Pode incluir uma expressão de confiança em Deus ou uma promessa, um voto de oferecer louvores ao Deus que liberta (13,6: "Quanto a mim, confio em tua bondade: meu coração exulte com tua salvação. Vou cantar ao Senhor pelo bem que me fez"). Às vezes o Salmo se conclui com o louvor. Como exemplo de súplica, além do Sl 13, confira os Sl 6; 12; 26; 64.

Quanto ao contexto de origem do gênero literário, a súplica surge a partir de uma crise provocada por um sofrimento material, mental e espiritual. A linguagem desses Salmos remete a liturgias diante do sacerdote (Lv 13–14; Nm 5,1-31; Dt 17,8-13), que incluem sacrifícios e, talvez, orações. Essas liturgias, provavelmente, variam segundo os lugares e as épocas históricas; após o exílio elas se desenvolveram também, muito provavelmente, no ambiente familiar ou de pequenos grupos. Seu objetivo parece ter sido a reabilitação do indivíduo como membro do grupo ou da família e, por isso, visavam também a restauração da harmonia no clã.

Às vezes as súplicas são orações oferecidas por um doente (Sl 6,3.6.8.); ou orações de um indivíduo falsamente acusado (Sl 7,4-6) ou confissões de inocência (Sl 17; 26); outras vezes a confissão da própria culpa (Sl 51,5); e até mesmo a invocação de asilo no Templo (Sl 61,4-5); outras vezes o motivo concreto da lamentação não é identificável (Sl 55).

Os atores nesses Salmos são três: Deus, o orante e o inimigo. É muito difícil identificar quem são concretamente esses inimigos, já que apresentados de forma muito genérica. São numerosos, cruéis, impiedosos, mortais, inescrupulosos, acusam falsamente, se riem do doente (cuja condição é considerada castigo de Deus). Às vezes pertencem à classe alta, são israelitas coniventes com a nação estrangeira no poder, se enriqueceram a expensas de seus irmãos, são influentes e poderosos. Por um lado podem ser os inimigos do salmista, por outro podem ser os representantes do campo adversário. Contra eles o orante não tem nenhuma arma, a não ser a oração elevada ao Senhor.

As súplicas, no entanto, são orações que têm um efeito milagroso, visível em suas conclusões positivas, cheias de esperança para o futuro. As explicações dadas pelos estudiosos a esse dado surpreendente são de três tipos. A conclusão poderia ser um acréscimo feito posteriormente; ou o texto inteiro teria sido posteriormente usado como uma espécie de agradecimento a Deus pela libertação da crise; ou, ainda, mais comumente, se pensa que o motivo da mudança repentina da crise à alegria tratar-se-ia de oráculo de salvação recebido pelo orante entre o momento da lamentação e o do louvor (J. Begrich[52]). Nesse contexto é citada a resposta do sacerdote Eli à lamentação de Ana, mãe de Samuel: "Vá em paz e o Deus de Israel te concede o que lhe tens pedido" (1Sm 1,17). O cântico que continua em 1Sm 2,1-10 é a consequência dessa palavra realizada. Pergunta-se, porém, por qual razão nos Salmos não se cita oráculos, na eventualidade de realmente terem sido proferidos (E. Podechard[53])?

Por isso outros estudiosos consideram que a mudança de tom derive de uma experiência de fé no Senhor proveniente da escuta de sua Palavra, na qual se faz memória das antigas libertações por ele realizadas (A. Weiser[54]). A Palavra ouvida também podia ser a do Saltério, considerado nos últimos dois séculos antes de Cristo a "pequena Torá dos pobres". Como os três jovens em Dn 3 podiam louvar a Deus no meio das chamas na presença do anjo do Senhor, assim também a meditação e a recitação do Salmo de súplica podiam restabelecer a relação do orante com Deus: isto é suficiente para colocar na boca do orante o louvor, antes mesmo que a situação de sofrimento mude.

C. Westermann[55] se deu conta de que o movimento que vai da angústia à alegria presente nas súplicas também está presente em toda a organização

---

52. GUNKEL, C.H. & BEGRICH, J. *Einleitung in die Psalmen* – Die Gattungen der religiösen Lyrik Israels. Göttingen: Vandenhoeck & Ruprecht, 1933.

53. PODECHARD, E. *Le Psautier*: Traduction littérale et explication historique. Vol. I: Paumes 1-75. Lyon: Facultés Catholiques, 1949.

54. WEISER, A. *I Salmi*. 2 vols. 7. ed. Bréscia: Paideia, 1984 [orig. alemão: 1966].

55. WESTERMANN, C. *Salmi* – Generi ed esegesi. Casale Monferrato: Piemme, 1990 [orig. alemão: 1984].

do Saltério, e que nele se percebe claramente uma passagem da lamentação ao louvor, da morta à vida. As súplicas são predominantes na primeira parte (Sl 1–89), os hinos e os Salmos de agradecimento na segunda parte (Sl 90-150).

Os adeptos das súplicas usam uma *linguagem* muito persuasiva, rica de expressões vividas, que justificam o motivo pelo qual o Senhor deve intervir: percebe-se a confiança de quem está rezando, que o nome de Deus se repete em pontos estratégicos (cf. Sl 13), que frequentemente os termos que tradicionalmente descrevem a fé de Israel são repetidos (bondade e amor indefectível, fidelidade, direito, justiça, juramento).

2) Os Salmos de louvor

No Saltério o "sim" à vida aparece com frequência nos Salmos de louvor, nos quais se reflete a alegria pela presença de Deus. C. Westermann identifica dois tipos de louvores a Deus: o louvor descritivo e o louvor narrativo. Os Salmos de louvor descritivo o mais frequentemente são catalogados como "hinos". Os Salmos de louvor narrativo, que associam a lamentação ao louvor, são classificados como "ação de graças".

a) Salmos de ação de graças

Nestes Salmos a comunidade testemunha ou narra que um acontecimento concreto de libertação ocorreu, por obra de Deus e em favor do orante. Não se trata apenas de um agradecimento, mas principalmente de uma confissão (*todáh*) de fé em Deus salvador.

A *estrutura* do Salmo (cf., por exemplo, Sl 30) é formada por uma introdução na qual se proclama a intenção de dar graças e de louvar ao Senhor (30,2: "Eu te exalto, Senhor, porque me salvaste"), da introdução se passa ao relato da história da crise (30,8b: "quando ocultaste tua face, eu fiquei perturbado"), da crise ao pedido de ajuda (30,9: "A ti, Senhor, clamei, implorei ao meu Senhor"), da ajuda à libertação (30,12a: "Converteste meu luto em dança"), de forma que também a comunidade possa experimentar o poder desse testemunho. A conclusão é um renovado voto de louvor ou de testemunho (30,13: "por isso minha alma canta teus louvores e não fica calada; Senhor meu Deus, eu te darei graças para sempre"). São textos cheios de esperança no futuro. Não somente se agradece pela libertação realizada;

mas, com base nessa experiência, a comunidade é encorajada a viver entre a promessa e a realização.

Nestes Salmos faz-se referência ao antigo *ambiente* da liturgia do cumprimento do voto. Provavelmente o texto do Salmo escrito num pergaminho era deixado no Templo como dom votivo, para documentar a experiência da salvação (cf. Sl 40,8).

A *linguagem* característica desses Salmos é a das cerimônias cultuais com sacrifícios e procissões. É uma linguagem que a comunidade pode usar também fora do culto no Templo. Nestes Salmos pode-se respirar a comunhão dialogal entre orante e comunidade. Nesse diálogo também podem ser inseridos ensinamentos sapienciais. O clima é a alegria profunda do orante retirado do isolamento e reinserido pelo Senhor em sua comunidade, fazendo-o passar da morte à vida.

Também na *organização do Saltério* é possível notar um movimento envolvendo toda a comunidade. Muitos Salmos de agradecimento comunitário se encontram na segunda parte do Saltério.

b) Hinos

Num clima de alegria e de adoração alguns Salmos apresentam Deus como digno de louvor, essencialmente por suas obras: são Salmos de louvor descritivo. Eles têm uma *estrutura* típica (cf. Sl 117): a *introdução* (117,1: "Nações todas, louvai o Senhor") é um convite ao louvor no qual a comunidade, mas também o mundo inteiro, são convidados a celebrar o Senhor. A palavra que mais ressoa nestes convites é "aleluia" ("Louvai ao Senhor"). O *corpo* do hino justifica as razões para se louvar o Senhor. Esta seção pode ser muito longa, e os motivos podem ser muitos, e expressos com epítetos (Deus pastor, rei, nosso refúgio), com proposições relativas (cf. Sl 146,6: "que fez o céu e a terra, o mar e tudo o que ele contém"), com particípios que indicam a continuidade da ação (cf. Sl 145,14: "O Senhor sustenta quem vacila e reergue quem caiu"). Os motivos são geralmente introduzidos pela conjunção "pois" (Sl 117,2: "Pois (*ki*) seu amor para conosco é poderoso"). Na *conclusão* se renova o convite ao louvor, geralmente repetindo a introdução (117:2: "... Aleluia").

O clima desses Salmos lembra o *ambiente* das festas anuais do antigo Israel (Páscoa, Semanas/Colheita/Pentecostes, Tendas/Cabanas). O Senhor habita no meio de seu povo. Essa presença sustenta o fiel, para quem o simples fato de estar diante de Deus o leva a entoar um cântico de louvor. Trata-se de um louvor totalmente gratuito, já que o orante se sente estupefato ao contemplar Deus e suas obras no mundo e na história, mesmo não tendo visto nenhum benefício em sua vida, como acontece nos Salmos de agradecimento.

A imagem do Senhor que continua desenvolvendo seu papel de criador e salvador no mundo é evidente particularmente nos hinos dedicados à "realeza" (Sl 93; 96; 97; 99). A razão apresentada por esse grupo de Salmos para celebrar o Senhor é: "O Senhor reina". Numa comunidade de israelitas impedida de retornar à terra prometida aos pais esses Salmos tinham a força de fazer renascer a confiança e a esperança.

A *linguagem* é muito intensa, rica em imagens que exprimem alegria e esperança. Frequentemente se encontra a repetição de uma palavra (cf. Sl 29: o termo "voz" é repetido sete vezes; no Sl 150 o verbo "louvar" é repetido dez vezes). Também os termos tradicionais da antiga fé são muito abundantes (confira as imagens do Deus que cria, salva, protege...).

O editor do Saltério concentrou os hinos principalmente na segunda parte. Nessa estrutura do livro é possível entrever o caminho da fé que a comunidade orante daquele tempo percorreu: um caminho que move do eu ao nós, da experiência da essência de Deus à experiência de sua presença, da lamentação ao louvor ao Senhor, criador, salvador e doador da vida com sua bênção.

Da exegese dos Salmos à exegese do Saltério

Durante grande parte do século passado a pesquisa exegética considerou a origem dos Salmos bíblicos como cânticos e orações independentes entre si, a ser interpretados, portanto, separadamente um do outro[56]. Também a moderna pesquisa sobre os gêneros literários, que muito contribuiu para a compreensão desses textos, provocou involuntariamente a consequência de torná-los ainda mais estranhos entre si. Os estudos de H. Gunkel e de S. Mowinckel, que permitiram estabelecer o ambiente sociológico de origem de muitos Salmos, acentuaram posteriormente o distanciamento a respeito da compreensão tradicional judeu-cristã do Saltério. Os Salmos tradicionais

---

56. Também para a moderna pesquisa da Liturgia das Horas os Salmos são essencialmente usados em virtude de sua singularidade e distribuídos ao longo do dia, tendo presente seu conteúdo e seu gênero literário: Salmos de súplicas de louvor pela manhã, de súplica e de ação de graças à noite, Salmos da Torá na Hora Média.

messiânicos (2; 45; 72; 110...) eram vistos como hinos de adoração, que não se referiam ao futuro, mas a um monarca vivo, governando. Muitos Salmos eram atrelados a momentos particulares de um culto antigo que incluía ritos de incubação, orações para pedir chuva, exorcismos contra os demônios. Às vezes se afirmava que o ambiente mais comum da formação dos hinos era uma desconhecida festa de entronização de um rei. Tudo se tornava então mais incompreensível, principalmente por se tratar de um culto perdido no tempo e não totalmente documentável.

Além disso, a classificação dos Salmos segundo o tipo (lamentação, súplica, hino, Salmo de agradecimento) muitas vezes correu o risco de colocar num mesmo caldeirão tantas orações, tirando-lhes o colorido original. Seguindo essa metodologia alguns foram inclusive induzidos a tratar os Salmos não na ordem em que se encontram no texto bíblico, mas reagrupando-os com base em seu gênero literário[57].

Os estudiosos estavam interessados pelo momento primitivo da produção do texto e pelo momento que o tornava semelhante aos outros textos saídos do mesmo contexto litúrgico, e muito menos pelo texto que temos hoje, frequentemente considerado fruto de remanejamentos piorados. Esse juízo negativo acerca daqueles Salmos que não entravam nos parâmetros formais de um suposto gênero literário "puro" transparece em todo o comentário aos Salmos de Gunkel[58].

No início dos anos de 1980, com os comentários de G. Ravasi[59] e de L. Alonso Schökel[60] começou a se considerar a originalidade poética e teológica de cada Salmo, mesmo sem negar os elementos comuns a outros Salmos: fundamentos, modelos de gênero, fraseologia e numerosos procedimentos estilísticos. Ao gênero é contraposto o indivíduo (unicidade); ao modelo de gênero a organização individual (unidade); ao contexto original o contexto atual (validez).

O Livro dos Salmos, no entanto, era ainda considerado uma antologia de poesias, uma espécie de arquivo dos textos sem qualquer ordem, ou uma bela

---

57. Cf. CASTELLINO, G. *Libro dei salmi*. Roma: Marietti, 1955.

58. GUNKEL, H. *Die Psalmen*. Göttingen: Vandenhoeck & Ruprecht, 1926.

59. RAVASI, G. *Il libro dei Salmi* – Commento e attualizzazione. 3 vols. Bolonha: EDB, 1981-1984.

60. ALONSO SCHÖKEL, L. & CARNITI, C. *I Salmi*. 2 vols. Roma: Borla, 1992-1993.

cesta de frutos, salutares e nutritivos, a serem consumidos, mas singularmente, ou até mesmo um bosque selvagem e não um jardim bem cuidado[61].

Tanto a orientação fundada nos gêneros literários quanto a interessada
na originalidade poética e teológica de cada Salmo mostram pouco interesse
pelo Saltério como realidade unitária. É evidente que a ordem que os Salmos
têm no Saltério não é puramente causal, mas é estabelecida por uma intenção precisa. É bastante provável que em nossos estudos eles perderam alguma coisa. Na realidade, já em 1972, na Itália, uma voz contracorrente se havia erguido, a de D. Barsotti[62]: ele afirmava que, para viver os Salmos como
nossa oração, impõe-se acima de considerar o Saltério como uma unidade.

A exegese mais recente[63] se interessa sempre mais pelo Salmo entendido
individualmente, já que parte integrante da coleção do Saltério – e o número
de exegetas convencidos de que o mais antigo comentário ao sentido dos
Salmos é seu próprio arranjo no Saltério – aumenta. O contexto específico
em que o Salmo é situado no interior do livro incide em seu sentido e em sua
interpretação. Por isso se considera sempre mais o título tradicional, que se
encontra já em Qumran, no século II a.C., *séper tehillím*, "Livro dos Salmos",
mas também no Novo Testamento (*bíblos psalmón*: La 20,42; At 1,20).

A nova pesquisa também se pergunta pela origem do Saltério como livro
e por seu processo formativo a montante. Pergunta-se por qual motivo foi
composto o Saltério, quais foram os ambientes que o criaram, quais foram
originariamente seus destinatários. Essa maneira de achegar-se ao Saltério
espelha uma tendência que vê a pesquisa moderna prestar atenção à redação
unitária dos diversos livros bíblicos antes de considerar a composição singular de cada livro (confira o Livro dos Doze Profetas menores, o Livro de
Isaías, o Cântico dos Cânticos, o Livro dos Provérbios e das Lamentações).

Leitura contínua do Saltério: algumas técnicas de conexão entre os Salmos

O pensamento semítico evita a mudança repentina da situação, prefe-
rindo superar um eventual hiato com conexões de conteúdo e de forma com

---

61. Observações desse gênero se encontram em OEMING, M. *Das Buch der Psalmen* – Psalm
1-41. Stuttgart: Katholisches Bibelwerk, 2000 [Neuer Stuttgarter Kommentar – Altes Testament, 13/1].

62. BARSOTTI, D. *Introduzione ai Salmi*. Bréscia: Queriniana, 1972.

63. Cf. AUWERS, J.-M. *La composition littéraire du Psautier* –Un état de la question. Paris:
Gabalda, 2000 [Cahiers de la Revue Biblique, 46]. LORENZIN, T. Dieci anni di studi sul Salterio (2000-2009). *Rivista biblica* 58/4, 2010, p. 471-495.

o texto vizinho. Esse procedimento tem por efeito criar uma continuidade entre os Salmos, que já não se prestam mais à leitura como uma sucessão de pedaços heterogêneos, mas como o desenvolvimento de uma oração ou o desenvolvimento de um drama. Enquanto o orante ou leitor passa de Salmo em Salmo ele pode colher entrelaçamento de particularidades significativas, típicas de um texto unitário.

As palavras de um Salmo ecoam no seguinte e assim se cria a impressão de que seja a mesma voz a exprimir-se ao longo de todos os Salmos. Aquele que diz no Sl 3,2: "Senhor, quão numerosos são meus adversários!", é o mesmo que diz: "Quando te invoco, responde-me, Deus de minha justiça!" (4,2); "Presta ouvido, Senhor, às minhas palavras" (5,2), "Tem compaixão de mim, Senhor, porque desfaleço" (6,3), e assim por diante. É uma meditação favorita de algumas importantes relações linguísticas e temáticas existentes entre Salmos imediatamente sucessivos: advertências não casuais, mas tensionadas pelos redatores.

As duas técnicas mais importantes com as quais são colocados em relação entre si Salmos que se sucedem imediatamente ou que estão próximos um do outro, são a "concatenação" e a "justaposição". Às vezes as duas técnicas se combinam entre si. Pode ser que, para os redatores, a semelhança de palavras-chave ou de motivos tenha sido um bom motivo para colocar os Salmos um após o outro, ou nas imediações (*iuxtapositio*). Mas é possível que a conexão de palavras (*concatenatio*) também se deva ao próprio trabalho dos redatores, que almejavam obter uma certa continuidade na conexão. Além disso, também pode existir uma "retificação", sobretudo quando palavras-chave ou motivos semelhantes conectam uma série de Salmos. Trata-se de técnicas baseadas no princípio da atração ou da associação, bastante comuns nos textos legislativos do Oriente Médio Antigo, mas também em outros textos do Antigo Testamento.

Às vezes a *contatenatio* interliga o final de um Salmo com o início do seguinte. Por exemplo: o Sl 7 termina com a promessa de louvor: "Louvarei o Senhor por sua justiça e entoarei um cântico ao *nome* do Senhor, Altíssimo" (v. 18). O Sl 8 é recitado como uma continuação desse louvor, como seu início o sublinha: "Ó Senhor, nosso soberano, quão magnífico é teu *nome* por toda a terra!" (v. 2). Essa frase aparece também no final do Salmo, preparando a promessa de louvor final do Sl 9,2-3: "Senhor, darei graças de todo o meu coração, anunciarei todas as tuas maravilhas. Vou alegrar-me e exultar em ti, cantarei louvores ao teu *nome*, ó Altíssimo". Dessa forma, por meio da repetição da palavra-chave *nome* nos três Salmos, o Sl 8 é expressamente considerado um hino de louvor do perseguido (Sl 7) e do pobre (Sl 9), que não obstante suas tribulações conservam em si a verdadeira imagem de Deus (cf. Sl 8,6-9).

Um exemplo de *iuxtapositio* pode ser a conexão entre os Sl 1, 2 e 3. Por gênero literário e origem esses três Salmos são muito diferentes: o Sl 1 é um Salmo sapiencial que se inspira na Torá; o Sl 2 é um Salmo real; o Sl 3 é a súplica de um homem perseguido. Os primeiros dois Salmos ligam-se entre si mediante referências lexicais (*concatenatio*): são emoldurados por duas bênçãos (Sl 1,1 e 2,12); o caminho que leva o ímpio à ruína é também a via que leva à perdição os povos que não querem servir o Senhor no Sl 2,10-12. O editor final associou a esses dois Salmos o Sl 3 para completar a apresentação do messias, esperado por sua comunidade. O messias que destroça as nações com seu cetro de ferro e as despedaça como vasos de argila no Sl 2,9 é, na verdade, o sábio que realizará tudo isso apenas com as armas da sabedoria (Sl 1), visto que ele vencerá os povos colocando-se a seu serviço como servo do Senhor (Sl 3). No cabeçalho do Sl 3, de fato, aparece um Davi humilhado, que deve fugir do filho Absalão, e precisa recolocar todas as suas esperanças na intervenção divina.

Outro exemplo de justaposição é a unidade de composição parcial de Sl 3–7: cinco Salmos interligados entre si por um esquema temporal, que faz deles orações para as horas diurnas e noturnas. O Sl 3 é uma oração matutina (v. 6); o Sl 4 uma oração vespertina (v. 9); o Sl 5 mais uma oração matutina (v. 4); o Sl 6 mais uma oração vespertina (v. 7); e o Sl 7 uma oração diurna (v. 12). A noite lembra a morte, o sofrimento, o medo do inimigo, o sonho com uma doença. Em cada situação, sobretudo as mais difíceis, o justo passa o tempo rezando: é o homem feito oração.

Outras composições *a grappolo* (por agrupamento) são grupos de Salmos pertencentes ao mesmo gênero literário como, por exemplo, uma série de súplicas individuais (Sl 25–28; 61–64; 69–72), ou uma série de hinos e Salmos de agradecimento coletivos (Sl 95–100), que têm por tema a realeza do Senhor.

E, às vezes, dois Salmos sucessivos são estrutural e linguisticamente tão semelhantes que são chamados *Salmos gêmeos*, dado que se complementam e se explicam mutuamente. Um exemplo evidente são os dois Salmos alfabéticos 111 e 112. Entre esses dois Salmos existem inúmeros elementos comuns. Inclusive as mesmas palavras (cf. "e sua justiça permanece para sempre") ocupam a mesma posição na estrutura de ambos os Salmos (Sl 111,3b; 112,3b). O que no Sl 111 é proclamado do Senhor, no Sl 112 é dito do orante que teme o Senhor, que permanece em sua presença transformadora.

Outras vezes, mais Salmos são colocados em sequência segundo um *esquema litúrgico ou de gênero literário*, de modo que tal sequência comporte uma mensagem teológica. Por exemplo, os três Salmos (90–92) ganham ao serem lidos sem descontinuidade, pois são organizados segundo a sequência típica do gênero literário da súplica: súplica – oráculo de salvação – ação de graças. A lamentação sobre a brevidade da vida humana (90,3-12) que é passageira "como a erva" (v. 5-6), e o pedido dos servos de YHWH para que o Senhor os "sacie" (v. 13-17), não ficam sem resposta. Quem se agarra a Deus recebe a promessa de longos dias e a revelação de sua salvação (91,16). O Sl 92 explica que esse homem é semelhante a uma palmeira (sempre verde) e ao cedro (símbolo de longevidade) que ainda produz frutos na velhice (v. 13-15), ao passo que os malfeitores são como erva ceifada (v. 8). Esses três Salmos, portanto, desenvolvem uma antropologia teológica disposta em três patamares: ela parte da caducidade do homem (90,3-6), passa pela confiança na proteção do Altíssimo no Sl 91, e chega ao agradecimento pelo governo de Deus sobre ímpios e justos (Sl 92).

Com a expressão programática *leitura contínua do Saltério* entende-se dizer, portanto, que a nova perspectiva da pesquisa exegética considera o Livro dos Salmos não um agrupamento casual de textos separados, ou uma antologia de poesias reunidas ao acaso, mas uma composição formada por reuniões sucessivas de coletâneas parciais, resultante de técnicas específicas de composição e com um programa teológico particular.

Os redatores e os editores colocaram cada Salmo um após o outro segundo determinados conceitos, de tal forma que pudessem receber uma ulterior dimensão de significado e de importância.

Existe a hipótese de que o ambiente em que foi elaborado esse trabalho final de edição do Saltério tenha sido a *escola sapiencial*, distante da aristocracia do Templo e de sua tendência helenista (E. Zenger[64]). Nessa escola

---

64. Cf. ZENGER, E. "Il libro dei Salmi". In: ZENGER, E. (org.). *Introduzione all'Antico Testamento*. Bréscia: Queriniana, 2005, p. 527-560.

se ensinava a sabedoria ligada à Torá, com particular interesse pela escatologia e pela espiritualidade dos pobres. Era o texto das fraternidades de vida (*chaburót*) entre mestres e discípulos, semelhantes às pequenas comunidades domésticas.

O Saltério, partitura musical da vida

Uma *lectio continua* dos Salmos permite perceber uma tensão no interior do Saltério. A disposição dos Salmos lembra um caminho de oração que leva à transformação do orante. O Saltério parece projetado como um ritual para uma liturgia de santidade celebrada na existência concreta de cada dia. Os autores fizeram corresponder de modo sugestivo os diversos livros do Saltério aos diversos momentos de uma jornada, que no mundo hebraico começa com o entardecer e a noite[65]. O Primeiro Livro (Sl 3–41) descreve a noite; o tom dominante é o da súplica do inocente injustamente perseguido. O Segundo Livro (Sl 42–72) descreve o amanhecer e introduz um tom de maior confiança acompanhado de um ardente desejo de ver a Deus. O Terceiro Livro (Sl 73–89) descreve o meio-dia, cujo tom dominante é o da lamentação pelas grandes calamidades históricas do povo hebreu, mas que jamais eliminam a esperança numa futura intervenção de Deus. O Quarto Livro (Sl 90–106) descreve, ao contrário, a noite em que se começa a experimentar o poder do reino glorioso de Deus. O Quinto Livro (107–150) descreve, enfim, um novo amanhecer do qual nasce no coração do povo uma ação de graças e um canto de louvor final à fidelidade de Deus.

Alguns estudiosos se perguntam por que a tradição hebraica antiga denominou todos os 150 Salmos *tehillím*, "louvores", quando, na verdade, na primeira parte do Saltério até o Sl 89, encontramos uma longa série de súplicas individuais e coletivas, onde aparece toda a angústia de homens e mulheres envolvidos nas trevas da dúvida, do perigo, da opressão, da morte e do distanciamento de Deus. Numa leitura contextual, no entanto, esses Salmos são interpretados como gritos na noite, que acordam a aurora, de onde surgirá a resposta divina. E, de fato, do Quarto para o Quinto Livro o tom muda, até transformar-se em fortíssimo louvor de cada homem e de cada mulher, aliás,

---

65. Cf. CHOURAQUI, A. *Le Cantique des Cantiques suivi des psaumes*. Paris: PUF, 1984. Uma tradução italiana que engloba somente a *Introdução aos Salmos* circula *pro-manuscrito* aos cuidados da Comunidade de Monteveglio.

de cada criatura viva, como se percebe no último Salmo. Essa disposição dos Salmos obviamente não é casual. O editor queria sugerir à sua comunidade de pobres e perseguidos o sentido autêntico da vida: o louvor do Senhor.

Evidentemente, qualquer um pode louvar o Senhor, desde que tenha os olhos do coração para reconhecer na história da própria vida, na história da comunidade e na história do mundo as pegadas amorosas de Deus. Esses olhos do coração podem florescer e ser continuamente aclarados meditando, ou melhor, sussurrando noite e dia, um após o outro, os Salmos aprendidos de memória, como o sugere o Sl 1 na introdução ao Saltério.

A estrutura do Saltério[66]

"Portal do Saltério" (Sl 1–2)

Primeiro Livro dos Salmos (Sl 3–41)

Um caminho na noite do sofrimento e da pobreza (3–14)

Um caminho traçado pela palavra do Senhor (15–24)

A comunidade de Israel descobre o rosto do Senhor e a própria missão no mundo (25–34)

Os problemas continuam (35–41)

Segundo Livro dos Salmos (Sl 42–72)

Primeira unidade: os Salmos do Coré (42–49)

O segundo saltério davídico (51–72)

1) Jerusalém, transformada em cidade do caos, o Senhor é lugar de refúgio: quatro Salmos *maskíl* (52–55)

2) O sofrimento de uma comunidade fiel à própria identidade: os cinco Salmos *miktám* (56–60)

3) A espiritualidade dos justos (61–64)

4) O louvor após o silêncio: os quatro Salmos *shir* (65–68)

5) As esperanças da comunidade são postas no futuro rei messias (69–72)

Terceiro Livro dos Salmos (Sl 73–89)

Os Salmos de Asaf (73–83)

Ainda à espera de uma resposta do Senhor (84–89)

---

66. Cf. LORENZIN, T. *I Salmi* – Nuova versione, introduzione e commento. 5. ed. Milão: Paoline, 2011.

Quarto Livro dos Salmos (Sl 90–106)
  Primeira resposta à falência da dinastia davídica (90–94)
  Segunda resposta à falência da dinastia davídica (95–100)
  Terceira resposta à falência da dinastia davídica (101–106)
Quinto Livro dos Salmos (Sl 107–145)
  Uma comunidade do pós-exílio na expectativa do Messias (107–112)
  Os cânticos para a Páscoa (113–118)
  Uma meditação sobre a Lei do Senhor (119)
  O saltério dos peregrinos (120–134)
  O Grande *Hallél* (135–136)
  Os cânticos de Sião não podem ser cantados no exílio (137)
  O futuro de Davi (138–145)
Doxologia final (Sl 146–150)

Leitura rápida

Por inúmeros indícios é possível deduzir que os dois primeiros Salmos do Saltério, diferentes quanto ao período de composição, ao estilo e ao conteúdo (um Salmo da Torá e outro real), constituem para o editor final o portal de ingresso a todo o livro. O texto ocidental de At 13,33, citando o Sl 2,7, afirma: "Como está escrito no primeiro Salmo". Também o Talmude testemunha o costume de ler os Sl 1 e 2 como uma unidade. A análise dos dois Salmos confirma essa tradição. Estes se separam da seção seguinte dos "Salmos de Davi" (3–41), já que destituídos de cabeçalho e não estruturados como orações: não se dirigem a Deus na segunda pessoa. Eles são emoldurados por duas bem-aventuranças (1,1; 2,12). Pode-se afirmar que o Sl 2 apresenta em termos coletivos (nações, povos, reis, governantes) aquilo que no Sl 1 é expresso em forma individual.

O Sl 1 contém uma bem-aventurança para aquele que caminha noite e dia na Lei de Moisés. O salmista entende a oração de Israel – o resto dos Salmos – como resposta a uma precedente palavra divina. A localização introdutória desse Salmo na edição final do Saltério dá a este último um caráter de documentação de revelação divina. O Saltério se torna uma "pequena Torá", que contém um compêndio de todas as propostas espirituais de toda a Bíblia. Também o Sl 2, por sua posição atual no início do Saltério, oferece a todos os outros Salmos um tom profético. Na época da redação final, quando a instituição da realeza já estava destruída há muito tempo, o rei terreno só podia ser compreendido como o messias de Deus, que há de vir.

O Primeiro Livro dos Salmos (Sl 3–41)

Após os dois Salmos introdutórios começa o Primeiro Livro dos Salmos, também denominado primeiro saltério de Davi (Sl 3–41). Todos esses Salmos, de fato, são atribuídos a Davi. Nesse primeiro livro foram individuadas quatro unidades parciais: Sl 3–14; 15–24; 25–34; 35–41. O motivo de fundo mais desenvolvido nesses Salmos é o retrato dos justos que "buscam um refúgio no Senhor".

Um caminho na noite do sofrimento e da pobreza (3–14)

Esta unidade se apresenta estruturada em estilo de uma antiga escadaria mesopotâmica. Em sua base se encontram duas liturgias de entrada (15; 24). Sobre essa entrada se encontram dois Salmos de confiança do indivíduo (17; 22), três Salmos reais de agradecimento (um de um lado, Sl 18, e dois gêmeos do outro, Sl 20; 21). Na parte superior se encontra um Salmo de louvor a Deus criador e doador da Lei, o Sl 19.

Os primeiros três Salmos (15–17) estão ligados por duas palavras-chave: "não vacilar" e "habitar". Em Sl 15,5 e 17,5 se afirma que quem cumpre a palavra do senhor e segue seus passos não vacilará. No Sl 16,8 se esclarece o motivo fundamental pelo qual o orante não vacilará: porque o Senhor está à sua direita. Não é confiando em suas próprias forças que o fiel observará perfeitamente a Lei, visto que somente o Senhor pode fazê-lo caminhar (15,2a) no "caminho da vida" (16,11a). Além disso, em 15,1 o orante deseja habitar no Templo de Jerusalém, e em 16,9 o novo Templo é constituído pela intimidade com o Senhor na vida cotidiana, fora do santuário.

Na seção central (18–22) da segunda unidade, não é por acaso que o Sl 18 ocupa a posição atual, visto que ele retoma os motivos dos Salmos precedentes. Particularmente em 18,21-31, o orante, o Rei Davi, reivindica ter percorrido à perfeição o caminho indicado pelo Senhor (cf. 15,2).

Um motivo parece colocar juntos os últimos três Salmos da unidade (22–24): a peregrinação dos povos ao "monte do Senhor" (24,3).

A comunidade de Israel descobre o rosto do Senhor e a própria missão no mundo (25–34)

Também a terceira coleção de Salmos (Sl 25–34) tem em seu vértice um hino de louvor ao Senhor (Sl 29), precedido por três súplicas (26; 27; 28), seguidas por três Salmos de ação de graças (30; 31; 32), com o acréscimo de uma *t^ehilláh* (Sl 33), um cântico de louvor e de agradecimento.

Os primeiros três Salmos estão conectados entre si pelo desejo de encontrar o Senhor, rei do mundo e salvador de Israel. Em seu caminho de aproximação de Deus, mais precisamente de seu rosto, o orante faz uma descoberta consoladora: é Deus mesmo que o está atraindo para si. O orante pode buscar Deus justamente porque Deus o encontrou primeiro (27,8-10). O Senhor é aquele que através de mil dificuldades da vida cotidiana abre um caminho plano (27,11b), rumo à esplanada (26,12) do Templo, onde se pode bendizer o Senhor na assembleia dos fiéis.

O Sl 29, no centro da coletânea, se apresenta como um documento do crepúsculo dos deuses de Canaã e dos deuses das nações que dominam Israel no período pós-exílico. É uma profissão acerca da verdadeira identidade de YHWH, Senhor de seu povo, mas também de todo o mundo e, por consequência, o Salmo mostra também uma nítida tomada de consciência da verdadeira identidade de Israel e de sua missão entre as nações. O motivo do Templo presente no Sl 29,9 dá o tom aos Salmos precedentes (26–28). Em 26,8 o orante declara amar a casa onde mora o Senhor, o lugar onde reside sua glória, e em 27,4 pede para habitar no Templo todos os dias de sua vida para contemplar a amabilidade do Senhor, admirar seu santuário e encontrar um "refúgio" seguro no dia da desventura (27,5). Ele reza estendendo as mãos na direção do Santo dos Santos, de onde o Senhor escuta seu grito (28,2). Na grande teofania do Sl 29, o Senhor manifesta toda a sua glória exatamente no Templo, dando sua "força" ao seu povo (28,8; 29,11) e concedendo-lhe a "bênçao" invocada (29,11b; 28,9).

O motivo do Templo é central também nos cânticos de agradecimento subsequentes (30–34). Esses cânticos, de fato, são um testemunho concreto de como a bondade do Senhor, celebrado na liturgia (Sl 29), se manifesta na vida cotidiana: "... a misericórdia do Senhor envolve quem nele confia" (32,10). Os inimigos riem-se do orante, tramam ceifar-lhe a vida. Seus amigos o abandonam. A doença lhe consome os olhos, a garganta e as vísceras.

Sobretudo o inimigo interior – seu pecado –, o está esvaziando das poucas forças que lhe restam (Sl 31). E mesmo assim bendiz o Senhor que o alivia: "Converteste meu luto em dança" (30,12).

Um grupo particular no interior da comunidade se distingue na afirmação da verdadeira identidade do Senhor e de Israel, cantada no Sl 29. São os "pobres", os "humildes", aqueles que "temem o Senhor", os "santos", os "fiéis" (Sl 34, cf. Sl 25). É um grupo que ajuda toda a comunidade de Israel a perceber-se como povo "servo do Senhor", libertado e enviado às nações inimigas. Ele não deve temer, porque "não será condenado quem nele se refugia" (34,23).

Os problemas continuam (35–41)

Estes sete Salmos apresentam a experiência do pobre sofredor. É perseguido pelo inimigo, mas salvo pelo Senhor, que lhe traz justiça e salvação (Sl 35). Ele recebeu de Deus o dom do discernimento, com o qual pode distinguir a interpretação da história feita pelo Pecado personificado daquela da Palavra de Deus que ele escuta na recitação dos Salmos. Somente em Deus e em sua palavra ele alcança a fonte da vida, somente sua luz o conduziu a essa descoberta (Sl 36). Como homem justo e reto deve confrontar-se com os ímpios, mas sua relação com o Senhor o ajuda a superar a provação e a fazê-lo continuar na reta estrada (Sl 37). É desafiado pelas doenças como castigo por seus pecados, seus inimigos atacam sua bondade (Sl 38). Seu silêncio diante desse sofrimento não pode continuar: a doença deve ser reconhecida e aceita como lembrança do fim da existência do homem e de seu estado de caráter provisório (Sl 39). Assim o pobre, que busca refúgio no Senhor, vive em seu íntimo entre agradecimento e lamento, entre salvação e tentação, entre pecado e Lei do Senhor; mas, no fim, o Senhor o protegerá e o manterá vivo (Sl 40; 41). Humilde e sofredor, o Rei Davi se tornou o modelo daqueles que continuavam esperando a intervenção salvífica do Senhor.

Conclusão

Percebe-se que o fio condutor que liga esse Primeiro Livro dos Salmos (Sl 3–41) é o caminho de busca de um lugar de refúgio em Deus: um caminho que a comunidade judaica pós-exílica sente ainda não ter concluído. Este começa com uma súplica (Sl 3). A descoberta da presença de Deus faz nascer a confiança (16; 23), a qual desemboca no louvor por seu amor visível na criação e na história (8; 19; 29) e na ação de graças (30–34). Mas os problemas continuam. A súplica, portanto, ainda se faz necessária (40–41).

O Segundo Livro dos Salmos (Sl 42–72)

Com o Sl 42 começa uma coleção de Salmos chamada "eloísta", que se estende até o Sl 83. Sua característica é o uso sistemático do nome divino *Elohím*, "Deus", ao invés de YHWH, "Senhor". Aqui também começa o Segundo Livro do Saltério (Sl 42–72), que compreende uma primeira coleção dos Salmos de Coré (42–49), que canta a esperança em Deus de uma comunidade distante do centro do culto, e a segunda coleção dos Salmos de Davi (51–72), introduzida pelo primeiro Salmo de Asaf (Sl 50). Nesse segundo grupo de Salmos de Davi – muitas vezes chamado de "segundo saltério davídico" – supõe-se uma situação de conflito e de perseguição em que a comunidade de Israel teve que aprender a exprimir sua piedade mesmo fora do Templo de Jerusalém. A evocação de Davi transparece na organização da coleção: o Sl 51 recorda o pecado de Davi, aprofundando sua reflexão sobre a doença e sobre o pecado iniciada nos Sl 35–41 do primeiro saltério davídico; os Sl 69–70 propõem um resumo de sua vida colocando em evidência a perseguição da qual foi vítima e seu zelo pela casa do Senhor; o Sl 71 poderia representar a oração do antigo Profeta Samuel, que viveu sempre próximo do Senhor desde a meninice, enquanto alimenta a esperança da geração que está seguindo o rei por ele ungido; o Sl 72, enfim, contém um testamento de Davi, no final de sua vida, em favor de Salomão.

A estrutura do Segundo Livro do Saltério não é tão clara quanto a do Primeiro Livro. Isso parece ser um sinal de sua redação numa fase mais recente.

Primeira unidade: os Salmos de Coré (42–49)

Os Salmos são justapostos segundo um plano inteligente, de modo que a composição se assemelhe a um drama poético. Esse plano começa com o Sl 42/43, um cântico de nostalgia de um encontro com o Deus de Sião, de quem não se compreende o silêncio e sua não intervenção em favor do suplicante (42,3). A lamentação se agrava no Sl 44, e se transforma em pergunta angustiada de todo o povo, que se sente rejeitado pelo Senhor (44,24). Os Sl 45–48 respondem a essa lamentação. Em primeiro lugar afirmam que Deus continua impressionado com a beleza de Sião, e quer torná-la novamente mãe de seus filhos (45,17). Em seguida ele mesmo intervém diretamente no mundo, pondo fim às guerras nos quatro cantos do mundo, impondo um desarmamento total (46,10) e proclamando a própria realeza sobre toda a terra e todas as nações (46,11). Nos Sl 47,6.10 ele retorna ao seu trono celeste. Ademais, o Sl 48 convida o povo a ler a história atual com os olhos da fé: um dia todas as nações inimigas unir-se-ão a Israel para render homenagem ao Senhor, seu único pastor, que na terra armou sua tenda em Sião (48,15). O Sl 49 finalmente confirma a esperança da alma abatida (49,16). Esses Salmos de Coré sustentaram a comunidade nos momentos de desorientação no exílio, além de confirmar a possibilidade de um novo futuro.

O segundo Saltério davídico (51–72)

Esta nova série de Salmos de Davi, no interior da coleção dos doze Salmos de Asaf (Sl 50; 73–83), situa-se entre dois convites feitos a Deus para que finalmente desista do silêncio diante das tremendas dificuldades em que se encontra seu povo, privado de seus tradicionais pontos de referência: o rei e o Templo (50,3; 83,2). O Sl 50 está diretamente vinculado ao Sl 51, que é a resposta da comunidade de Sião ao discurso que o Senhor lhe fez no Salmo precedente. Nos erros de Davi (cf. Sl 51,1-2) a comunidade confessa as próprias culpas, pede perdão ao Deus de Sião, sol resplandecente de justiça (50,1-2), salvador e criador, que não despreza os corações contritos e humilhados (51,19), e se compraz de quem o honra com sacrifícios de ação de graças (50,23): atitude interior que deverá animar também a retomada dos sacrifícios cruentos no Templo reconstruído.

O segundo saltério davídico, posterior ao Sl 51, é constituído por pequenas coletâneas identificadas por seus cabeçalhos.

1) Jerusalém, transformada em cidade do caos, o Senhor é lugar de refúgio: quatro Salmos maskíl (52–55)

Nos Salmos acima indicados, Jerusalém é descrita como a cidade do caos (cf. Is 25,5). Para o salmista, os políticos de então tinham o mesmo espírito dos sete povos que antigamente ocupavam a terra prometida. De fato ele os revê agora transfigurados em sete forças diabólicas (violência, discórdia, crime, perseguição, maldição, prepotência e enganação), que retomam a posse da cidade santa, transformando-a em uma nova Babel (55,10-12). O Senhor, entretanto, não fica indiferente aos sofrimentos de seus fiéis, mas intervém confundindo as línguas dos ímpios (55,10) e reduzindo ao silêncio sua violência (54,7), como outrora cantava Isaías: "O canto dos tiranos se enfraquece" (Is 25,5). Ele é o único apoio do pobre e do humilde (Sl 55,24), é o único lugar onde estes encontram proteção "contra o vendaval e a tempestade" (55,9). A vida dos que não consideram os planos de Deus – judeus infiéis às leis que não têm Deus como refúgio – será truncada prematuramente e jogada numa fossa profunda (55,24). O Senhor, ao contrário, preparou para o povo humilde que nele confia um lugar de abundância de vida em sua casa (52,10).

2) O sofrimento de uma comunidade fiel à própria identidade: os cinco Salmos de miktám *(56–60)*

O motivo comum nesta coleção é o sofrimento de uma comunidade fiel à própria identidade, que vive sob a pressão de inimigos internos e externos. O desastre do exílio é descrito em termos cósmicos, com traços característicos das teofanias. Os inimigos que questionam a identidade de Israel são os "povos" (56,8; 57,10), tanto os estrangeiros como os adversários internos da comunidade, que esquecem a Lei contrapondo-se às suas exigências práticas (cf. 1Mc 1,49). Os sofrimentos do orante e da comunidade são registrados pelo Senhor, que se encontra no Templo celeste e terrestre: "Ó Deus, eleva-te sobre os céus e sobre toda a terra com tua glória!" (57,6.12). E não só, mas ele está também entre os leões – inimigos ferozes – que rodeiam o orante (57,5). Contra todas as nações se move o Deus de Israel, o Deus dos exércitos (59,6). Ele revelará seu poder não somente sobre o seu povo, mas sobre todos os povos da terra (59,14). A comunidade orante que sofre sob o domínio estrangeiro recobra assim a esperança de uma restauração do reino davídico das antigas promessas divinas (60,9). No centro dessa coletânea está o Sl 58: uma reflexão das comunidades judaicas pós-exílicas sobre a natureza profunda dos inimigos. Estes são ímpios que cometem o mal no coração antes mesmo de passar às vias de fato. Mas, por detrás de tudo isso, o salmista entrevê a serpente do paraíso terrestre que manipula as palavras de Deus (cf. Gn 3). O juízo divino, porém, chegará também até ela, dissolvendo-a como uma lesma (58,9a).

3) A espiritualidade dos justos (61–64)

O redator do Saltério se mostra um verdadeiro mestre de oração na terceira pequena coletânea de Salmos (61–64). Ele prepara o leitor para o louvor do Sl 65, após uma longa série de súplicas, fazendo-o passar primeiro pela experiência da confiança em Deus, no qual finalmente encontra um refúgio seguro, motivo inicial e final dessa breve unidade. O ponto culminante do caminho de fé, inspirador dessas orações, se encontra no Sl 63, onde é dada a resposta à súplica urgente com a qual inicia o Sl 61: "Ó Deus, ouve o meu grito" (v. 2). No Sl 61, de fato, o orante se encontra "à beira do abismo" (v. 3) e deseja morar "na tenda" do Senhor (v. 5); no Sl 63, em contrapartida, o salmista habita no Templo como se fosse sua casa (v. 3). A comunhão com Deus provoca em seu coração um júbilo irrefreável. É uma comunhão que tem seu ponto de partida no culto, mas continua nos momentos de solidão da vida cotidiana do orante, de noite, em seu leito.

4) O louvor após o silêncio: os quatro Salmos shir (65–68)

A coleção se abre com uma expressão significativa: "Para ti o silêncio (*dumiyyáh*) é louvor". Após ter ouvido em silêncio muitos Salmos de lamento (51–64), a comunidade está na expectativa de iniciar seu louvor por ter experimentado a resposta do Senhor. De fato, exatamente no começo do Sl 65 o Senhor é invocado como aquele que escuta a oração (v. 3), e no Sl 66,19 se diz que ele efetivamente escutou a oração do orante. A este Senhor que no Sl 65,11a abençoa até os brotos da terra a comunidade responde no Sl 66,20 com uma ação de graças ascendente: "Bendito seja Deus que não rejeitou a minha súplica". Entretanto, dado que as dificuldades são sempre possíveis, a comunidade começa e termina o Sl 67 invocando a bênção do Senhor. No quarto Salmo da coleção, Israel, que fez a experiência do senhorio do Senhor em sua história e naquela dos povos, responde mais uma vez com um "bendito seja Deus" (68,36). As comunidades judaicas do pós-exílio – principalmente as da diáspora – que viviam sob o poder político e ideológico das nações mais fortes do que elas, podiam encontrar na meditação desses Salmos um apoio na própria esperança de uma imediata intervenção divina.

5) As esperanças da comunidade são postas no futuro rei messias (69–72)

A comunidade que reza estes Salmos parece viver num tempo de opressão com consequências imprevisíveis. Ela pede, de fato, que Deus se apresse (69,18; 70,2.6; 71,12) em socorrê-la (69,30; 70,5; 71,12), em libertá-la (69,15; 70,2; 71,2), em ajudá-la a encontrar uma saída (70,5; 71,12). Os opressores buscam a vida e a desgraça do orante e de sua comunidade (70,3;

71,13.24). Esta, ao contrário, se define como o grupo dos que "amam" a salvação do Senhor e seu nome (69,37b; 70,5b). E se alegra com a justiça divina (69,33; 70,5), ao passo que a vergonha e a desonra experimentadas durante a aparente ausência do Senhor (69,20) cairá sobre o rosto dos adversários (70,3; 71,13). Todas as esperanças da comunidade são postas no futuro rei messias, o novo Salomão filho de Davi (Sl 72). Ele é o representante de Deus na terra. É o instrumento de Deus para fazer justiça em favor dos necessitados, em particular em favor do grupo dos humildes, dos pobres, dos que arriscam tudo por amor à Lei do Senhor, e por isso se criavam tantos inimigos, inclusive no interior da própria comunidade judaica, atraída pelos ideais de vida propostos pelos povos dominantes no período pós-exílico.

O Terceiro Livro dos Salmos (Sl 73–89)

O orante e a comunidade do pós-exílio que rezam e meditam os Salmos do Terceiro Livro do Saltério parecem estar na impaciente expectativa de restauração, ou seja, do restabelecimento das condições do reino davídico ilustradas no Sl 72. O livrinho compreende duas pequenas coleções de dois cantores levitas: uma de Asaf (73–83) e outra de Coré (84–85 e 87–88). O Sl 86 de Davi e o Sl 89 de Etã parecem ter sido posteriormente acrescentados pelo editor do livro.

Também a segunda coletânea dos Salmos de Coré – a primeira é formada pelos Sl 42–49 – está ligada a um motivo dominante: a proteção divina concedida a Sião. Seja como for, a reunião dos Salmos das duas coletâneas com os acréscimos do Salmo de Davi (86) e o de Etã, o ezraíta (89), é fruto de um trabalho editorial intencional.

Os Salmos de Asaf (73–83)

Parece que os doze Salmos de Asaf (73–83), antes de serem inseridos aqui, tenham sido transmitidos em bloco. Dez dos doze Salmos são "coletivos", e se reportam explicitamente a precedentes textos ou às tradições da criação, do êxodo, da conquista da terra, ao ensinamento do decálogo e à teologia de Sião. É típica dessa coletânea, portanto, a presença de discursos proféticos para advertir o povo contra vários abusos legais e cultuais.

No primeiro Salmo (73) o orante inicialmente se lamenta porque se verificam condições que parecem opostas às prometidas no Sl 72 ("Invejei os prepotentes vendo a prosperidade dos ímpios", Sl 73,3). Não obstante isso, ele pode testemunhar ter feito uma experiência de fé que o ajudou a reinterpretar toda a sua história pessoal e a de sua comunidade com os olhos do coração. Usando uma linguagem esportiva: no jogo de equipe dos 150 Salmos o Sl 73 exerce a função de *pivô*. O orante desse Salmo não exprime somente como ele mesmo pôde superar a própria crise de fé diante do sucesso e da arrogância do poder dos ímpios, mas devolve a bola: à desorientação de todo o seu povo diante da inesperada queda de Jerusalém e do reino davídico, descritos no final do Terceiro Livro, o salmista – já no começo do livro – propõe claramente como saída uma renovada confiança no Deus da aliança: "Mas eu estarei sempre contigo, tu me seguras pela mão... Quanto a mim, minha felicidade é estar perto de Deus" (73,23.28a).

No Sl 74 é o grupo dos fiéis que se lamenta, enquanto acompanha o Senhor na visita às ruínas de Jerusalém (v. 3). A esses fiéis responde o Senhor no Sl 75 e 76, declarando que no tempo devido intervirá (75,3) e restabelecerá a paz (76,4).

O Sl 77 retoma a lamentação da comunidade que pergunta até quando durará a ira divina. No Sl 78, o mais longo depois do Sl 119, Deus responde. Na realidade, toda a história de Israel, de Abraão a Davi, mostra um duplo paradoxo: a desconfiança do povo diante de tantos prodígios de Deus e o contínuo cuidado de Deus, não obstante a rebeldia do povo. A situação atual, portanto, é causada pelo fato do povo se recusar a ouvir a palavra do Senhor (v. 1).

Os Sl 79 e 80 continuam o diálogo com Deus. O salmista se lamenta pela derrota da nação (79,1), e mais uma vez se pergunta até quando e o porquê disso tudo (80,13).

E Deus pacientemente responde ainda no Sl 81. O faz dirigindo-se diretamente ao povo numa celebração litúrgica: se Israel tivesse obedecido à sua voz, os inimigos, que agora o estão oprimindo, já teriam sido dominados (v. 14-15). Além disso, o Sl 82 revela que são inclusive os chefes e juízes de Israel que apoiam os ímpios (v. 2). Isso confirma o fato que os ímpios, dos quais o salmista do Sl 73 se lamentava, são membros do povo eleito.

O Sl 83 dá novamente voz ao lamento da nação (v. 3), pedindo que as nações pagãs sejam punidas como o foram os príncipes inimigos, segundo o Livro dos Juízes (Sl 83,12). Tanto o Sl 82 quanto o 83, o último da coletânea de Asaf, concluem com afirmações de confiança no juízo definitivo sobre as nações da terra.

Ainda à espera de uma resposta do Senhor (84–89)

O Sl 84, o primeiro da segunda coletânea dos Salmos de Coré, descreve o caminho contracorrente daqueles que em Israel se mantêm fiéis à Torá do Senhor, embora impedidos de subir em peregrinação a Sião.

É uma oração que se une àquela da nação do Sl 85, na qual, na primeira parte, são retomados os motivos, repetidos alhures, inerentes à duração da ira divina (v. 5), ao passo que na segunda parte ressoam as próprias palavras de Deus, que promete o restabelecimento das condições prometidas no Sl 72: "Amor e verdade de encontram, justiça e paz se beijam" (85,11).

No Sl 86 se promete ao salmista o restabelecimento do reino mundial descrito no Sl 72, juntamente com sua libertação pessoal da morte: os detalhes deste reino mundial estão presentes no Sl 87. São justamente os inimigos tradicionais de Israel, que no Sl 83,7-9 tinham tramado concluindo uma aliança contra Deus, que recebem a cidadania da Sião escatológica, por terem restabelecido relações íntimas com o Senhor.

O Sl 88 é uma descrição alargada da aflição do Sl 86, o único Salmo davídico dentro da coleção de Coré. A estreita relação entre o Senhor e seus companheiros no Sl 87 se torna agora uma relação quebrada entre Davi e os seus companheiros no Sl 88 ("Afastaste de mim amigos e companheiros", v. 19). Com essa nota sem esperança termina o Sl 88.

O Sl 89, em sua primeira parte, responde ao Sl 88 declarando que os mortos (88,11), incluídos o salmista davídico e muitos outros, levantar-se-ão para louvar o Senhor pelo pacto eterno feito com Davi (89,2). Entretanto, essa vitória sobre a morte anunciada já em 86,13 não parece referir-se por hora àquele que reina sobre o trono de Davi (89,29-40). A dinastia davídica faliu. O Salmo realmente termina – assim como o Terceiro Livro – com algumas perguntas: "até quando" e "para quem" serão mantidas as promessas divinas feitas no Sl 72? Espera-se uma resposta, que é dada no Quarto Livro do Saltério.

O Quarto Livro dos Salmos (Sl 90–106)

Com o Sl 90 começa o Quarto Livro, mas também a segunda parte do Saltério. A primeira parte (Sl 3–89) foi dominada pelos Salmos de súplica, nos quais se ouve os lamentos de muitos fiéis por várias situações de sofrimento: falsas acusações, doenças, pecados. Agora o tom começa a mudar, passando da confiança ao louvor. A comunidade que medita e reza os Salmos é sempre mais confirmada em sua convicção de que uma existência sem Deus não é vida e que Deus não recusa quem o busca.

Por isso, seu grito, expresso em 89,47 ("Até quando, Senhor, continuarás escondido?"), já começa a encontrar resposta no primeiro versículo do Sl 90, com a descoberta de uma presença contínua de Deus na história do povo: "Senhor, Tu foste nosso abrigo, de geração em geração" (v. 1).

É uma resposta que se prolonga e se aprofunda em todo o livro articulando-se nas três coleções parciais que o compõem (Sl 90–94; 95–100; 101–106).

Primeira resposta à falência da dinastia davídica (90–94)

À angústia diante da implosão da dinastia davídica e suas consequências, expressa no Sl 89, respondem os primeiros quatro Salmos do Quarto Livro. A contínua oração e a meditação propiciaram à comunidade orante os olhos da fé para interpretar de forma positiva uma história que parecia ter-se concluído de modo catastrófico. Essa comunidade consegue ver que, mesmo o povo não tendo um rei humano, tem em Deus mesmo o seu Rei (Sl 93), que foi refúgio para Israel já na era mosaica, quando a instituição da monarquia ainda não existia (Sl 90). E o Senhor continua sendo o refúgio de seu povo também depois da implosão da monarquia humana (90,1; 91,9; 94,22). Todos os que confiam no Senhor serão protegidos e abençoados ao longo da vida.

Segunda resposta à falência da dinastia davídica (95–100)

Com uma liturgia de entrada começa e termina a segunda unidade do Quarto Livro. Ao convite do Sl 95,6-7 ("Vinde, vamos inclinar-nos e prostrar-nos, fiquemos de joelhos diante do Senhor que nos fez! Porque ele é o nosso Deus, nós somos o povo de seu pastoreio, as ovelhas conduzidas por sua mão") faz eco a exortação do Sl 100,3: ("Reconhecei que o Senhor é Deus! Ele nos fez e somos seus, seu povo e ovelhas de seu rebanho"). É pela presença do Senhor que a comunidade encontra resposta à crise teológica do exílio, expressa no Sl 89, após a perda do Templo, da terra e do rei. Mesmo que em Israel falte um rei humano, o Senhor mesmo continua reinando, revestido de majestade e beleza, de poder e esplendor (96,6): para suas novas obras devem ser compostos novos cânticos (96,1; 98,1). O Senhor é rei sobre os povos da terra, sobre a criação e sobre os deuses, considerados insignificantes e sem poder (95,3-5; 96,4-6.10; 97,7; 98,4-9; 99,1-2). Mas ele é, ao mesmo tempo, Rei de Israel, que age em função da salvação de seu povo (95,7; 99,4; cf. 98,1-3). É surpreendente o convite feito no Sl 100 a todos os povos, também aos inimigos, a fazer parte desse reino de justiça e de paz, professando a mesma fórmula de fé no Deus da aliança, geralmente exclusiva da comunidade hebraica (v. 3b).

Terceira resposta à falência da dinastia davídica (101–106)

Os quatro Salmos (101–104) da terceira unidade estão estreitamente ligados entre si e todos podem ser atribuídos a Davi, embora somente o Sl 101 e o 103 o sejam expressamente. Estes são uma ulterior resposta à lamentação pela queda do reino davídico feita no Sl 89. Dessa forma se confirma uma esperança: após o tempo do sofrimento devido ao exílio (cf. 102,4-12.15.24-25) surgirá um novo rei davídico, que diferentemente de tantos antecessores seus, saberá submeter-se à vontade de Deus (Sl 101). Sua oração confiante terá inclusive mais força do que a oração do grande Moisés, pois colocará em movimento um processo que levará não somente Israel (como foi para a oração de Moisés, Sl 90), mas todos os povos do mundo ao reconhecimento do Senhor de Israel como Deus (102; 103). Assim se realizará o antigo projeto de Deus manifestado em sua aliança (Sl 103 cf. 89,34-38), mas já disposto na criação (Sl 104): uma teologia próxima daquela do Cronista.

Entretanto, os últimos dois Salmos da coleção (105 e 106) parecem ter um caráter mosaico, por duas razões: seja porque das sete citações do nome de Moisés no Quarto Livro do Saltério quatro são concentradas nele, seja porque nesses Salmos o Senhor, zangado diante do pecado, no final do Salmo (106,45-46) é louvado como Deus misericordioso, bom e fiel, da mesma forma que se havia revelado para Moisés (Ex 34,6).

A comunidade dos fiéis do pós-exílio, meditando essa terceira unidade de Salmos, é convidada a ter presente as duas figuras de Moisés e Davi, para manter viva a esperança de um novo Davi que levará a cabo o que Moisés havia iniciado.

O Quinto Livro dos Salmos (Sl 107–145)

O Quinto Livro se estende do Sl 107 ao Sl 145, seguido pela grande doxologia final (146–150): trata-se de um coro de louvores ao Senhor que alcança seu auge no Sl 150, onde cada ser que tenha um mínimo de fôlego em seu corpo é convidado a louvar o Senhor. O livro é caracterizado pelo uso frequente dos verbos "louvar" (*hillél*) e "celebrar" (*hodáh*): ao menos um dos dois – se excetuarmos os Sl 110, 134, 143 e 144 – recorre em cada Salmo. De modo particular, entre um Salmo e outro ressoa frequentemente um grito de "aleluia", que alhures se encontra somente nos Sl 104, 105 e 106. Esse fato dá um forte acento hínico a todo o livro.

Diferentemente dos outros quatro, o Quinto Livro dos Salmos se apresenta como uma composição menos unitária, provavelmente realizada em momentos distintos. Se o Quarto Livro se move sob um pano de fundo exílico, o quinto parece ser expressão de um tempo de restauração. Na primeira parte do Quinto Livro é possível individuar duas coletâneas, concluídas com o Salmo mais longo do Saltério: o Sl 119.

Uma comunidade do pós-exílio na expectativa do messias (107–112)

O primeiro Salmo do Quinto Livro, o Sl 107, tem mais de quarenta menções verbais em comum com o último Salmo do Quarto Livro, o Sl 106. Parece que para o editor o Quinto Livro do Saltério funciona como um comentário dos quatro livros precedentes. O Sl 107 é também o primeiro de uma unidade que termina com o Sl 112, unidade seguida por seis Salmos do *Hallél egípcio* (113–118).

O tema do Quinto Livro é focado desde o primeiro versículo ("Daí graças ao Senhor, pois ele é bom", 107,1): trata-se de um louvor pelo amor eterno do Senhor que abre caminho através da morte do deserto, do cativeiro, da doença, das águas.

São convidados para louvar e agradecer a Deus por sua providência não somente os israelitas, mas os homens em geral. E isto é confirmado pelo fato que o Salmo, para demonstrar o poder salvífico do Senhor, não cita eventos salvíficos da história de Israel, mas situações de perigo genéricas como o deserto, o cativeiro, as viagens de navio, a tempestade no mar, a sobrevivência numa terra inóspita.

No interior da composição os três Salmos seguintes são de Davi e formam uma unidade cujo tema se encontra no Sl 108, que por sua vez cita os Sl 57,8-12 e 60,7-14: a comunidade pós-exílica, que vive num território desmembrado e reorganizado como província do Império Persa, pode continuar louvando o Senhor, meditando um oráculo do passado no qual o Senhor promete uma vitória sobre os inimigos de Israel. As promessas antigas valem também para o tempo presente.

À lamentação do Sl 109 – a mais violenta imprecação do Saltério – responde o Sl 110: uma voz profética pós-exílica que reafirma, após a eliminação da monarquia na cidade de Sião, a antiga promessa do Sl 2: o Senhor submeterá as nações por meio de um messias (110,1). O Senhor, num futuro escatológico, julgará os inimigos de Israel e anunciará sua soberania no mundo por meio de um novo rei davídico, por ele mesmo entronizado. Podemos afirmar que os três Salmos davídicos (108–110) dão uma resposta concreta – mais uma vez – à lamentação do Sl 89 sobre o ungido rejeitado.

Os dois Salmos acrósticos gêmeos, 111 e 112, introduzidos pelo grito *halᵉluyáh*, são uma reação de alegre gratidão ao oráculo divino do Sl 110. O Sl 111, de louvor pelas obras de Deus na história, se vincula também ao Sl 109 por algumas menções verbais significativas, e quer ser uma resposta a suas tremendas imprecações. O Senhor sempre lembra sua aliança, mas também a comunidade deve perscrutar as grandes obras de Deus do passado, quando arrancou das mãos dos pagãos a terra para dá-la ao seu povo (111,6). Meditando sobre aqueles acontecimentos a comunidade pode entrever a vontade divina de continuar a repeti-los em seguida, também na difícil situação do pós-exílio.

No Sl 112 se sugere como recomeçar a experimentar o braço forte de Deus, capaz de abrir uma brecha no meio de cada dificuldade (Sl 107) e de defender do ataque injustificado dos inimigos (Sl 109): estudando com amor as Escrituras, como o faz o justo do Sl 1. Na meditação da Torá, de fato, a comunidade descobre o sentido de sua existência atual (Sl 108). Além disso, como o Sl 1 está intimamente ligado ao Sl 2, que é um Salmo real, também o Sl 112, juntamente com o Salmo gêmeo 111, está ligado ao Sl 110, que é outro Salmo real. Portanto, o justo que aparece como luz nas trevas em favor da pequena comunidade (112,4) parece ser o futuro messias, que fará justiça entre os povos (110,506), não com a espada, mas exercitando sua piedade e sua misericórdia.

Os cânticos para a Páscoa (113–118)

Os seis Salmos seguintes, unidos pelo motivo da peregrinação num clima de louvor e de gratidão, são chamados comumente de *hallél egípcio*, em razão do Sl 114 se referir ao êxodo. É uma composição que encontrou um lugar especial na liturgia da Páscoa do judaísmo primitivo. A composição é estruturada de forma que em seu centro se encontra o motivo fundamental pelo qual flui todo louvor e gratidão: o Senhor faz passar de uma situação de morte à vida, dos laços da escravidão à liberdade, do desconforto à alegria (116,8).

A comunidade dos "servos do Senhor" (113,1) – os que no pós-exílio têm a responsabilidade de alimentar a esperança messiânica – louva o Senhor como quem coloca continuamente em movimento seu povo, revertendo papéis sociais já consolidados: dá novamente dignidade ao pobre (113,7) e traz de volta a mulher estéril como rainha da casa (113,9). Quando os povos do mundo virem a reconstrução de Sião e o repovoamento da cidade de Jerusalém, hão de reconhecer sua glória (113,4). Assim, aliás, a criação ficou maravilhada quando Deus fez sair seu povo do Egito, segundo o Sl 114, Salmo que evidencia o êxodo como modelo no qual a ação do Senhor se inspira.

No Sl 115 o poder real do Senhor, Deus de Israel, é colocado em contraste com a inércia, aliás, com a nulidade dos ídolos, aos quais se confiam os povos pagãos. No Sl 116, no santuário, no centro de Jerusalém, se dá graças ao Senhor, venerado como aquele que quebra as correntes da escravidão (v. 16), abrindo uma via rumo à liberdade, como outrora abrira o caminho através do Mar Vermelho.

O louvor do povo de Israel, no Sl 117, rompe as margens e se alarga ao louvor de todos os povos da terra, que muito rapidamente começarão a experimentar o amor e a fidelidade do Senhor que os leva à unidade.

Cada um desses cinco Salmos antecipa temas e motivos do Sl 118, cuja linguagem reflete as tradições do êxodo (cf. Ex 15,1-18). Mas o êxodo, no Salmo, é somente o modelo para evidenciar a salvação que Israel experimentou em toda a sua história, sobretudo durante o exílio e ao longo de seu retorno, quando o Senhor se revelou como único escudo em quem se pode confiar. À luz do amor divino, o povo também pode interpretar a dura história da deportação como correção de um pai que não quer a morte dos filhos (118,18) e ao qual se pode confiar a própria vida (v. 17): essa salvação virá de Sião (v. 19).

Uma meditação sobre a Lei do Senhor (Sl 119)

O Sl 119 é uma meditação sobre a Lei do Senhor precedida pelo Sl 118, centrado na ação de graças ao amor de Deus, que rompeu o cerco dos inimigos mortais de Israel, conduzindo-o pela mão à salvação: salvação que, no futuro, será em Sião disponibilizada a todas as nações (Sl 117). Trata-se, portanto, de uma meditação num clima de louvor.

Não é improvável que o editor, ao colocar esse Salmo após a coleção litúrgica do *Hallél*, ligado à Páscoa, também estivesse pensando na "Festa das Semanas", ligada à lembrança do Sinai e da Lei. Aos que não podiam deslocar-se pessoalmente para Jerusalém, aos devotos da Lei que se sentiam desprezados pela aristocracia sacerdotal de Jerusalém, favorável à helenização, a recitação e a meditação desse Salmo nas "assembleias dos fiéis" podiam, em alguns casos, substituir o sacrifício e valer como uma peregrinação a Sião. Seria uma espécie de transposição espiritual dos fiéis ao Templo e colocá-los em frente ao trono do Senhor, rei do mundo, como o sugere o Sl 118. Os que meditam a Lei são os "servos" do Senhor, que consideram o Saltério uma espécie de "santuário portátil". Essa práxis religiosa tomou forma principalmente nos últimos dois séculos antes de Cristo, período em que o Saltério deixou de ser apenas objeto de culto "material" no Templo, mas o centro e a cotidianidade do fiel observante da Torá.

O Saltério dos peregrinos (120–134)

Depois do Sl 119 o editor colocou 15 Salmos (120–134), todos encabeçados (e somente estes) pela expressão *shir hamm'alót*, que foi diferentemente interpretada: "cânticos graduais", cantados segundo a *Mishnáh* sobre os 15 degraus que sobem do pátio das mulheres ao pátio de Israel na explanada do Templo; "cânticos da volta", isto é, do retorno do exílio babilônico; ou "cânticos das subidas" à cidade de Jerusalém por ocasião das peregrinações (cf. Dt 16,16).

Trata-se de uma série de cânticos não litúrgicos que serviam como "saltério dos peregrinos" que se dirigiam à cidade de Sião. A particularidade mais evidente desses Salmos é sua diversidade: cada um deles tem sua própria origem. O tom otimista e cheio de esperança dessa coleção de cânticos contrasta com a experiência geral da desilusão, característica do tempo em que foi redigida, ou seja, do período persa. Esses cânticos refletem o linguajar das pessoas simples, particularmente dos pequenos agricultores e dos trabalhadores da terra, confrontados com as dificuldades da vida diária, tornadas frequentemente insuportáveis ao longo do período da dominação persa. As taxas não podiam mais ser pagas *in natura*, mas em dinheiro. Por isso os agricultores foram obrigados a uma sobrecarga de trabalho para poder manter a própria família, geralmente numerosa. Muitos se viam obrigados a vender parte de seus terrenos e, inclusive, os próprios filhos adultos como força de trabalho. Entretanto, mais problemáticas ainda eram as divisões internas da comunidade, pois quem usufruía dessa situação pertencia ao próprio povo, enriquecendo-se à custa dos próprios "irmãos" (cf. Ne 5,1-13).

Em razão do motivo do uso desses Salmos, os quinze Salmos apresentam algumas características comuns. Primeiramente sua brevidade (exceto o Sl 132, que parece ter um papel especial na coleção): juntos os quinze Salmos são três vezes mais longos do que o Sl 22, tamanho que se adapta facilmente a um pergaminho de papiro, que os peregrinos podiam carregar consigo durante a viagem. É evidente igualmente a preocupação com Sião e com a "casa do Senhor". Usa-se repetidamente o termo "Israel". Frases litúrgicas também são frequentes: invocações de bênção e de paz; convites a confessar e a confiar. O frequente uso do termo "eis", para indicar o surgimento repentino de alguém ou para chamar a atenção sobre alguma coisa que surge, é compreensível nos lábios dos peregrinos.

Um tema central confere uma certa coerência a todo o "saltério dos peregrinos": a tensão voltada para Sião. Para Jerusalém (Sl 122), que tem seu centro no Templo (122; 134; c. 127) e para Davi (Sl 132), põem-se em movimento os peregrinos num novo êxodo do exílio da vida cotidiana alienada. Não devem apavorar-se com os perigos da viagem: o Senhor, presente na arca, já os precedeu na caminhada para Jerusalém, abrindo-lhes a estrada (Sl 132).

O Grande Hallél (135–136)

Depois do "saltério dos peregrinos" vêm os Sl 135 e 136, denominados "Grande *Hallél*". O fato do primeiro versículo do Sl 135 se referir ao versículo inicial do Salmo precedente, cantado à noite, poderia indicar que também o Grande *Hallél* era cantado à noite, talvez na Festa das Cabanas.

Os dois Salmos contêm, em seu centro, os seguintes verbetes do credo: criação, libertação do Egito, caminho no deserto, dom da terra. O Sl 135 se serve da recitação dos artigos do credo de Israel para opor o Senhor e seu povo aos ídolos das nações. O Sl 136, ao contrário, lembra os artigos do credo para exaltar o amor infalível do Senhor.

Os cânticos de Sião não podem ser cantados no exílio (137)

O Sl 137 é um Salmo particular isolado, não inserido em nenhuma composição, embora retome temas e termos dos Salmos precedentes (120–136).

A situação do orante desse Salmo parece ser a de quem ainda não superou o choque da destruição de Jerusalém em 587. O vínculo com os Salmos precedentes faz pensar que o Salmo tenha sido colocado nesse ponto do Saltério como comentário teológico dos Salmos de peregrinação: os cânticos de Sião não podem ser cantados no exílio.

O futuro Davi (138–145)

Após o interlúdio do Sl 137 encontramos a última coleção dos Salmos de Davi (Sl 138–145), estreitamente interligados entre si nos termos e nos motivos, além do cabeçalho, que aponta Davi como autor. Isso é particularmente verdade para o primeiro e para o último, os Sl 135 e 145, que formam a moldura na qual é inserida a coleção.

Nos dois Salmos o louvor é proclamado diante de um grande público: em 138,4 são convidados "todos os reis da terra", em 145,21 "todo vivente". O Sl 145 tem uma importância particular, por ser o último Salmo do Quinto Livro do Saltério. Ele contém algumas fórmulas que se inspiram claramente nas quatro doxologias que concluem os primeiros quatro livros do Saltério. Em particular, o Sl 145,21 ("Minha boca proclama o louvor do Senhor") exprime sinteticamente o tom hínico de fundo do último livro do Saltério. Só falta o "Amém", por se tratar de uma doxologia que se abre para o grande final dos Sl 146–150.

Entre o Salmo de agradecimento de Davi 138 e o hino de Davi 145 se encontram orações de confiança e súplicas típicas do Primeiro Livro do Saltério. Os Sl 140 e 141 lembram episódios da vida de Davi; o Sl 142 se refere a um deles no cabeçalho ("Quanto estava na caverna"); o Sl 143 termina com a expressão "sou teu servo" (v. 12), ao passo que no Sl 144,10 se especifica que esse servo é Davi.

No pós-exílio, quando a dinastia davídica já não estava mais no poder em Israel, esses Salmos mantinham viva a esperança num futuro Davi, sinal da presença salvífica do Senhor no conflito escatológico, após o qual haveria um novo paraíso terrestre (144,12 15).

Doxologia final (Sl 146–150)

Os últimos cinco Salmos do Saltério são chamados de "Pequeno *Hallél*". Cada um deles é emoldurado pelo termo "aleluia": dessa forma o Saltério termina com a palavra "aleluia" repetida dez vezes, em correspondência aos dez imperativos a louvar a Deus no corpo do Sl 150. Às dez palavras com as quais, segundo a tradição hebraica, Deus criou o mundo – por dez vezes de fato Gn 1 repete a expressão "Deus disse" – e às dez palavras da aliança do Sinai (cf. Dt 4,13), o Saltério responde com dez convites a louvar o Senhor criador do mundo e senhor da história.

Todos os cinco Salmos têm a característica de hino, não possuem cabeçalho e são fortemente marcados pela teologia da criação. Quem deve louvar o Senhor são: Davi (146), Jerusalém e todo Israel (147), os seres do céu e do cosmo terrestre (148), a comunidade dos fiéis (*chasidím*) (149) e, por fim, todo ser vivo (150).

O reino eterno de Deus se manifesta na atitude divina para com Sião (146,10): ele garante a segurança de seus habitantes reforçando as travas das portas das muralhas, estabelece a paz com os povos limítrofes, propicia o "pão cotidiano" a todo o povo (Sl 147).

Dessa atitude particular do Senhor para com o seu povo trata também o Sl 148, onde se fala da ordem cósmica e do papel especial atribuído por ele a Israel. Sobre a função específica de Israel fala o Sl 149: Israel é eleito pelo Senhor para realizar o juízo sobre os povos e sobre seus chefes, a fim de que toda força caótica seja acorrentada e possa manifestar-se assim a salvação eterna e universal.

Por fim, a instauração da realeza universal do Senhor é cantada no último Salmo (150), no grande templo do cosmo renovado, no qual todas as forças do mal já foram acorrentadas e postas de lado, não com uma guerra, mas mediante o "cântico novo" da comunidade dos pobres: este parece ser o sentido do Sl 149,6: "Os louvores de Deus estejam em suas bocas e (= *como*) a espada de dois gumes em suas mãos".

O centro dessa coleção de Salmos parece ser o Sl 148, no qual Israel aparece em meio a um mundo cheio de injustiças e violências: violências externas (potências inimigas) e internas (ímpios). O cântico de louvor da comunidade de "todos os seus fiéis", dos "israelitas, o povo que lhe está próximo" (v. 14), está, portanto, na mesma linha do cântico dos três jovens de Dn 3, do qual se inspira. Como os três jovens na fornalha, também a comunidade do novo Israel, fiel à Torá, pode viver em meio ao fogo devorador das perseguições, enquanto – rodeada do amor divino – canta o Sl 148: os Salmos de louvor ao Senhor são a sua salvação.

Esse parece ser o sentido do Pequeno *Hallél* para todo o Livro dos Salmos. Todos os Salmos são, "no meio do fogo" da história, o livro dos louvores do Senhor da Torá e do providente Rei do mundo. Estas são as orações nas quais os pobres, os indefesos e os fracos deste mundo encontram força para colocar suas vidas nas mãos de Deus.

Temáticas teológicas

O Saltério palavra de Deus ao homem

O Saltério não é apenas um arquivo de orações dirigidas a Deus sem qualquer conexão entre si: em sua forma canônica ele se apresenta como um livro que contém a Palavra de Deus dirigida ao homem, como todas as outras partes da Bíblia. A meditação da teologia dos Salmos não é nova, nova é uma teologia do Saltério: uma teologia que não leva em consideração somente os Salmos singularmente e seus gêneros literários, mas que estuda o perfil teológico próprio do texto final. Trata-se de uma teologia presente de forma transversal em todo o Saltério, da qual podemos destacar cinco pilares: leitura sapiencial, davídica, messiânica, teocrática, em vista da peregrinação a Sião. Considerando o cânon cristão, concluiremos, pois, com uma leitura cristã do Saltério.

1) Leitura sapiencial: o Saltério como Torá de Davi

Talvez desde o tempo da redação de Lc 24,44 o Saltério já estivesse no topo da terceira parte do cânon hebraico: nos Escritos. Ou seja, o Saltério era considerado Escritura santa, a ser meditada, a fim de descobrir o plano da salvação divina.

Um primeiro indício para entender o Saltério em sua forma atual como Torá de Davi é sua divisão em cinco livros, por analogia à Torá de Moisés. É uma divisão que provavelmente pertence à fase final da redação. Segundo o *Midrash Tehillím*, "Moisés deu a Israel cinco livros, Davi deu a Israel cinco livros" (*Midrash Tehillím* ao Sl 1,1 [séc. III IX d.C.]).

Quatro fórmulas doxológicas, que se remetem mutuamente por meio da repetição de alguns termos, indicam a conclusão dos primeiros quatro livros (Sl 41,14; 72,18-19; 89,53; 106,48). Ao conjunto dos Sl 107–150 carece uma fórmula doxológica que corresponda aos quatro precedentes. Alguns autores consideram o Sl 150 uma doxologia final. Outros, ao contrário, veem na composição dos Sl 146–150 a conclusão do Quinto Livro e de todo o Saltério.

Um segundo indício que dá um tom sapiencial a todo o Saltério se encontra em seu início, no Sl 1,2: "Na Lei do Senhor encontra alegria, dia e noite medita sua Lei". O Sl 1 é o convite feito por um sábio a abrir-se à instrução do Senhor contida na Torá de Moisés, mas também na pequena Torá de Davi que é o próprio Saltério, e não uma exortação ao pedantismo, ao legalismo e à autojustificação.

Isso é confirmado também pela conexão do Sl 1 com outras partes da Bíblia Hebraica. O Sl 1, primeiro texto da terceira parte do cânon hebraico, começa com uma bem-aventurança que lembra a conclusão do Pentateuco: "Feliz és tu Israel! Quem é semelhante a ti, povo salvo pelo Senhor?" (Dt 33,29). No Salmo é proposto o mesmo ideal de vida indicado pelo Deuteronômio (Dt 6,7): andar, caminhar e deter-se sempre acompanhado das palavras do Senhor (cf. Sl 1,1).

O Sl 1 também lembra o tempo extraordinário da conquista da terra descrito no início da segunda parte do cânon hebraico: os profetas. Moisés, de fato, vê somente à distância a terra prometida, mas não lhe é concedido entrar nela, e morre sem ter realizado aquilo pelo qual o Senhor o havia chamado. É Josué que faz o povo de Israel atravessar o Jordão. E a arma que o Senhor coloca em suas mãos para derrotar os sete povos que ocupavam a terra é a mesma que o Senhor indica no Sl 1,2, ou seja, a meditação da Torá: "Que este Livro da Lei jamais se afaste da tua boca; medita nele dia e noite, para que tenhas cuidado de agir conforme tudo quanto nele está escrito, porque desse modo farás prosperar teu caminho e terás êxito" (Js 1,8).

No Sl 1,3 encontramos outra referência à segunda parte do cânon hebraico, mais precisamente à profecia de Ezequiel: "Nas margens junto ao rio, de ambos os lados, crescerá toda espécie de árvores frutíferas, cujas folhas não cairão e cujos frutos jamais terminarão. Cada mês darão novos frutos, pois as águas que os banham saem do santuário. Seus frutos servirão de alimento e suas folhas como remédio" (Ez 47,12). As águas que fluem do santuário para Ezequiel são agora para o Sl 1 as que jorram da Torá (cf. Sl 52,10; 92,13-15). A meditação da Torá estabiliza o justo na terra prometida, como a árvore plantada junto às torrentes do Templo. A salvação se desloca agora do Templo à escuta da Palavra de Deus. Para o fiel israelita o Livro dos

Salmos agora é uma instrução, uma árvore de vida, que pode saciar com seus frutos saborosos sua fome de felicidade.

O Sl 1, enfim, está vinculado também com a conclusão da segunda parte do cânon hebraico, o Livro de Malaquias: "Lembrai-vos da Lei de Moisés, meu servo" (Ml 3,22). O salmista convida toda a comunidade de Israel a escutar Moisés que fala mais uma vez do Monte Horeb, indicando o caminho que leva à terra prometida. Assim, a Torá de Moisés com os Livros Proféticos é interpretada como uma palavra que se realizará no futuro, quando um novo Josué atravessar mais uma vez o Jordão e reconquistar definitivamente a terra.

2) Leitura davídica do Saltério

Davi é o "suave salmista de Israel" (2Sm 23,1), o poeta do Senhor que "cantou hinos a ele com todo o coração e amou aquele que o havia criado" (Eclo 47,8). Ele aparece no Saltério em três maneiras importantes: no cabeçalho de 13 Salmos (16 no texto grego da LXX), referindo-se a algum episódio de sua vida; na simples atribuição a Davi de muitos Salmos (61 no texto hebraico; 14 na LXX; no Novo Testamento [cf. At 4,25; Hb 4,7]; em todos os Salmos na comunidade de Qumran e mais tarde no pensamento rabínico); no texto de alguns Salmos.

Os treze cabeçalhos de tipo midráxico do primeiro grupo (Sl 3; 7; 18; 34; 51; 52; 54; 56; 57; 59; 60; 63; 142) colocam o texto desses Salmos em relação com as dificuldades pessoais que Davi teve que sofrer em sua vida: as perseguições de Saul, a revolta do filho de Absalão (Sl 3; 7), as situações de batalha (Sl 60) e seu duplo delito de adultério e de homicídio (Sl 51).

É interessante notar como os acontecimentos da vida de Davi lembrados nos cabeçalhos dos Salmos não aparecem como momentos nos quais se reflete a majestade de seu ofício real. Ao contrário: Davi é descrito como um simples homem, escolhido certamente por Deus, mas que demonstra toda a força e toda a fraqueza de uma pessoa que experimenta toda uma gama de emoções humanas, do medo e do desespero à coragem e ao amor, da lamentação e da invocação ao louvor e ao agradecimento. Nesse novo contexto proposto nos cabeçalhos, os Salmos testemunham a todos os sofrimentos e as alegrias da vida ordinária de cada ser humano.

Rapidamente também os outros 61 Salmos simplesmente atribuídos a Davi com a expressão *l^edawíd* foram considerados pelos que os estudavam e

os rezavam como modelos de resposta pessoal ao Senhor, diante de confli-
tos, crises e vitórias da vida.

Nos poucos Salmos em que Davi é citado no texto, ele é o rei do Senhor,
seu servo, seu eleito, seu ungido, com quem fez um pacto, jurando solene-
mente que sua dinastia duraria para sempre. À luz desses textos, quando
em outros Salmos se fala em ungido, em rei ou servo do Senhor, o leitor ou
o orante vê nisso o Rei Davi e as promessas a ele feitas. Assim, o Davi que
canta os Salmos é símbolo de esperança do tempo messiânico.

3) Leitura messiânica do Saltério

A leitura messiânica do Saltério já é sugerida pelo Sl 2 que, em conexão
com o Sl 1, apresenta todos os outros Salmos como um drama entre duas
vias: a do ungido pelo Senhor juntamente com a comunidade dos justos e a
dos ímpios e das nações. Essa leitura escatológica é confirmada pela posição
estratégica que ocupam alguns Salmos reais na atual estrutura do Saltério:
os Sl 2, 72 e 89. O quadro assim criado coloca o acento na monarquia de
Davi: sua entronização por graça divina (Sl 2), sua transmissão aos sucesso-
res na esperança (Sl 72) e seu colapso no momento da destruição e do exílio
(Sl 89).

Esse enquadramento real associado aos primeiros três livros foi em seguida ampliado na segunda parte do Saltério com o acréscimo do Salmo real 144
que, em dupla como o Salmo sapiencial 145, forma o lado oposto do portal do
Saltério (Sl 1–2). Se se considera também a inserção de outros Salmos desse
mesmo gênero literário (Sl 20; 21 na coleção parcial de Sl 15–24 e Sl 110
naquela de Sl 107–112), deve-se concluir que os Salmos reais, considerados
tão importantes a ponto de se tornarem sinais de estrutura do Saltério, eram
reconhecidos após o exílio, num momento desprovido de monarquia, como
expressão da esperança "messiânica" da comunidade oprimida, obrigada pelas várias potências dominantes a viver como estrangeira na própria terra.
Para a comunidade dos justos, para o verdadeiro Israel, a dinastia davídica
era considerada ainda importante para nutrir a fé.

No pós-exílio, esse processo de releitura messiânica não se limitou somente aos Salmos reais, mas existem dois indícios que testemunhariam como
ele se estendeu para outros Salmos. O primeiro é a expressão *le dawíd* presente em muitos cabeçalhos do Saltério, nos quais Davi é considerado israelita
exemplar e rei ideal. Essa expressão poderia indicar a pertença do Salmo à

coleção de Davi, mas também à sua destinação: uma oração para Davi. Isso parece ser confirmado pela LXX que traduz constantemente *l*e*dawíd* com *to dauíd*, "para Davi": isto é digno de atenção se tivermos presente que a tradução grega sabe distinguir muito bem nos títulos dos Salmos o genitivo do dativo. No pós-exílio *l*e*dawíd* poderia indicar algum expoente da dinastia davídica, mas muito mais provavelmente se trata de um Davi do futuro, do Messias. Por isso todos os Salmos atribuídos a Davi, sobretudo as súplicas individuais, poderiam ser compreendidos como messiânicos e postos na boca do Messias (cf. Sl 22 em Mc 15,34).

Um segundo indício de uma leitura messiânico-escatológica do Saltério pode ser encontrado na expressão *lam*e*natstséach*, que ocorre no cabeçalho de 55 Salmos, e é comumente traduzida por "para o regente do coro". A LXX, ao contrário, traduz *eis to télos*, a Vulgata *in finem*, "para o final", ou seja, para o tempo escatológico. Diferentemente, mas na mesma direção, traduzem as outras versões gregas: *eis to níkos*, "para a vitória" (Teodócio), *epiníkios*, "cântico de vitória" (Símaco), *to nikopoió*, "para o vencedor" (Áquila). Também o rabinismo conhece uma interpretação desse tipo (*b. Pes* 117a). Pode-se dizer, portanto, que o uso cristológico dos Salmos no NT tinha um sólido fundamento na interpretação judaica de então.

4) Leitura teocrática do Saltério

O Saltério também pode ser considerado um testemunho da soberania de Deus sobre o mundo inteiro. Essa releitura teocrática começa mais uma vez no Sl 2, em cujo centro está o rei divino que entroniza o rei terreno como sacramento da própria presença no mundo (cf. Sl 2,7, eco de 2Sm 7,14). Esse sinal, colocado por Deus no meio dos povos, parece falhar com a catástrofe do exílio em 587, que mostra a falência da aliança com Davi e a queda da monarquia. No final da primeira parte do Saltério, o último Salmo do Terceiro Livro, o Sl 89, exprime a profunda desorientação diante do fato que o Senhor rejeitou e repudiou o seu consagrado, não o apoiou na batalha, derrubou por terra seu trono, pôs por terra os muros de Jerusalém; e termina com o grito angustiado: "até quando, Senhor?" (cf. v. 39-47).

O livro quarto (Sl 90–106), que recolhe a maior parte dos hinos à realeza do Senhor, parece ser o centro editorial de todo o Saltério, pois contém a resposta a essa pergunta da comunidade pós-exílica. Se não existe mais o rei terreno, resta, entretanto, o Senhor, que já era rei de Israel antes mesmo da existência da monarquia: ele foi o único "refúgio" no passado, muito antes da monarquia (ou seja, no período mosaico); ele continuará sendo o refúgio de seu povo agora que a monarquia caiu. E os convites a esperar uma futura restauração do reino messiânico são acompanhados pelo contínuo conselho de buscar refúgio num reino não deste mundo, no qual somente o Senhor é rei.

5) Leitura do Saltério como "peregrinação espiritual" a Sião

Um tom sionista do Saltério pode ser encontrado desde os inícios, no Sl 2, onde se diz que o Senhor, que habita nos céus (v. 4), intervém num lugar particular da terra para constituir seu próprio rei em Sião (v. 6). Dessa cidade, o Senhor estabelece a ordem política e social, combatendo contra os povos inimigos e contra os ímpios, anulando os ataques dos reis adversários, mas também convertendo à fé javista (cf. Sl 46; Is 2,1-5). Além disso, Sião é vista como monte santo, novo paraíso terrestre de cujo centro flui uma fonte de vida, que se divide em quatro rios (Sl 46; 65). De seu Templo parte uma água que faz florescer o deserto e torna doces as águas salgadas do Mar Morto (Ez 47).

Sião é também a "cidade de Deus": lugar da presença especial do Senhor em favor de seus habitantes e dos que a visitam. É o espaço onde se pode experimentar a vida e a salvação (*shalóm*), uma cidade infalível porque ali habita YHWH: convicção confirmada pela milagrosa salvação dos assírios, ocorrida sob o Rei Ezequias.

Quando a cidade de Sião foi reduzida a ruínas em 587 a.C., sua teologia foi renovada mediante a meditação sobre os pressupostos e sobre as condições necessárias para que o Senhor continuasse a habitar ou a aparecer-lhe. Agora a cidade é vista como uma mulher, mãe dos filhos de Israel e, até mesmo, dos povos (Sl 87), mas também como esposa ao lado do rei divino YHWH (Sl 45). Como mãe chora pelos filhos dispersos (Sl 137), como viúva se lamenta pela perda do marido YHWH (Sl 79), como filha de Sião se alegra porque seu amado volta (Sl 48). De modo mais pessoal, Sião volta a ser fonte de vida e de bênção tanto para Israel quanto para homens e povos. Por isso ela é razão de peregrinação. Os 15 Salmos de peregrinação (Sl 120–134) são testemunhas dessa fé e esperança da parte do povo, sobretudo das pessoas humildes, angustiadas por uma dura pressão fiscal exercida pelas potências dominadoras.

A releitura sionista do Saltério parece ter sido mais forte nos últimos dois séculos antes de Cristo. Imagina-se, de fato, que a recitação e a meditação de algumas coleções de Salmos presentes no Quinto Livro do Saltério tivesse se tornado naquele tempo uma forma de substituir a peregrinação a Sião, transportando espiritualmente a comunidade para o Templo, diante do lugar do trono do Senhor, rei do mundo, e para o monte do qual o Deus do Sinai ensina a sua Torá e distribui a sua bênção. Aqueles que por vários motivos eram impedidos de ir a Sião podiam substituir a peregrinação com a recitação do *Hallél egípcio* (Sl 113–118) na Festa da Páscoa, com a recitação do Saltério dos peregrinos (Sl 120–134) por ocasião da Festa das Cabanas e com a recitação do longo Salmo da Torá (119) na Festa das Semanas ou Pentecostes.

Leitura cristã do Saltério

Podemos, enfim, nos perguntar como a oração do povo hebraico se tornou a oração da Igreja. O motivo principal é que o próprio Jesus rezou com os Salmos, como todos os hebreus de seu tempo. Limitar-se a essa constatação, porém, é pouco. É preciso entender a motivação. Sabemos que no tempo de Jesus o Saltério era o livro de oração e de meditação por excelência. Era o livro da vida. No Novo Testamento cerca de um terço das citações do Antigo Testamento são tomadas do Saltério: uma preferência que nos escritos patrísticos não somente continua, mas inclusive aumenta. Por exemplo: nas obras de Santo Agostinho se encontram em torno de 11.500 citações do Saltério sobre cerca de 20.000 do Antigo testamento e 60.000 sobre toda a Bíblia.

Se examinarmos de perto as passagens dos Salmos citados no Novo Testamento, podemos constatar que eles perderam o seu sentido original no âmbito do Antigo Testamento. Jesus – e em seguida a Igreja primitiva – fizeram uma "releitura" dos textos antigos para fazer deles uma oração adaptada às perspectivas evangélicas.

Esse tipo de reinterpretação no Novo Testamento parte do princípio de que uma palavra – uma vez saída da boca de um hagiógrafo – vale para todos os tempos. Para a comunidade primitiva cristã, os textos abandonam seu sentido histórico e adquirem um novo sentido literal e hermenêutico: o Espírito que inspira um texto também inspira sua reinterpretação.

O caminho de reinterpretação dos Salmos deu-se em três momentos. Para os Salmos antigos, o fato de terem sido retomados na liturgia do

"Segundo Templo", já lhes propiciou uma "releitura", a fim de adaptá-los às novas circunstâncias da vida hebraica. Em segundo lugar, também a antiga versão grega do Saltério dos LXX lhes propiciou uma nova interpretação, que às vezes lhes modificou sua antiga literalidade. E, em terceiro lugar, também Jesus e, depois dele, a Igreja primitiva, fizeram uma nova "releitura" dos textos antigos para transformá-los numa oração adaptada à fé evangélica.

Esse processo de reinterpretação pode ser mais claramente evidenciado se não considerarmos os Salmos apenas individualmente, mas o Saltério como livro: tanto a releitura sapiencial quanto a davídica, a messiânica, a teocrática, a sionista do Saltério direcionam claramente o orante para a expectativa de um futuro enviado pelo Senhor que instaure o seu reino.

Quando o cristão reza e medita os Salmos do povo hebraico, portanto, pode ler neles o ritual de uma liturgia de santidade a ser realizado no templo da própria vida concreta, como aconteceu na vida de Jesus Cristo. Uma leitura contínua ou canônica do Saltério tem o mérito de exaltar o valor da unidade dos dois Testamentos, que se realiza ao redor da figura e da missão, da obra e da função de Jesus, o hebreu, que os cristãos reconhecem como Jesus o Cristo.

O saltério palavra do homem a Deus

O Saltério contém a Palavra de Deus e simultaneamente uma resposta do homem ao seu Senhor. Não se trata de uma resposta a Deus preparada por uma comissão de peritos. Aqui se ouve a voz de todas as camadas sociais do povo: não somente aquela dos teólogos instruídos, dos funcionários do culto, dos mestres de sabedoria ou dos reis e funcionários estatais, mas também aquela do povo simples, com todas as suas dificuldades e alegrias. E não falta a voz de algumas mulheres (cf. Sl 131).

1) A oração dos Salmos como busca de um refúgio no Senhor

A resposta ao amor fiel do Senhor da parte de quem reza os Salmos se concretiza na busca de "refúgio" nesse Senhor. Essa atitude fundamental do orante de todos os Salmos, mas particularmente dos Salmos da primeira parte do Saltério (Sl 1–89), pode ser percebida já nos inícios das bem-aventuranças: "Felizes todos os que nele se refugiam!" (2,12), versículo que faz a transição dos primeiros dois Salmos para o terceiro.

Neste caminho que vai do Sl 1 ao Sl 150, contrastado pela oposição dos ímpios (os que buscam somente a si mesmos guiando autonomamente a própria vida), o justo e a comunidade dos justos se orientam inicialmente na direção de um guia concreto: o Rei Davi estabelecido pelo Senhor em Sião. O messias, revestido do poder divino, que no Sl 2,9 recebe o poder de fazer em pedaços os adversários como um vaso de argila, é na realidade o Davi perseguido, o humilde servo do Senhor, o mestre de oração esperançosa.

A promessa de sucesso na vida do justo, com a qual se abre o Saltério (Sl 1,3), parece logo verificar-se, pois existe a perseguição (Sl 3), a pobreza (Sl 4), a falsa acusação (Sl 5), a doença (Sl 6), a opressão (Sl 11), a angústia (Sl 38), a solidão (Sl 41), o afastamento da pátria (Sl 42–43), o pecado (Sl 51): a comunidade se sente interna e externamente oprimida. Além disso, a palavra contra os ímpios parece não se concretizar (1,4). A desorientação alcança seu auge no Sl 89, o último do Terceiro Livro do Saltério, onde a comunidade é colocada diante do triunfo das nações ímpias, da falência do pacto davídico e do desmoronamento da monarquia.

Justamente porque o orante aprendeu a ver os fatos do ponto de vista de Deus, no Sl 90, primeiro do Quarto Livro do Saltério (Salmo sapiencial), ele descobre que a queda da monarquia indicada no Sl 89 não depende da fraqueza de Deus, que, por sua vez, antes mesmo da existência da monarquia davídica e do Templo, foi morada segura, refúgio seguro, e o será ainda no futuro (90,1-2).

A partir desse momento, o caminho rumo ao "fortíssimo" do coro final, no qual são unidos no louvor todos os seres em grau de respirar (150,6), vai trabalhando intensamente. As dificuldades não faltam. Às vezes parece não haver mais saída (confira as quatro súplicas centrais [Sl 140; 141; 142; 143] da última coleção davídica [Sl 138–145]). Entretanto, a oração dos Salmos na mão da "comunidade dos fiéis" é uma arma estratégica com a qual é possível derrotar qualquer adversário (149,6-7).

2) A oração dos Salmos é um louvor a Deus no coração da noite

A oração dos Salmos nunca deixa o orante igual. Em seu diálogo com Deus é transformado. É justamente no centro das súplicas individuais e coletivas, nas quais é expressa toda a angústia dos homens e das mulheres envolvidos nas trevas da dúvida, do perigo, da opressão, da morte e do distanciamento de Deus que já se entrevê a chegada da aurora.

O Saltério é chamado pela tradição judaica de *séper tᵉhillím*, "livro dos cânticos de louvor". E ainda assim ele contém – sobretudo na primeira parte (Sl 3–89) – uma longa série de súplicas individuais e coletivas; ele grita à noite na expectativa da aurora. Segundo a experiência da comunidade de Israel, somente quem no meio da noite encontra a força de recitar os Salmos acorda a aurora (57,8-9), da qual nasce o "sol da justiça". Quem reza os Salmos consegue, à exemplo de Davi, experimentar o milagre de que fala o Sl 18,30b: "Com a ajuda de meu Deus transponho muralhas". As muralhas são expressão de problemas e ânsias insuportáveis com meios puramente humanos.

O cântico dos três jovens na fornalha, segundo o texto grego de Dn 3, redigido no século II a.C., é ícone da força da oração dos Salmos. Os três jovens não querem obedecer às ordens do tirano Nabucodonosor, tampouco ajoelhar-se em adoração diante da estátua de ouro. Preferem morrer queimados a ceder à idolatria, não desobedecendo assim ao primeiro mandamento do Senhor. Por isso são jogados na fornalha ardente, amarrados e vestidos. Mas aqui acontece o milagre da recitação dos Salmos. Quando o rei olha através da fornalha, vê os três jovens que passeiam em meio às chamas, louvando e bendizendo a Deus: desceu com eles o anjo do Senhor, como se soprasse na fornalha "um vento de orvalho refrescante" (Dn 3,50). Diante desse fato o próprio Nabucodonosor se converte e se une ao louvor ao verdadeiro Deus.

Rezar os Salmos significa renunciar ao louvor e à adoração dos falsos deuses e ídolos, aceitando ser uma comunidade em contraste com a mentalidade corrente. Além disso, o louvor ao Senhor não acontece depois dele ter tirado da fornalha os três jovens, mas em meio às próprias chamas. Esse milagre somente é possível pela presença do "vento de orvalho refrescante" (Dn 3,50): é a presença do Espírito do Senhor que injeta vida à morte e permite sobreviver em meio ao fogo da história. Os Salmos, por essa razão, são cânticos contra a morte: enquanto houver alguém que os recite, a vida subsistirá.

3) A oração dos Salmos tem uma força terapêutica: os assim chamados Salmos imprecatórios

O fiel recitador dos Salmos estabelece com seu Senhor uma relação geralmente geradora de uma profunda paz em sua alma. E isto diz respeito, inclusive, a alguns Salmos que impropriamente foram denominados "Salmos imprecatórios", ou seja, Salmos portadores de desabafos, de protestos, de súplicas desconcertantes. Exemplos disso são os seguintes Salmos: 5,11; 10,15; 18,38-43; 31,18-19; 35,1-10.22-26; 52; 45,7; 587-12; 59,12-14; 69,23-29; 79,12; 83,10-19; 104,35; 109,6-20; 125,5; 137,7-9; 139,19-22; 140,10-12.

Os rezadores desses Salmos parecem viver num mundo retornado do caos. Mas, justamente pelo fato de, na oração, se terem encontrado com Deus, somam forças para rezar, a fim de que o mundo sonhado por Deus volte a reinar. Diante do Senhor os salmistas geralmente se sentem na condição de pobres, mas empenhados numa luta que, se abandonados, não têm qualquer possibilidade de sucesso. As forças do mal, encarnadas por inimigos pessoais, por povos vizinhos, por opressores e forças cósmicas se precipitam sobre suas vidas privadas e sobre a da comunidade, levando a melhor. Contra a agressão dos inimigos Israel dispõe de uma única arma: a oração. Os assim chamados "Salmos imprecatórios", na realidade, não são Salmos imprecatórios: poderíamos denominá-los "invocações de justiça". São desejos e invocações dirigidos diretamente a Deus numa linguagem passional e não teológica, a fim de que Deus coloque fim à perseguição dos inimigos.

Deus é o verdadeiro destinatário da agressão dos inimigos, e é sua aliança que está sendo contestada. Se Israel não é salvo e seus inimigos ficam publicamente impunes, a fé do povo passa por perigos. Ele só se sente em condições de estabelecer a verdade quando se esgotam os recursos humanos. Para que a verdade seja restabelecida, é necessária a punição do ímpio.

O salmista que se lamenta está consciente de viver numa comunidade eleita pelo Senhor, que com ele estabeleceu uma aliança; por isso ele pode gritar ao Senhor: "Meu Deus, meu Deus, porque me abandonaste?" (Sl 22,2). Essa oração, feita também por Jesus na cruz, pode também se tornar um grito em nossos lábios, um lamento que nasce da confiança e da esperança que Deus nos ouvirá. Deus acolhe com misericórdia nossa linguagem passional, como outrora ouviu os lamentos de Jó. É uma linguagem que ajuda a manter viva uma relação de fé. Somente o fiel eleva um grito a Deus; quem não crê, na melhor das hipóteses, maldiz a vida.

O orante que invoca a destruição do mal tem consciência que o pecado se aninha também nas profundezas de seu coração. Nessas orações ele confessa a própria impotência de salvar-se e deixa que Deus realize sua vingança. E o Senhor destrói o mal de forma surpreendente: com a misericórdia (cf. Ex 34,6). No fundo, esses Salmos são uma veemente invocação para que se difunda o reino de Deus sobre a terra ameaçada pelo caos da violência dos ímpios.

Nessas "invocações de justiça" estão presentes, portanto, algumas imagens que, em parte, conhecemos também pela psicologia do profundo. São orações que têm uma função "terapêutica". Elas ajudam a olhar para o próprio íntimo, a acessar zonas da própria vida jamais vasculhadas: velhas feridas não curadas, injustiças sofridas que depositaram ressentimentos jamais vindos à tona. Rezar esses Salmos ajuda a fazer emergir tais sofrimentos e a pedir ao Senhor que nos reconcilie com a própria história e faça reencontrar a paz, assim como a encontrou a mulher do Sl 131 e o orante do Sl 52.

A oração no Antigo Testamento

Não temos definições da oração no Antigo Testamento. Existem, ao contrário, além do Saltério, muitas orações espalhadas no Pentateuco, nos Livros Proféticos e nos Escritos. Nestas se percebe o diálogo do orante com Deus, assim como a reflexão de vários escritores que as reelaboraram e as inseriram no contexto literário atual.

O vocabulário da oração no Antigo Testamento

Não existem muitos termos técnicos para designar a *oração* em geral. Um é o verbo *'atar*: súplica estreitamente ligada ao sacrifício. Em *nif'ál* o mesmo verbo significa que Deus se rende às súplicas do homem. Para designar a oração em geral se usa o termo *t^efilláh*. A oração coloca as questões difíceis diante de Deus, que, por sua vez, responde através do destino ou de um de seus representantes: o sacerdote ou o profeta. Outro verbo usado no âmbito da oração é *qará'*, "chamar", geralmente inserido na expressão *qará' b^eshém*, "chamar pelo nome". Essa expressão geralmente é usada em atos cultuais, particularmente na ereção de um altar (cf. Gn 12,8; 21,33). O verbo *hishtachawáh*, "prostrar-se", exprime externamente a atitude interior de adoração a Deus. Mais especificamente, os termos da súplica são verbos que indicam o "pedir": *sha'ál, darásh, biqqésh*. Por outro lado, no gênero do louvor os termos mais comuns são *t^ehilláh*, "louvor", *hal^eluyáh* ("louvai Yah"), *yadáh*, "agradecer", *todáh*, "ação de graças", *b^erakáh*, "bênção". Na oração privada entram os termos comuns *falar, dizer, responder, ver, ouvir, escutar*, termos que exprimem o diálogo do orante com Deus.

A oração no Pentateuco e nos Livros Históricos

Não existem muitas orações nas *tradições patriarcais*. Um grande orante é Abraão, de quem o Livro do Gênesis conserva uma oração de intercessão em favor de Sodoma e Gomorra, duas cidades pecadoras (Gn 18,23-33). Na *época mosaica* prevalece a oração de Moisés, um cântico de louvor no qual exprime seu estupor e alegria pela libertação inesperada das forças da morte: o faraó e as águas do Mar Vermelho (Ex 15,1-18). Em Nm 21,9 é indicada uma oração mais eficaz do veneno das serpentes do deserto, presente somente na contemplação da serpente de cobre erguida por Moisés.

No Livro de Josué, após o revés súbito de Hai, é o chefe que intercede em nome de seu povo: pede que o Senhor mesmo intervenha para defender seu grande nome (7,7-9). No Livro dos Juízes, a oração dos chefes sobe ao Senhor nos momentos em que se decide a vida ou a morte do povo cercado por seus inimigos: confira a oração de Gedeão (Jz 6,36-39) e de Sansão (16,28). Em 1-2 Samuel são Samuel (1Sm 7,6) e Davi (2Sm 7,18-19) os grandes orantes que representam todo o povo junto a Deus. Em *1Rs* 8,30-53 é registrada uma longa oração de Salomão por seu povo, que a lembrará nos momentos mais trágicos de sua história, sobretudo quando experimentará a angústia da deportação para a Assíria e para a Babilônia.

O *Cronista* insere em seu texto algumas orações não presentes na história deuteronomista: a oração do Rei Asa, que pede ajuda a Deus diante do ataque do exército etíope (2Cr 14,10); a comovente súplica do Rei Josafá ao aproximar-se ameaçador dos exércitos moabitas, amonitas e meunitas (2Cr 20,6-12); a oração de intercessão do Rei Ezequias em favor daqueles que haviam comido a páscoa sem ter-se antes purificado (2Cr 30,18-19). Interessado no culto do Templo de Jerusalém, o Cronista recolhe também alguns hinos (1Cr 29,10-19; 2Cr 7,3; 20,21). *Esdras* põe-se de joelhos e ergue as mãos humildemente para o Senhor para que interceda em favor do povo que quebrou a aliança com Deus juntando-se às nações pagãs (Esd 9,6-15), *Neemias*, após ter recebido as notícias da situação miserável da cidade de Jerusalém, se senta, chora e faz luto por vários dias e, enfim, dirige ao Senhor uma oração em favor da cidade santa tão humilhada (Ne 1,5-11). E ainda ao Senhor ele se confia entre as insídias dos inimigos, que querem impedir a reconstrução dos muros da cidade de Jerusalém (Ne 3,36-37).

Uma oração de agradecimento é colocada na boca de Raguel, tio de Tobias, quando descobre pela manhã que o neto e Sara, sua filha, recém-casados, tinham transcorrido em paz a noite sem que a morte tivesse estado em grau de matar mais uma vez o esposo (Tb 8,15-17). Uma segunda bênção dirigida ao Senhor é pronunciada por Tobit, quando recupera a vista graças ao remédio milagroso esfregado nos olhos do filho ao retorno da longa viagem em companhia do Anjo Rafael (11,14). Tobit faz também uma longa oração de exultação em favor da reconstrução de Jerusalém (13,1-8). No Livro de *Judite* é lembrada uma tocante súplica erguida ao Senhor por todo o povo prostrado em adoração (Jt 6,19) e, sobretudo, a longa oração de pedido de ajuda feita por Judite antes de ir ao inimigo Holofernes (9,2-14), bem como sua oração de agradecimento a Deus após a vitória sobre o inimigo de Israel (13,14).

Nos Livros dos Macabeus são lembradas as súplicas proferidas pelos chefes ou pelo povo no início de seus vários intentos. A primeira é a de Matatias, que começa a revolta junto com seus filhos elevando um lamento pungente pela profanação das coisas santas feitas pelos pagãos (1Mc 2,7-13). Uma súplica cheia de fé é aquela de seu filho Judas, antes da batalha contra o general sírio Lísias, que lhe vinha ao encontro com um exército de setenta mil homens contra os seus dez mil. O Senhor pode repetir os prodígios antigos: vencer as multidões com poucos. Uma segunda súplica mais breve diante do altar do Templo é aquela dos sacerdotes que foram insultados por outro general sírio, Nicanor, que queria deles a entrega imediata de Judas e de seu exército (1Mc 7,37-38). Numa carta dos judeus de Jerusalém aos da diáspora está inserida a oração feita por Neemias e pelo povo por ocasião de um sacrifício no qual apareceu um fogo misterioso (2Mc 1,24-29). Em 2Mc 6,30 é registrada, ao contrário, a breve oração proferida por Eleazar enquanto caminhava para o martírio. Mais uma oração de Judas Macabeu é lembrada antes de sua batalha contra o general sírio Nicanor que vinha ao seu encontro com um exército enorme e bem armado: que o Senhor, que outrora mandara o anjo a Ezequias para salvar Jerusalém, envie agora outro anjo diante dos soldados hebreus (2Mc 15,22-24).

A oração nos Livros Sapienciais

Também a literatura sapiencial contém fórmulas de oração. Particularmente rico é o Livro de *Jó*. Às vezes ele se lamenta com Deus pela brevidade de sua vida cheia de enfermidades (Jó 7,1-21; 9,25-31); outras vezes eleva a Deus seu protesto de inocência (13,18-28); outras vezes ainda confessa sua culpa (40,4-5), e é convidado a pedir perdão (11,13-15). Súplicas e cânticos de louvor estão presentes em outros Livros Sapienciais, particularmente no *Livro da Sabedoria*. No capítulo 9 se encontra a oração de Salomão por possuir o dom da sabedoria e, mais adiante, o povo de Israel agradece a Deus pela fé que o diferencia dos outros povos que adoram ídolos (Sb 15,1-6). O sábio, consciente da própria fraqueza diante da força da tentação, suplica a Deus, pai e dono da vida, para que apague nele o fogo da concupiscência (Eclo 23,1-6). O próprio Ben Sirac se une ao seu povo na oração em favor da libertação e do renascimento de Israel (36,1-19), e conclui seu livro com um cântico de agradecimento (51,1-12).

A oração nos Livros Proféticos

Nos livros dos profetas não se encontram muitas orações, com a exceção de Jeremias. Alguns cânticos em estilo dos Salmos estão presentes no Livro de Isaías. Um cântico de agradecimento pela renovação dos prodígios do êxodo é lembrado em Is 12,1-6. Outro cântico de agradecimento a Deus, que reduz a cidade dos inimigos num monte de pedras e cala o hino dos tiranos, se encontra em Is 25,1-5. Este é seguido de outro hino de reconhecimento ao Senhor cantado pelo povo de Judá em favor de Jerusalém, cidade fortificada pelo Senhor a fim de tornar-se o refúgio dos justos (26,1-19). Uma súplica em tempo de angústia se encontra em 33,2-16. O último cântico registrado é o de Ezequias, que bendiz ao Senhor por ter-lhe dado a cura e a alegria de viver novamente (38,9-20).

Um grande orante, equiparável a Moisés, é o Profeta Jeremias, que na solidão e no abandono encontra na oração um meio para comunicar-se com o Senhor. Ele intercede com insistência em favor de seu povo pecador (14,7-9). Encontra refúgio na oração quando ele mesmo está angustiado em face de um chamado que considera superior às suas forças (1,6). Em seguida, reza quando está em crise porque lhe parece que o Senhor que o chamou tornou-se para ele uma espécie de "torrente traiçoeira" (15,10-18); e ainda, quando sente que o povo põe em dúvida sua palavra profética (17,14-18); ou quando estão tramando um atentado contra ele (18,19-23), ou no momento mais escuro de sua crise, quando parece inclusive destroçado pela grandeza de seu chamado (20,7-18). Às vezes pede o juízo de Deus contra seus próprios parentes de Anatote, que tramam insídias contra ele (11,20), ou quando ele mesmo discute com o Senhor (12,1-3).

Com um Salmo alfabético começa o Livro de Naum (Na 1,2-8), ao passo que o Profeta Habacuc une uma súplica em favor de uma intervenção do Senhor a um hino de louvor por seu grande poder (Ab 3,2-19). No Livro de Ezequiel não encontramos muitas orações. Ele lembra a lamentação que tinha ouvido de seu povo ("Nossos delitos e pecados pesam sobre nós, e por causa deles estamos definhando", Ez 33,10), e se lamenta diante de Deus por não se sentir ouvido pelo povo ("Ah! Senhor Deus, eles dizem de mim: 'não é ele que anda falando em enigmas?'", 21,5). No Livro de Joel sentimos ressoar os cânticos penitenciais do profeta e do povo num momento de calamidade nacional (Jl 1,15.19-20), bem como o pranto dos sacerdotes e dos profetas entre o pórtico e o altar, que dizem: "Senhor, tem piedade de teu povo. Não entregues ao vexame a tua herança" (2,17). No Livro de Jonas é registrada uma oração do profeta em sua angústia de morte no ventre do peixe (Jn 2,3-10), e outra no final de sua pregação, quando invoca a morte ao invés de ter que ver com os próprios olhos a ação misericordiosa do Senhor em favor de Nínive, a cidade inimiga (4,2-3.8).

O Dêutero-Isaías proclama o anúncio do possível retorno aos deportados para a Babilônia, compondo cânticos que lembram o antigo êxodo (Is 42,10-12). Os céus, a terra, as montanhas e as florestas são convidados a gritar de alegria, pois o Senhor decidiu resgatar Israel (44,23). Uma longa meditação sobre a história dos sofrimentos passados pelo povo e sobre o amor do Senhor é a oração que o profeta inseriu no final do livro (63,7–64,11); um cântico que termina com uma invocação veemente: "Podes ficar indiferente, Senhor, a tudo isso, calado e afligir-nos a tal ponto?" (64,11).

A alegria pela restauração está presente nas orações dos profetas pós--exílicos. Em *Sofonias* o motivo da alegria é a presença do Senhor, Rei de Israel, em seu meio: "Alegra-te filha de Sião" (Sf 3,14-17). Também *Zacarias* convida a filha de Sião a exultar pela chegada do messias: "humilde, montado num jumento, sobre um jumentinho filho de uma jumenta" (Zc 9,9).

Circunstâncias que acompanham a oração

Agora já podemos articular sinteticamente alguns dados relativos à oração: quem são as pessoas que rezam, e os lugares, os tempos e as atitudes idôneas para tanto.

Pessoas

Todos podem rezar, segundo o Antigo Testamento. Efetivamente, no entanto, algumas pessoas determinadas têm o encargo oficial da oração: o orante é o chefe que reza para o bem de todo o seu povo ou de toda a comunidade. Nas tradições patriarcais, são os patriarcas que rezam para si, para suas famílias ou para seu clã. Abraão reza para que seu clã não desapareça: "Senhor Deus, que me haverás de dar, se eu devo deixar este mundo sem filhos, e o herdeiro de minha casa será Eliezer de Damasco?" (Gn 15,2). Pelos mesmos motivos são lembradas as orações de Moisés: "Senhor, por que maltratas este povo? Para que foi que me enviaste?" (Ex 5,22). É a mesma lamentação que podemos ouvir da boca de Josué: "Senhor Deus, por que fizeste este povo atravessar o Jordão? Para nos entregar na mão dos amorreus e nos fazer perecer?" (Js 7,7). Mais tarde é o juiz que reza em nome de seu povo: "Gedeão disse a Deus: 'Se realmente vais salvar Israel por minha mão, como prometeste, vou estender este velo de lã no terreiro'" (Jz 6,36-37). E, depois dos juízes, são os reis de Israel que intercedem em favor do povo. Aliás, a tradição atribui a maior parte dos Salmos a Davi. O louvor cultual é tarefa dos levitas (2Cr 20,21). Intercessores, além disso, foram os profetas. Diante da visão do juízo divino, Amós reza: "Senhor Deus, perdoa! Como Jacó poderá resistir? Ele é tão pequeno" (Am 7,2).

Também os representantes do povo rezam por si mesmos. Mas existem também orações de pessoas simples, como Ana, a mãe de Samuel: "Senhor todo-poderoso, se olhares para a humilhação de tua serva e te lembrares de mim, se não esqueceres a tua serva e lhe deres um descendente homem, eu o entregarei ao Senhor por toda a sua vida" (1Sm 1,11). Também estrangeiros não hebreus podem elevar orações a YHWH. A rainha de Sabá, durante a visita a Salomão, bendiz o Senhor desta forma: "Bendito seja o Senhor teu Deus que te quer bem e por isso te colocou no trono de Israel" (1Rs 10,9).

Lugares

É possível e é permitido rezar em qualquer lugar. A oração litúrgica, porém, é feita num lugar sagrado, ao passo que a privada pode acontecer em qualquer lugar, inclusive no estrangeiro. Entretanto, preferível é o lugar sagrado, onde Deus se manifestou e onde normalmente são construídos um altar ou um templo, ou a casa de Deus (*bet 'elohim*) (Gn 28,17). Mas também é possível rezar debaixo das árvores, como no caso de Abraão, que reza sob o Carvalho de Moré (Gn 12,6). No início da história do povo, lugares sagrados estão presentes em diversos vilarejos e cidades e represen-tam lugares de peregrinações. Elcana ia todo ano à sua cidade, Silo, para "prestar culto e oferecer um sacrifício ao Senhor dos exércitos" (1Sm 1,3). A reforma deuteronomista prescrevia que o culto se concentrasse na capital, Jerusalém: "Frequentareis o lugar que o Senhor vosso Deus escolher entre todas as vossas tribos, para nele fixar o seu nome: para lá levareis vossos sacrifícios e holocaustos, vossos dízimos..." (Dt 12,5-6). Virado na direção desse centro espiritual, também se pode rezar quando distantes do próprio país (1Rs 8,44).

A oração privada pode ser feita em qualquer lugar recolhido, como o fez o Rei Ezequias, entrevado em seu leito, em razão de uma doença mortal (2Rs 20,3). Lugar privilegiado é o "andar superior da casa": é para ele que Sara se dirige a fim de enforcar-se, mas sendo salva pela oração ("No mes-mo instante estendeu as mãos em direção à janela e assim rezou: 'Bendito és tu, Deus de misericórdia...'", Tb 3,11).

Tempos

A oração litúrgica é inserida nos tempos do culto oficial. A oração privada não se atém aos tempos litúrgicos, embora não os despreze. O momento propício para que Deus ouça parece ser a manhã, mais especificamente, a aurora: "De manhã ouves a minha voz" (Sl 5,4). Existe uma oração da tarde, perto da noite, ou, mais propriamente, "à hora do sacrifício da tarde" (Dn 9,21). Louvores também são elevados à noite: "É bom [...] proclamar pela manhã teu amor, e tua fidelidade pela noite" (Sl 92,2-3). Para indicar uma oração contínua usa-se a expressão "sete vezes ao dia": "Sete vezes ao dia eu te louvo" (Sl 119,164).

Gestos

O diálogo que se estabelece entre o orante e Deus se expressa não somente em palavras, mas também em gestos. São atitudes que mostram o respeito daquele que suplica e se coloca numa postura de adoração. O orante hebreu reza de joelhos, prostrado ou em pé. De joelhos mostra o estado permanente de oração. Às vezes esse ato é completado por uma prostração total, ou seja, tocando o chão com o próprio rosto. Com essa posição entende indicar compromisso total, submissão, adoração: "E quando ouviram que o Senhor se interessava pelos israelitas e estava vendo suas aflições, prostraram-se em adoração" (Ex 4,31). Entretanto, geralmente a oração é feita em pé: uma atitude que exprime o respeito do servo para com seu senhor. Moisés: "Quanto a mim, estive (*'amádti*: "permaneci em pé") na montanha, como antes, quarenta dias e quarenta noites, e o Senhor me atendeu mais uma vez e já não quis destruir-te" (Dt 10,10). Uma oração longa ou uma espera pela resposta pode ser expressa sentando-se no chão: "Elias subiu até o cume do Carmelo; sentando-se por terra, colocou seu rosto entre os joelhos" (1Rs 18,42). O gesto mais comum é erguer as mãos, direcionadas para o Templo, para o céu, ou para Deus, em atitude de súplica. "Moisés disse: 'Quando eu tiver saído da cidade estenderei as mãos ao Senhor; cessarão os trovões, e deixará de chover pedras'" (Ex 9,29)[67].

---

67. Sobre a oração no Antigo Testamento indicamos: GONZÁLEZ, A. *La preghiera nella Bibbia* – Studio fenomenologico-storico. Francavilla al Mare: Paoline, 1970. • CALDUCH-BENAGES, M. & PAHK, J.Y.S. *La preghiera dei saggi* – La preghiera nel Pentateuco sapienziale. Roma: ADP, 2004. • TORTI MAZZI, R. *La preghiera ebraica* – Alle radici dell'eucologia cristiana. Cinisello Balsamo: San Paolo, 2004. • VV. AA. "Preghiera nella Bibbia". In: *Dizionario di Spiritualità Biblico-Patristica* – I grandi temi della S. Scrittura per la "lectio divina", 51. Roma: Borla, 2009. • PALMISANO, M.C. "Preghiera". In: PENNA, R.; PEREGO, G. & RAVASI, G. (orgs.). *Temi teologici della Bibbia*. Cinisello Balsamo: San Paolo, 2010, p. 1.068-1.072. • SIGNORETTO, M. *Tra Dio e l'umanità. Intercessione e missione nella Bibbia*. Milão: Paoline, 2011 [La parola e la sua ricchezza, 13].

Bibliografia comentada

O texto hebraico

Dois instrumentos úteis para os principiantes na língua hebraica são:

PICCOLA FAMIGLIA DELL'ANNUNZIATA. *I canti de lode dei Padri. Esapla dei Salmi*. Bolonha/Reggio Emilia: Dehoniane/San Lorenzo, 2009.

REGGI, R. *Salmi – Traduzione interlineare in italiano*. Bolonha: EDB, 2004.

Introduções

Uma boa introdução ao Saltério, numa linguagem simples, mas substancial, pode ser encontrada em:

MELLO, A. *L'arpa a dieci corde* – Introduzione al Salterio. Magnano: Qiqajon, 1998.

WÉNIN, A. *Entrare nei Salmi*. Bolonha: EDB, 2002.

Introduções de caráter mais espiritual são:

BARSOTTI, D. *Introduzione ai Salmi*. Bréscia: Queriniana, 1972 [Bibbia e Liturgia, 15].

BIANCHI, E. *Pregare i Salmi con Cristo*. Turim: Gribaudi, 1997.

De caráter introdutório são duas preciosas coletâneas de estudos, uma de exegetas franceses e outra de italianos:

NIEUVIARTS, J. & PRÉVOST, J.-P. (orgs.). *I Salmi* – Lettura e preghiera. Bolonha: Dehoniane, 2010 [Bibbia e catechesi] [orig. francês: 2008].

STEFANI, P. (org.). *Rileggere salmi, cantici, inni*. Bréscia: Morcelliana, 2011 [I libri della Bibbia, 7].

Comentários

Um comentário atento, sobretudo, aos gêneros literários dos Salmos na linha de Mowinckel é:

LANCELLOTTI, A. *Salmi*. 3 vols. Milão: Paoline, 1975-1979 [Nuovissima versione della Bibbia, 18].

Os dois comentários que se tornaram "clássicos", que além dos tradicionais gêneros literários se interessaram pelo aspecto literário e estrutural de cada Salmo, são:

ALONSO SCHÖKEL, L. & CARNITI, C. *I Salmi*. 2 vols. Roma: Borla, 1992-1993.

RAVASI, G. *Il libro dei Salmi* – Commento e attualizzazione. 3 vols. Bolonha: EDB, 1981-1984 [Lettura Pastorale della Bibbia, vols. 12, 14, 17].

Uma seleção de Salmos se encontra em:

BEAUCHAMP, P. *Salmi notte e giorno*. 2. ed. Assis: Cittadella 2002 [orig. francês: 1980].

WESTERMANN, C. *Salmi* – Generi ed esegesi. Casale Monferrato: Piemme, 1990 [orig. alemão: 1984].

Na linha mais recente da exegese dos Salmos como livro é nosso comentário:

LORENZIN, T. *I Salmi* – Nuova versione, introduzione e commento. 5. ed. Milão: Paoline, 2011 [I Libri Biblici. Primo Testamento, 20].

Comentários interessantes à espiritualidade dos Salmos:

BEAUCHAMP, E. *Dai Salmi al "Pater"* – Commento teologico-spirituale al Salterio. Cinisello Balsamo: San Paolo, 1991 [orig. francês: 1967].

CIMOSA, M. *Lampada ai miei passi è la tua Parola* – Commento esegetico-spirituale dei salmi (Salmi 101–150). Cidade do Vaticano: Libreria Editrice Vaticana, 2005.

_____. *Perché, Signore, mi nascondi il tuo volto?* Commento esegetico-spirituale dei salmi (Salmi 51–100). Cidade do Vaticano: Libreria Editrice Vaticana, 2004.

_____. *Mia Luce e mia Salvezza è il Signore* – Commento esegetico-spirituale dei salmi (Salmi 1–50). Cidade do Vaticano: Libreria Editrice Vaticana, 2002.

DEISSLER, A. *I Salmi* – Esegesi e spiritualità. 2. ed. Roma: Città Nuova, 1991 [orig. alemão: 1963-1965].

Em tradução italiana agora está disponível em volume único o comentário aos 150 Salmos:

MAYS, J.L. *Salmi*. Turim: Claudiana, 2010 [Strumenti – Commentari, 50] [orig. inglês: 1994].

Mundo hebraico

De grande utilidade é o comentário hebraico medieval de D. Kimchi:

KIMCHI, D. *Commento ai Salmi*. 3 vols. Roma: Città Nuova, Roma 1991, 1995, 2001.

Seja pela abordagem literal que segue, seja pela tradução do texto dos Salmos proposta por Cattani, pois está conforme à interpretação dada por Kimchi; portanto, é diferente, e às vezes de modo substancial, das versões correntes. Levam em consideração a tradição hebraica os três volumes:

LIFSHITZ, E. *È tempo di cantare* – Il grande Salterio. 3 vols. Bolonha: EDB, 1998-2002.

Nessa mesma linha se enquadra também o comentário no qual o autor, além de fazer uma tradução pessoal e muito literal de cada Salmo, resume e revisita a antiga sabedoria midráxica hebraica:

MELLO, A. *Leggere e pregare i Salmi*. Magnano: Qiqajon, 2008 [Spiritualità biblica].

Um comentário que leva em consideração o estilo da tradição exegética hebraica tradicional é também:

PIACENTINI, B. *I Salmi*: preghiera e poesia. Milão: Paoline, 2012 [La Parola e la sua ricchezza].

Comentários de tipo litúrgico

Dentre a enorme quantidade de comentários publicados, sublinho:

GILBERT, M. *Ogni vivente dia lode al Signore* – Commento dei salmi delle domeniche e delle feste. 3 vols. Roma: ADP, 1991-1992.

Trata-se de um comentário aos Salmos responsoriais dos domingos e festas.

Estudos particulares

Os comentários a seguir são dedicados a grupos de Salmos:

ALONSO SCHÖKEL, L. *Trenta salmi*: poesia e preghiera. Bolonha: EDB, 1982.

STANCARI, P. *I passi di un pellegrino* – I canti delle ascensioni (Salmi 120–134). Milão: Ancora, 1992.

VIGNOLO, R. *Sillabe preziose* – Quattro salmi per pensare e pregare. Milão: Vita e Pensiero, 1997.

Para uma leitura do Saltério com o método da *lectio divina* são úteis os volumes:

SCIPPA, V. *Salmi*. 4 vols. Pádua: EMP, 2002-2004.

Uma história da interpretação e uso dos Salmos pode ser encontrada em:

HOLLADAY, W. *La storia dei salmi* – Da 3000 anni poesia e preghiera. Casale Monferrato: Piemme, 1998 [orig. inglês: 1993].

Um bom texto que trata da interpretação cristã dos Salmos é:

GRELOT, P. *Il mistero di Cristo nei Salmi*. Bolonha: EDB, 2000 [orig. francês: 1998].

A passagem da exegese dos Salmos para a do Saltério pode ser acompanhada nos seguintes trabalhos científicos:

BARBIERO, G. *Il regno di Jhwh e del suo Messia Salmi scelti dal primo libro del Salterio*. Roma: Città Nuova, 2008 [Studia Biblica].

SCAIOLA, D. *"Una cosa ha detto Dio, due ne ho udite"* – Fenomeni di composizione appaiata nel Salterio masoretico. Cidade do Vaticano: Urbaniana University Press, 2002 [Studia, 47].

Em 2005 a revista *Parole di vita* dedicou seis números ao Livro dos Salmos que levam em consideração essa perspectiva.

Uma resenha bibliográfica dos estudos sobre o Saltério publicados entre 2000 e 2009 pode ser encontrada em:

LORENZIN, T. Dieci anni di studi sul Salterio (2000-2009). *Rivista biblica* 58/4, 2010, p. 471-495.

Cântico dos Cânticos

Introdução

A denominação e a posição no cânon

"Cântico dos Cânticos" é a tradução literal do hebraico *shir hashshirím* (Ct 1,1), expressão que tem valor de superlativo ("o mais belo dos cantos"). Poucos outros textos da Bíblia e da literatura mundial foram tão comentados até hoje. Das discussões rabínicas relatadas na *Mishnáh* pode-se intuir que a aceitação deste livrinho no cânon hebraico não se impôs sem problemas.

"Todas as santas Escrituras têm seu caráter sagrado. O Cântico dos Cânticos e o Eclesiastes são sagrados [...]. Disse então R. Akiba: Deus meu! Ninguém se opõe em Israel à afirmação de que o Cântico dos Cânticos não seja sagrado, pois o mundo inteiro não tem tanto valor quanto o dia em que o Cântico dos Cânticos foi dado a Israel. Todas as outras hagiografias são santas, mas o Cântico dos Cânticos é a mais santa de todas, e se houve diferentes opiniões, isto se deu somente em relação ao Eclesiastes" (*Yadaim* 3,5). Segundo Akiba, não se trata simplesmente de uma coletânea de cantos profanos: "Quem cantarola o Cântico dos Cânticos nas tabernas e faz dele uma canção profana não tem parte na eternidade". O Talmude apresenta o mesmo pensamento: "Os rabinos ensinaram· 'Se alguém canta como uma canção um versículo dos cânticos, ou se alguém lê um versículo numa taberna em tempo não propício, este instaura a desgraça no mundo'" (*b. Sanhedrin* 101a).

No cânon hebraico o Cântico dos Cânticos se encontra entre os *k^etubím* (Escritos). O Talmude o coloca no sexto lugar, ou seja, após Rute Salmos, Jó, Provérbios e Coélet. Posteriormente ele é colocado no grupo dos cinco "rolos" (*m^eghillót*) destinados à leitura litúrgica das festas (Ct, Rt, Lm, Ecl, Est).

A tradição cristã herdou o Cântico dos Cânticos da sinagoga e o acolheu sem dificuldade no cânon dos livros inspirados, inserindo-o entre os Livros Sapienciais. Uma voz discordante foi a de Teodoro de Mopsuéstia, que interpretou o Cântico só em sentido literal, minimizando a inspiração divina do livro: sobretudo essa segunda posição acerca da inspiração do livro serviu como base de sua condenação no Concílio Ecumênico Constantinopolitano II, em 533 d.C.

Texto e versões

O texto hebraico do Cântico, pelo menos aquele consonantal, está muito bem conservado. O Texto Massorético (TM) é o melhor dentre as várias hipóteses propostas. Em Qumran foram encontrados pedaços do Cântico dos Cânticos em três manuscritos da caverna 4 e um da caverna 6. A versão grega dos LXX foi redigida provavelmente no século I de nossa era, com grande atenção à sua literalidade. Às vezes se distancia do TM, mas supõe o mesmo texto consonantal, como é, por exemplo, para *dodím* (carícias) traduzido por *mastói* (hebr. *daddàyim*, "seios", Ct 1,2.4; 4,10; 7,13). A versão siríaca é ainda mais fiel ao texto hebraico. O *Targum*, ou tradução aramaica do Cântico, é muito recente (séc. VI-VII d.C.). A Vulgata segue com fidelidade o texto hebraico, mesmo se às vezes dele se distancia levemente (cf. o nome "Salomão", traduzido por *Pacificus,* em Ct 8,11-12).

O contexto histórico

Em geral os estudiosos indicam três épocas em que o Cântico dos Cânticos pode ter sido redigido. Alguns[68] pensam na época salomônica (séc. X/IX a.C.), sobretudo em razão das relações com o Egito, onde já existia uma rica literatura amorosa. Outros[69] estudiosos vinculam a formação da coletânea ao tempo dos reis (séc. VIII-VII a.C.), em particular ao tempo de Ezequias (700 a.C.) período em que floresceu uma importante atividade literária. Outros[70],

---

68. Cf. SEGAL, M.H. The Song of Songs. *Vetus Testamentum* 12, 1962, p. 470-490. • GERLEMAN, G. *Ruth* – Das Hohelied. Neukirchen/Vluyn: Neukirchener, 1965 [Biblischer Kommentar – Altes Testament, 18].

69. Cf. KEEL, O. *Das Hohelied.* Zurique: Theologischer, 1986 [Zürcher Bibelkommentare – AT, 18].

70. Cf. FOX, M.V. *The Song of Songs and the Ancient Egyptian Love Songs.* Madison: University of Wisconsin Press, 1985. • HEINEVETTER, H.-J. *"Komm nun, mein Liebster, Dein Garten ruft Dich!"* – Das Hohelied als programmatische Komposition. Frankfurt: Athenäum, 1988 [Bonner biblische Beiträge, 69].

ao contrário, situam a redação final da coletânea na época helenística (séc. III a.C.). Alguns elementos favorecem esta hipótese: muitos aramaísmos gramaticais e lexicais; palavras estrangeiras gregas (cf. *'appiryón*, "baldaquim" [3,9] do grego *foréion*) e iranianas; alguns costumes como a coroação do esposo (3,11). Esta parece ser a hipótese preferida dos estudiosos.

A linguagem poética

O Cântico dos Cânticos não parece ser uma coletânea de cantos populares, mas um texto poético que tem sua própria unidade literária, como se pode destacar dos frequentes efeitos de paronomásia e de aliteração, de rima e de assonância, e também pelas formas onomatopeicas: fenômenos presentes da primeira à última linha do poema. O elemento fundamental, do ponto de vista rítmico, é o verso, geralmente como parte de um segundo verso de acordo com o paralelismo sinonímico, antitético ou sintético. Estão presentes repetições na forma de quiasma ou de inclusão. As repetições indicam a divisão em estrofes, que subdividem uma unidade lírica, chamada *canto*.

Outra característica da poética do Cântico é a linguagem figurada. O autor se exprime por similaridades e metáforas, que conferem ao texto um caráter alusivo e aberto. O Cântico dos Cânticos é herdeiro de uma longa tradição lírica amorosa, da qual são conservados traços na Mesopotâmia; mas, sobretudo, no Egito e na literatura helenística. Os estudiosos reconhecem no Cântico uma forma literária chamada com um termo árabe *wasf*, baseada na descrição do corpo da mulher amada. No Egito se encontram testemunhas desse gênero literário, com características muito próximas às do Cântico. Outra forma literária difundida no mundo greco-romano, mas que tem precedentes na poesia amorosa egípcia, é o lamento junto à porta fechada da amada. Outro procedimento típico do cântico é o *disfarce*: o amado é apresentado algumas vezes como rei, outras como pastor; a amada algumas vezes é vestida como agricultora, outras como pastora ou como princesa oriental.

O Cântico é um *diálogo*, razão pela qual alguns o colocam lado a lado com o mundo teatral grego. Não se trata, entretanto, de um drama, pois no Cântico não há drama.

As interpretações

A maior parte dos estudos modernos sobre o Cântico dos Cânticos começa com a constatação, já tornada um ritual, da multiplicidade de suas interpretações. É uma constatação expressa também por um comentarista hebreu medieval, Saadia ben Joseph (882-942): "Saiba, meu irmão, que encontrarás grandes dificuldades nas interpretações do Cântico dos Cânticos. Na verdade, estas se diferenciam porque o Cântico dos Cânticos se assemelha a uma fechadura da qual se perdeu a chave". Simplificando, as duas linhas hermenêuticas fundamentais são a "alegórica" e a "literal".

Leitura espiritual alegórica do Cântico

A leitura alegórica, menos interessa como o diálogo de amor que envolve corpo e alma do homem e da mulher do Cântico, passa logo a buscar o significado escondido de cada personagem, de cada palavra e, sobretudo, de sua busca amorosa. O amado é Deus, a mulher é Israel, a Igreja é a alma cristã.

A tradição hebraica (Talmude, Targum, Midrashim) e a Igreja, de Orígenes ao Concílio Vaticano II, adotaram essa leitura, que tem a vantagem de ser tradicional. A partir da experiência do amor do Deus da aliança (para a comunidade judaica pós-exílica, que atinge a força da própria fé na leitura semanal da Torá e dos profetas), ou a partir da vida sacramental (para a comunidade cristã nascida do batismo), hebreus e cristãos conseguiam ver com os olhos do coração algo de essencial nos cantos de amor do Cântico dos Cânticos: a nova aliança de amor entre Deus e seu povo, entre Cristo e a Igreja e o próprio cristão.

O sentido espiritual do texto se identifica com esse tipo de interpretação, que tem evidentemente a vantagem de harmonizar a teologia do Cântico com o conjunto da tradição bíblica. No entanto, é uma leitura que não consegue colher todo o sentido presente nesses cânticos, pois ignora muito rapidamente o significado óbvio do texto que fala do amor entre um homem e uma mulher. Sempre se pergunta a razão pela qual Deus não é mencionado no texto (exceto em Ct 8,6), se esse texto realmente Deus esteja falando diretamente de seu amor por Israel.

Esse tipo de leitura tornou-se problemático, sobretudo após as descobertas de toda uma literatura amorosa no contexto do Oriente Médio antigo, literatura na qual é possível encontrar palavras idênticas às do Cântico, mas destituídas de sentido alegórico.

Leitura literal antropológica do Cântico

A leitura antropológica – geralmente polemizando com a precedente – não lê o texto senão como um canto de amor entre um homem e uma mulher.

A maior parte dos estudiosos modernos do Cântico está convencida de que o sentido literal se identifica com o sentido antropológico. O Cântico se apresentaria como um comentário desenvolvido dos primeiros capítulos do Gênesis, colocando em cena um homem e uma mulher que se amam numa atmosfera de igualdade e de liberdade, um diante do outro, um para o outro: um amor onde o que é carnal é espiritual e o que é espiritual é carnal. O significado teológico não é acrescido ao literal, mas é aproveitado para o aprofundamento deste.

A vantagem dessa explicação é de estar mais próxima da sensibilidade moderna, atenta ao significado óbvio do texto, tendo presente também as características sapienciais do livro. Uma leitura religiosa do Cântico, de fato, não tem necessidade de operar transformações simbólicas ou alegóricas, eventualmente artificiais. O leitor fiel sabe que o amor humano é uma realidade criada por Deus, que é Amor.

Entretanto, nem esse tipo de interpretação foge às críticas. Como explicar que, na prática, essa tenha sido ignorada por toda a tradição hebraica e por quase toda a tradição cristã (exceto Teodoro de Mopsuéstia, já no séc. IV)? Como explicar as referências tão frequentes à geografia de Israel e à linguagem profética? Se o Cântico – como sustentam alguns estudiosos – fosse simplesmente destituído de qualquer referência religiosa, porque o texto foi canonizado e passou a fazer parte dos *meghillót* (os cinco rolos da Bíblia lidos por ocasião das festividades anuais: a leitura do Cântico acompanhava os dias da Páscoa)? E esse tipo de interpretação não consegue explicar a razão pela qual a comunidade de Israel, ao ler os capítulos 2 e 3 do Livro do Gênesis, não percebesse a fragilidade entre os casais e a relação amorosa em geral, sobretudo no interior de uma nação dominada pelo poder político e cultural persa e grego.

Uma leitura que aproveite o sentido literal e alegórico

Os intérpretes modernos do Cântico dos Cânticos pretendem encontrar, ao menos prioritariamente, o sentido textual originário do livrinho. Estes, entretanto, têm a possibilidade de escolher entre as diversas estruturas textuais para interpretar o epitalâmio: a poesia erótica antiga, os escritos bíblicos da sabedoria, os escritos proféticos, a totalidade do Antigo Testamento, a unidade de toda a Escritura incluído o Novo Testamento, a experiência que do conteúdo do Cântico fizeram as comunidades hebraica e cristã.

No interior da estrutura da poesia erótica antiga, o Cântico é um livrinho poético que tem por tema central o amor, indicando seus caminhos na dinâmica relacional. Nem sempre, no entanto, é fácil subtrair-se ao risco de interpretar as metáforas partindo de nosso atual contexto cultural, considerando como sentido literal o que, à primeira vista, é "óbvio para mim".

O Cântico dos Cânticos, para alguns, foi introduzido no "corpus" bíblico por seu caráter sapiencial. Esse quadro alargado modifica a orientação: não o sentido textual, mas o sentido direcional dentro do qual será lido. Nele é possível descobrir, de fato, reflexões sobre os grandes acontecimentos humanos: o amor – não só o sexual –, a vida e a morte.

Uma ulterior chave interpretativa é constituída pelo contexto bíblico do Antigo Testamento. Esse é outro "quadro", ainda mais amplo, que modifica profundamente o sentido no qual o Cântico deveria ser lido. Uma pesquisa aprofundada nessa direção poderia ligar o Cântico à dramaticidade de Gn 1–2, que conecta estreitamente amor divino e amor humano: o amor do homem por sua mulher reflete o amor de Deus para com o homem.

Se o exegeta é cristão, amplia ainda mais o quadro dentro do qual interpreta o Cântico, englobando assim o Novo Testamento e a vida da própria comunidade de fiéis (hebraica e cristã) na qual o livrinho foi relido e vivido. No interior desse quadro ampliado, o Cântico é um texto pós-exílico que perscruta, por meio da figura revisitada de Salomão, o mistério daquilo que Deus quer fazer com Israel, no prolongamento da aliança anunciada pelos profetas e, em particular, pela nova aliança prometida em Jr 31,31-34. Moisés havia proclamado a Torá do outro lado do Jordão, sem ter entrado na terra prometida. Os profetas haviam prometido uma intervenção de Deus, que teria tornado possível ao povo de Israel voltar a viver livre em sua terra renovada. Os sábios recolhem no mundo toda e qualquer pegada da presença de Deus. Os redatores do Cântico, dando continuidade a essa pista, intuem que existe uma única via que pode levar novamente ao paraíso terrestre: a lei do amor. Trata-se de uma estrada viável, pois, nas palavras dos redatores finais de Jeremias, Deus se compromete numa nova aliança, não mais escrita em pedras exteriores ao homem, mas no coração. A figura de Salomão, o sábio filho de Davi, o ungido pelo Senhor, podia manter viva na comunidade judaica essa esperança. Ele parece ter no Cântico uma função análoga àquele referida no Livro das Crônicas (2Cr 1–9), que lhe atribui a posição mais alta na história da religião de Israel, enquanto construtor do Templo (omitindo qualquer aspecto negativo de sua vida, como o assassinato dos opositores, incluindo o irmão).

O Cântico, portanto, exprime a relação de amor que existe entre Deus e seu povo, entre Cristo e a Igreja, novo templo do Senhor. E o faz apresentando um homem e uma mulher renovados, que, rompendo as antigas barreiras do medo da morte causadas pelo distanciamento de Deus no paraíso terrestre, podem entregar-se um ao outro incondicionalmente, morrendo para si mesmos, para formar uma só carne, segundo o projeto primitivo de Deus.

O sentido global do livrinho, portanto, se recupera tendo presente estes dois registros: amor humano e amor divino. A experiência, maior ou menor, desses dois amores constitui a medida de nossa inteligência do Cântico.

Estrutura do Cântico

Alguns pensam que o Cântico seja uma coletânea de múltiplos cantos de amor com poucos (ou nenhum) vínculos recíprocos. Parece, ao contrário, que a sucessão de cantos no livro não seja casual, mas siga um desenvolvimento unitário. Não se trata de uma concatenação narrativa, como num romance, mas de uma unidade lírica, como numa sinfonia em que os motivos se entrelaçam e se perseguem. Se colocarmos juntos a análise da estrutura e o sentido global do texto, os cantos poderiam ser colocados em quatro blocos: introdução (1,1–2,7), primeira parte (2,8–5,1), segunda parte (5,2–8,7), epílogo (8,8-14). O centro do livro estaria em 5,1 com o convite do esposo (mais provavelmente do autor do Cântico) aos amigos, e, portanto, também ao leitor, a participar da festa[71].

INTRODUÇÃO (1,1–2,7)

    Prólogo: o perfume guia na busca do amor (1,1-4)

    Condições para iniciar o caminho rumo ao amor (1,5-8)

    O amor é um perfume de mirra que sobe ao céu (1,9–2,3)

    Tudo posso naquele que me dá força (2,4-7)

---

71. Cf. LORENZIN, T. *Cantico dei Cantici* – Introduzione e commento. Pádua: Messaggero, 2001.

PRIMEIRA PARTE (2,8–5,1)

Tempo de amor romântico, tempo de liberdade (2,8-17)

O amor, um tesouro a ser buscado (3,1-5)

O amor, uma liteira contra os medos da noite (3,6-11)

Convite a sair da solidão para encontrar o amor (4,1–5,1)

SEGUNDA PARTE (5,2–8,7)

As provas do amor (5,2–6,3)

O amor não suporta o meio-termo (6,4-9)

O amor é uma boa notícia para a comunidade (6,10-12)

O ser feminino se realiza no amor (7,1-10)

Superação da maldição da mulher (7,11-14)

A nova Eva reaprende a arte do amor (8,1-4)

O amor abre caminhos através da barreira da morte (8,5-7)

EPÍLOGO. Somente o amor faz entrar na festa eterna (8,8-14)

Leitura rápida

Prólogo: o perfume guia na busca do amor (1,1-4)

Os editores da Escritura de Israel colocaram logo no início do livro uma chave de sua interpretação no interior da comunidade de fé: o título "Cântico dos Cânticos" (1,1), superlativo hebraico para dizer "o mais belo canto". A expressão "de Salomão" pode querer dizer que o autor do livro é Salomão, ou que o livro tem como sujeito a argumentação de Salomão. No pós-exílio, provavelmente, com essa expressão se pensava num Davi futuro, no messias. Certamente, colocando o Cântico sob o patrocínio do antigo rei sábio, buscou-se inseri-lo no domínio sapiencial, ao lado dos Provérbios, de Coélet e da Sabedoria.

É uma mulher, a amada, a primeira a começar o seu canto (1,2-3), no qual faz um elogio admirado à beleza e bondade do amado, expressando a profunda aspiração de receber dele o primeiro beijo, que desse assim início a uma história estupenda de amor e de comunhão: o beijo na boca coloca, de fato, em comum dois respiros, fazendo dos dois um só espírito. Atraída pelo perfume de seu amado, a mulher inicia o itinerário do amor. Esta espera que seu "rei" a introduza no leito nupcial onde consumará o amor.

Condições para iniciar o caminho rumo ao amor (1,5-8)

A mulher canta, mas não está sozinha. Como numa espécie de coro das tragédias gregas, estão presentes as "filhas de Jerusalém". A mulher confronta sua beleza com a das amigas da cidade, protegidas do sol escaldante da roça (1,5-6). Entretanto, não entra em competição com elas. Seu rosto é moreno, bronzeado pelo sol, em razão de seu humilde trabalho como camponesa, embora sempre fascinante. Não tem necessidade de aprovação externa: se aceita como é. Seus irmãos a encarregaram de cuidar da vinha. Mas ela mesma se considera uma vinha, à qual renuncia para partir em busca de seu amado.

O amor é um perfume de mirra que sobe ao céu (1,9–2,3)

Até agora o amado esteve distante e calado. Agora sua voz começa a ser ouvida. Ele se surpreende ao ver a mulher dirigir-se a ele. Como é nobre, elegante, poderosa sua "amiga"! Sua passagem provoca uma atração irresistível. Para ela, o amado está disposto a fabricar joias com os metais mais preciosos.

O encontro se dá num lugar descrito como sala do banquete nupcial, onde o rei está deitado num divã. Num longo abraço noturno, a profunda comunhão entre os dois é simbolizada pela fragrância de "alfena" e mirra, que sobe ao céu como um bom odor de sabedoria espalhado sobre a terra santa (cf. Eclo 24,15). Também as palavras do casal exprimem sua profunda comunhão. Para o homem a única "bela" é ela. E da mesma forma o homem para a mulher.

Tudo posso naquele que me dá força (2,4-7)

O canto está conectado com o precedente pela palavra-chave "maçãs". A mulher não toma mais a iniciativa colocando-se em movimento para alcançar o objetivo a que aspira. Agora é apresentada como objeto necessitado de cuidado. Foi introduzida na sala do banquete, onde pôde fazer uma nova experiência de amor. O vinho é símbolo da embriaguez da paixão, e alhures lembra a alegria da festa. A amada é tão consumida pelo amor que se dirige a um auditório anônimo – podem ser também as "filhas de Jerusalém" – para que a nutra com tortas de uva, um sustento vitamínico e afrodisíaco, e com maçãs, símbolo do amor. Aquela que está doente de amor não pode curar-se senão pelo amor.

Tempo de amor romântico, tempo de liberdade (2,8-17)

Como no canto precedente, inclusive neste parece falar a amada, também quando invoca as palavras de seu amado: um modo eficaz de exprimir a unidade de amor dos dois protagonistas. A mulher é descrita dentro de sua casa prestando atenção ao menor dos ruídos, para distinguir aquele tão desejado dos passos de seu amado. O amor dá agilidade sobrenatural ao amado. A espera é muito breve, dada a velocidade da corrida do amado. Cessa o movimento e começa a contemplação. Mas não é mais a amada que observa o amado saltar; agora é ela mesma a sentir-se observada e, sobretudo, buscada, sem poder defender-se de seu olhar de amor, encontrando-se em um quarto com muitas janelas, mesmo se munidas de grade.

O amado está presente por meio das palavras da amada, a qual descreve seu convite a visitar com ele as vinhas (2,10-14). Sua ordem é absoluta: "levanta-te... e vem". Deve sair do langor e da passividade e encontrar forças para levantar-se. O muro que a separa de seu amado está dentro de seu coração.

O amor, um tesouro a ser buscado (3,1-5)

Neste novo canto, a mulher toma a palavra e fala de seu amado na terceira pessoa. Ao idílio no verde do canto precedente se contrapõe agora o quadro frio da cidade, onde não encontra o amado, mas só os guardas que fazem a ronda. Não se trata apenas de um sonho e tampouco de uma descrição realística de uma corrida noturna ao longo das vias da cidade. Por meio de símbolos poéticos a amada exprime seu caminho de "busca" que a leva ao "reencontro" de seu amado, passando mais uma vez da experiência da ausência (busca de noite no leito, nas ruas e praças da cidade em vão) à da presença (reencontro uma vez ultrapassados os guardas, retorno à casa da amada, no quarto de sua mãe).

O amor, uma liteira contra os medos da noite (3,6-11)

Começa agora um canto colocado na boca de espectadores e espectadoras de um acontecimento extraordinário. Os dois protagonistas dos outros cantos estão ausentes. As figuras centrais aqui, ao contrário, são uma não identificada princesa e o Rei Salomão, rodeado por seus bravos e louvado pelas filhas de Jerusalém. É um canto tradicionalmente usado para as festas de casamento (cf. Sl 45), que se servia do símbolo do "casamento do Rei Salomão com uma princesa" para celebrar a alegria de um novo casal que se unia em matrimônio. No texto aparecem termos bélicos: sessenta valorosos peritos no manejo da espada, prontos para a guerra. O amor deve ser defendido. Ao invés do nome da princesa, fala-se da "liteira de Salomão". Salomão não pode ser visto em viagem, um grande senhor não ia procurar sua mulher pessoalmente; fazia-se acompanhar de uma escolta. Aqui se trata de um corpo de guarda de honra especial, composto por um número duplicado em relação à costumeira tropa de valorosos que defendia a dinastia de Davi (cf. 2Sm 23,18).

Convite a sair da solidão para encontrar o amor (4,1–5,1)

O canto começa com a contemplação do corpo da amada, partindo da cabeça. No Oriente Médio antigo era costume representar a importância de uma divindade ou de seres vivos identificando os membros de seu corpo com diferentes poderes e maravilhas do mundo. A amada deve vir do Líbano remoto e inacessível, deve abandonar sua inacessibilidade e seu requinte para iniciar um caminho a dois, junto a seu amado. É um jardim fechado, somente quem tem as chaves do amor pode abrir suas portas. O canto termina com um convite feito pelo esposo – provavelmente o autor do Cântico – aos amigos a fim de que participem da festa: parece que tal convite esteja justamente no centro do livrinho (5,1).

As provas do amor (5,2–6,3)

A situação em que se encontra agora a amada é diferente daquela do canto precedente. Não mais intimidade com o amado, mas solidão; não mais imperativos, convites e promessas, mas verbos no indicativo, com os quais a amada descreve na primeira pessoa a presença noturna do amado à porta de seu quarto. Ele bate à sua porta, mas ela não abre. O amado faz uma segunda tentativa, tentando levantar a tranca que mantinha a porta fechada por dentro. Sua mão pousa sobre a tranca: sobre esta o amado havia deixado um presente de mirra muito preciosa, que começava a fluir de suas mãos. É o perfume de seu amor. A mulher, porém, não pode abraçar o amado: abre então inteiramente a porta, mas descobre com surpresa sua ausência. O canto continua descrevendo uma surpreendente fuga do amado, a corrida da amada noite afora procurando-o, as dificuldades encontradas e, finalmente, a comunhão reencontrada.

O amor não suporta o meio-termo (6,4-9)

Após o precedente canto, dominado pelo motivo da ausência do amado, neste é ele mesmo que assume a palavra e acha a amada fascinante em sua beleza, mas ao mesmo tempo terrível em sua paixão e orgulho. A esposa é a única que pode saciar seu desejo de amor. Para cantar a beleza ele recorre às comparações: nenhuma mulher se compara à sua amada. Mas a beleza da mulher é, ao mesmo tempo, fascinante e tremenda, atrai e instiga a fuga.

O amor é uma boa notícia para a comunidade (6,10-12)

Do novo amor entre a mulher e seu homem se congratula também o coro. A amada é considerada uma mulher extraordinária, quase divina. É comparada a quatro fenômenos naturais: a aurora que rompe a escuridão da noite; a lua-cheia; o sol brilhante do meio-dia, de cujo calor purificante ninguém pode fugir (cf. Sl 19,7); o exército do céu, isto é, as estrelas, consideradas criaturas vivas de aspecto terrificante, que circundam a "rainha do céu", cingida de espada. Todas as mulheres elevam os olhos para admirar a beleza da amada.

O amado, após ter exaltado a beleza da mulher, desce para controlar o estado do jardim, suas flores e frutos maduros, isto é, a capacidade de amar da donzela.

O ser feminino se realiza no amor (7,1-10)

Mais uma vez é possível contemplar o retrato da amada pintado por seu amado. A beleza da amada é apresentada numa descrição de dez partes de seu corpo: pés, quadris, umbigo, ventre, seios, pescoço, olhos, nariz, cabeça, cabelo. Nove são, ao contrário, as comparações. O amado, contemplando sua mulher, eleva lentamente seu olhar dos pés à cabeça e se sente repentinamente como que acariciado por seus cabelos que começam a apertá-lo como um laço: é a atração do amor romântico. A essa altura se insere a resposta da mulher que vem ao encontro do desejo do amado perdendo-se nele. Nesse tipo de amor, que dá a vida morrendo, se realiza em modo particular o ser feminino.

Superação da maldição da mulher (7,11-14)

Em 2,8-14 é o amado que lembra à donzela a primavera apenas iniciada; agora é ela a dirigir-lhe a palavra encantada com a nova estação: a mulher tem pleno direito à palavra numa integração afetiva totalizante. Nas primeiras palavras do canto ("Eu sou do meu amado, e ele arde em desejos por mim", 7,11) é expressa a convicção da pertença recíproca. A recíproca afinidade devia ter uma importância particular para a mulher. Não é somente ela que se sente atraída pela paixão (*t*shuqáh*) por seu amado, como se diz em Gn 3,16 de Eva, mas também a atração do amado por sua amada, estabelecendo assim uma igualdade entre ambos.

A nova Eva reaprende a arte do amor (8,1-4)

Esta nova cena não se desenvolve mais no campo, mas dentro da cidade. As circunstâncias externas impedem saciar a recíproca sede de amor. Aparentemente, o matrimônio ainda está longe, e os dois não parecem estar noivos. Não se propõe uma fuga na paisagem verdejante do campo, mas levar a natureza campesina para dentro da cidade, transformar as muralhas frias da cidade numa romãzeira acolhedora. Trata-se de viver a experiência do amor nas dificuldades cotidianas, dentro da própria casa.

O amor abre caminhos através da barreira da morte (8,5-7)

A nova cena se desenvolve na casa da mãe do amado, e não mais na casa da mãe da amada. À intervenção do coro das "filhas de Jerusalém" segue o canto da esposa na primeira pessoa. Seu canto parece uma coletânea de sentenças que enaltecem o fogo do amor, que não pode ser apagado porque é uma chama divina. O poder divino e invencível do amor é exaltado em duas duplas de antíteses (morte-amor/inferno-paixão) e em duas duplas de antíteses dilatadas (tochas-chamas/águas-rios).

A amada deseja ser cuidada e defendida como o sinete de selar que naquela época o homem sempre carrega pendurado ao pescoço (cf. Gn 38,18), ou como um anel (cf. Jr 22,24). O amor e a morte são duas forças irresistíveis, um põe à prova o outro. O último inimigo do amor é a morte. Superará também essa barreira? A resposta do autor é afirmativa: o amor humano carrega em si – segundo o plano primordial de Deus – uma força divina, que nem mesmo as "grandes águas", símbolo da força da morte e do *sh*'ol*, podem apagar. O amor é divino, e nem mesmo a morte tem poder sobre ele, tampouco é possível comprá-lo com dinheiro. O amor é gratuito: somente pode ser doado do Alto.

Somente o amor faz entrar na festa eterna (8,8-14)

A conclusão do livrinho parece formada por textos bastante heterogêneos. Os temas dos irmãos, da vinha, dos jardins, de Salomão, da Sulamita, do ouvir a voz da amada, da fuga para os montes perfumados e, em particular, o tema da separação e da busca parecem indicar a presença de uma grande inclusão, não de um acréscimo ocasional. O refrão final ("Foge, meu amado, como a gazela, como o filhote da corça, para os montes perfumados", 8,14) não serve, como outros no texto, para concluir um trecho ou para apontar um corte de silêncio para iniciar um novo momento; aqui, pelo contrário, o convite parece uma fuga para uma viagem sem volta. Esse final confere a todo o Cântico uma aura de transcendência. O amor é imagem de uma realidade mais elevada: permite a fuga definitiva através da morte, na direção de um mundo livre e maravilhoso, onde crescem as mais preciosas ervas aromáticas. O livrinho termina como havia começado (1,3): com o tema do perfume do amor.

Temáticas teológicas

O Cântico dos Cânticos é uma boa notícia

A primeira mensagem deste livrinho é dirigida a um homem e a uma mulher unidos no amor. Certamente o autor está consciente de como eram reguladas as relações entre homens e mulheres de seu tempo. Ele sabe perfeitamente que o antigo cântico de Adão para sua esposa ("Desta vez é osso de meus ossos, carne de minha carne", Gn 2,23) ficou comprometido pelo engano da serpente. Desde então o casal se busca, mas não consegue nunca se encontrar num amor total (cf. "Procurei o amor, mas não o encontrei", 3,1), porque entre os dois se interpôs uma barreira de medos: ergueu-se a muralha da morte. É como se tivessem desaprendido a arte do amor.

A boa notícia do Cântico está na promessa de uma "centelha divina" (Ct 8,6), colocada nas mãos do casal como espada desembainhada contra o adversário de sempre: a morte. É uma promessa que se realiza no interior de uma promessa mais ampla: a nova aliança proclamada em Jr 31,31-34. Dado que a morte não impede mais a comunhão no casal, ainda é possível a doação completa entre ambos. No casal humano torna-se novamente perfeita a reciprocidade: "O meu amado é meu, e eu sou dele" (Ct 2,16). A mulher encontra sua dignidade (7,11), pondo fim ao efeito da rebelião primitiva contra Deus (Gn 3,16).

A possibilidade de o casal humano voltar à paz do paraíso terrestre (Ct 8,10) torna-se uma palavra de esperança para toda a sua comunidade (cf. "Comei, amigos, bebei, inebriai-vos do amor", Ct 5,1b) e nela torna-se possível estabelecer relações de fraternidade. É uma mensagem que se alarga ao povo hebreu do pós-exílio, oprimido pelas potências estrangeiras instaladas em sua terra. Os redatores desses cânticos queriam indicar a toda a comunidade um caminho seguro para recobrar a liberdade: a via do amor. A liberdade de amar vale mais do que a vinha de Salomão (cf. 8,11).

A veste de glória reencontrada

Em nosso livrinho são reservados três cânticos à admiração do corpo da mulher (4,1-7; 6,4-7; 7,2-9) e um ao do homem (5,10-16). É bem verdade que se trata de gêneros literários comuns na literatura do Oriente Médio antigo, mas o autor é um hebreu, que está entrevendo uma novidade na longa história de salvação da humanidade. Nesses cânticos é possível intuir um eco das primeiras páginas da Bíblia, que apresentam os planos de Deus para o homem e para a mulher dos primórdios: Adão e Eva. As duas figuras humanas são colocadas não no meio de seres celestes, mas num jardim terrestre, onde o homem trabalha em harmonia com todas as outras criaturas e, em particular, em comunhão profunda com sua mulher, carne de sua carne. A Escritura diz que o homem e a mulher estavam nus, mas não sentiam vergonha (Gn 2,25). A tradição hebraica explica que os dois não sentiam vergonha porque, na realidade, estavam revestidos de uma veste de glória (cf. Eclo 6,31). Em seu corpo – sobre sua pele – resplandecia a glória de Deus. O primeiro casal humano, de fato, foi criado à imagem de Deus. Com ele podiam dialogar. Respondiam ao seu amor que se manifestava na estupenda criação que os circundava: astros, terra, mar, animais, pássaros... Por isso entre o homem e a mulher havia uma profunda compreensão. Ainda não conheciam o medo da morte. Eram revestidos de uma veste de sabedoria divina que os protegia.

Eles se sabiam criaturas. Reconheciam que se respiravam, se moviam, pensavam e falavam, era em razão de ser amados por seu criador. Esse amor de Deus era a própria glória. O ser inteiro dessas criaturas – corpo e espírito – foi criado de tal forma que só se realizava perdendo-se no outro ser. Morrer para o outro era para eles a máxima alegria. Sobre a terra representavam o ser de Deus, que é amor.

Justamente sobre essa experiência de amor a serpente tentou o homem e a mulher, fazendo-os imaginar que poderiam simplesmente se amar por uma decisão própria. Ou seja, Deus não tinha nada a ver com isso. Aliás, aquelas regras estabelecidas por Deus, de não comer da árvore do conhecimento do bem e do mal, era simplesmente uma forma de mantê-los submissos. Na realidade, Deus estava enciumado, e não queria que o homem e a mulher se realizassem e se tornassem como ele. Queria bloqueá-los. No fundo, não era verdade que Deus os amava tão desinteressadamente.

Adão e Eva não acreditam mais no amor de Deus e então comem o fruto da árvore. Nesse momento perdem a veste da glória. E experimentam a nudez. Nus de ser, desprovidos de amor. E se veem egoístas, tentando salvar somente a própria vida, assustados com a morte, incapazes de sofrer um pelo outro.

O homem e a mulher do Cântico são apresentados como o casal do futuro, de volta ao jardim terrestre; ambos nus, mas revestidos da veste da glória do amor; mais uma vez sob a árvore, mas dessa vez a árvore da vida, não mais a do conhecimento do bem e do mal.

O sentido cristão do Cântico dos Cânticos

O sentido cristão do Cântico dos Cânticos pode ser compreendido no interior do mais amplo sentido cristão da Escritura, isto é, na releitura, a partir do evento Cristo, dos momentos da história de Israel, vistos como sinais enviados ao longo dos tempos na expectativa de sua realização, que representa ao mesmo tempo sua interpretação. Trata-se do sentido espiritual do Cântico, que geralmente é descrito pela tradição como *sensus fidei*. Não é o sentido do texto encontrado por uma leitura meramente técnica, mas aquele que a fé sabe discernir e reconhecer a partir da "chave de Davi", que é Jesus Cristo.

Dentro dessa perspectiva, os Padres da Igreja interpretaram o Cântico dos Cânticos. O caminho foi aberto por Orígenes (185-253)[72], que interpretou o Cântico no interior da fé da Igreja. Todas as interpretações dizem respeito à experiência e à vida cristã. Ele propõe um sentido construído a partir dos dados da Escritura e da própria experiência espiritual. O poema bíblico encontra seu sentido máximo se relido à luz de Cristo e da Igreja. Orígenes

---

72. ORÍGENES. *Commentario al Cantico dei cantici* – Introduzione, testo, traduzione e commento. Bolonha: EDB, 2005.

convida a observar a realidade visível do amor de um homem por sua mulher, como é descrito no Cântico dos Cânticos, com atenção minuciosa, para encontrar neste o caminho, uma via de acesso ao mundo invisível que não pode ser entendido imediatamente: o amor de Deus por seu povo, de Cristo por sua Igreja e por cada fiel. Não se trata, entretanto, de opor uma leitura naturalista a uma leitura espiritualista. O amor carnal e o amor espiritual não estão em oposição, como se um fosse declarado bom e outro pior; trata-se de uma maneira de amar. Orígenes, partindo da experiência da fé de sua comunidade, perscruta no texto do Cântico o *mystérion*, isto é, a Palavra de Deus nele depositada, tendo presente o conteúdo de toda a Bíblia (Antigo e Novo Testamento), considerada um único livro.

O comentário de Orígenes permaneceu normativo para todos os comentários sucessivos. A interpretação fundamental do Cântico como manifestação do amor da alma por Cristo ou para com a esposa sem mancha, a Igreja, pelo esposo celeste, está na base da interpretação de Gregório de Nissa (335-395)[73]. O caminho de busca do sentido espiritual profundo do Cântico é chamado por Gregório de *epéktasis* ("projetar-se para frente; prosseguir"), termo extraído de Fl 3,13-14 ("Consciente de não a ter conquistado ainda, só procuro uma coisa: esquecendo o que fica para trás, lanço-me em perseguição do que fica para frente"). O exegeta é convidado a não se satisfazer com os resultados alcançados mediante a análise literal do texto, mas a prosseguir, lançando-se para frente. De fato, a magnitude do objeto desejado faz com que a alma amante jamais chegue a conhecer totalmente a Deus, já que as capacidades da alma são limitadas.

Na Idade Média, Guilherme de Saint-Thierry (1075-1148)[74] dá prosseguimento ao método tradicional, com algum traço de originalidade. Ele parece considerar dois sentidos da Escritura: um histórico e outro espiritual. "Espiritual", para esse autor, significa não tanto uma realidade pertencente à vida do espírito humano, ao âmbito do vivido interior em contraposição ao exterior, mas ao que diz respeito à vida do Espírito – no Espírito Santo – de todo o ser humano e da realidade cristã em sua totalidade. Para Guilherme, o itinerário de fé narrado pelo Cântico é representado pelo crescimento e pela transfiguração do amor carnal em amor espiritual.

---

73. GREGÓRIO DE NISSA. *Omelie sul Cantico dei Cantici*. Bolonha: EDB, 1995.

74. GUILHERME DE SAINT-THIERRY. "Commento al Cantico dei cantici". In: SPINELLI, M. (org.). *Opere*. Vol. 4. Roma: Città Nuova, 2002 [Fonti medievali, 24].

Na Renascença, esse modo de ler o Cântico pode ser constatado também em Teresa de Ávila (155-1582). Ela tem consciência de não compreender total e exatamente o sentido do texto, mas persevera em sua leitura. Interessa-lhe, sobretudo, o benefício espiritual tangível e experimentável pelo leitor. É uma releitura do Cântico dos Cânticos que parte de sua experiência de amor por Jesus Cristo. O *Cântico espiritual* de São João da Cruz (1542-1591)[75] não é um comentário ao Cântico dos Cânticos, mas sua reescrita: o Cântico manifesta assim seu poder generativo.

Dentre os exegetas modernos, na Itália é Divo Barsotti (1914-2006) que lê o Cântico dos Cânticos numa perspectiva crística. O amor do homem pela mulher é típico e anuncia aquele amor que unirá para sempre Deus ao homem e o homem a Deus em Jesus Cristo. É nessa perspectiva que ele lê e medita o Cântico dos Cânticos.

Bibliografia comentada

Antiga interpretação hebraica do Cântico

Em língua italiana está disponível o *Targum* (antiga tradução aramaica do Cântico, redigida no século VI d.C., mas relativa a textos muito mais antigos, às vezes pré-cristãos):

PIATTELLI, A.A. (org.). *Targum Shir Hashirim (Parafrasi aramaica del Cantico dei Cantici)*. Roma, 1975.

Esta é uma interpretação alegórica do Cântico:

NERI, U. (org.). *Il Cantico dei Cantici* – Antica interpretazione ebraica. Roma: Città Nuova, 1976.

Autores modernos

Continuam uma interpretação alegórica e espiritual:

BARSOTTI, D. *Meditazione sul Cantico dei Cantici*. Bréscia: Queriniana, 1980 [Bibbia e Liturgia, 24].

BIANCHI, E. *Lontano da chi? Lontano da dove?* Turim: Gribaudi, 1997.

CHOURAQUI, A. *Il Cantico dei Cantici e introduzione ai Salmi*. Roma: Città Nuova, 1980.

---

75. SÃO JOÃO DA CRUZ. "Cantico spirituale B". In: *Opere*. Roma: Postulazione Generale dei Carmelitani Scalzi, 1967.

JIMÉNEZ HERNÁNDEZ, E. *Il Cantico dei Cantici* – Risonanze bibliche. Nápoles: Grafite, 1998.

LUZZATTO, A. *Una lettura ebraica del Cantico dei Cantici*. Florença: Giuntina, 1997 [Schulim Vogelmann, 61].

Uma leitura alegórico-tipológica do Cântico, que na relação entre homem (esposo) e mulher (esposa) vê evocada a história de Israel em sua relação com YHWH, se encontra no comentário:

COLOMBO, D. *Cantico dei Cantici*. Roma: Paoline, 1970 [Nuovissima versione della Bibbia, 21].

Fazem, entretanto, uma interpretação antropológica do Cântico:

ALONSO SCHÖKEL, L. *Il Cantico dei Cantici* – La dignità dell'amore. Casale Monferrato: Piemme, 1992 [I Libri biblici. Primo Testamento, 24].

BARBIERO, G. *Cantico dei Cantici* – Nuova versione, introduzione e commento. Milão: Paoline, 2003 [I Libri biblici – Primo Testamento, 24].

GARBINI, G. *Cantico dei cantici*. Bréscia: Paideia, 1992.

GARRONE, D. *Il Cantico dei cantici*. Turim: Claudina, 1979.

JENSON, R.W. *Cantico dei Cantici*. Turim: Claudiana, 2008 [Strumenti, 42] [orig. inglês: 2005].

MANNUCCI, V. *Sinfonia dell'amore sponsale* – Il Cantico dei Cantici. Bolonha: EDB, 1992.

MAZZINGHI, L. *Cantico dei cantici* – Introduzione, traduzione e commento. Cinisello Balsamo: San Paolo, 2011 [Nuova versione della Bibbia dai testi antichi, 22].

MORLA ASENSIO, V. *Poemi d'amore e di desiderio* – Il Cantico dei Cantici. Roma: Borla, 2006 [Itinerari biblici].

SIMOENS, S. *Il libro della pienezza: Il Cantico dei Cantici* – Una lettura antropológica e teologica. Bolonha: Dehoniane, 2005 [Collana biblica] [orig. francês: 2004].

Uma tentativa de unir a interpretação tradicional alegórica com a interpretação antropológica é:

LORENZIN, T. *Cantico dei Cantici* – Introduzione e commento. Pádua: Messaggero, 2001 [Dabar-Logos-Parola].

Textos de caráter espiritual e divulgativo

BONATO, V. *Il Cantico dei cantici* – Significato letterale, teologico e mistico. Bolonha: Dehoniane, 2009.

BONETTI, R.; ROTA SCALABRINI, P.; ZATTONI, M. & GILLINI, G. *Lezioni d'amore –* Leggono il Cantico dei Cantici una coppia, un esegeta, un pastoralista. Bréscia: Queriniana, 2000.

CANOPI, A.M. *Voglio cercare l'amato del mio cuore*. Casale Monferrato: Piemme, 2000.

COMUNIDADE DE CARESTO. *Cantico dei Cantici* – Lectio divina per sposi. Bolonha: EDB, 2000.

GIUDICI, M.P. *"Lectio divina" del Cantico dei Cantici*. Pádua: EMP, 1996.

YANNARAS, C. *Variazioni sul Cantico dei cantici*. Magnano: Qiqajon, 2012 [orig. grego: 1990].

Índice

Sumário, 5

Apresentação da coleção original italiana, 7

Introdução à literatura sapiencial, 11

A sabedoria do Oriente Médio Antigo, 12

A sabedoria egípcia, 13

A sabedoria dos sumérios, 15

A sabedoria assírio-babilônica, 15

A sabedoria siro-fenícia, 17

A sabedoria em Israel, 17

Definição da sabedoria, 17

Terminologia, 18

Delimitação da seção sapiencial, 18

Formas literárias, 19

1) Máximas, 19

2) Advertências, 20

3) Algumas máximas e advertências se distinguem por alguma expressão particular, 20

4) Instruções, 21

A língua: estética da palavra, 21

1) Paralelismo, 21

2) Paronomásia, 22

3) Justaposição, 22

Estilo sapiencial, 22

Características da sabedoria, 23

Conteúdos e lugares da sabedoria, 24

1) A sabedoria como conhecimento prático da vida, 24

2) As correntes fundamentais da tradição sapiencial, 25

O contexto histórico da tradição sapiencial, 27

O método sapiencial, 28

A sabedoria do Antigo Testamento no interior do caminho de fé de Israel, 29

1) Os profetas e a sabedoria, 29

2) As tradições históricas e a sabedoria, 30

3) A apocalíptica e sua sabedoria, 31

Bibliografia comentada, 31

Introduções gerais, 32

Outros textos úteis, 33

Provérbios, 35

Introdução, 35

Pesquisa moderna sobre os Provérbios, 35

Título do livro e colocação no cânon, 36

Dimensão literária, 36

Estrutura geral dos Provérbios, 37

Autor do livro e data de composição, 38

As fontes de Provérbios, 39

Leitura rápida, 40

Primeira parte: Pr 1–9, 40

Introdução ao livro (1,1-7), 40

Primeira instrução: o ensinamento dos pais (1,8-19), 40

Primeiro discurso da Sabedoria personificada (1,20-33), 41

Segunda instrução: os benefícios da sabedoria (2,1-22), 41

Terceira instrução: a fidelidade com o Senhor (3,1-12), 42

Quarta instrução: o valor da Sabedoria (3,13-26), 42

Quinta instrução: a reta conduta com o próximo (3,27-35), 42

Sexta instrução: a sabedoria transmitida oralmente (4,1-9), 43

Sétima instrução: a estrada dos justos e a estrada dos ímpios (4,10-27), 43

Oitava instrução: advertência contra a dama sabedoria (5,1-23), 43

Interlúdio: quatro instruções breves e autônomas (6,1-19), 44

Nona instrução: advertência contra o adultério (6,20-35), 44

Décima instrução: advertência contra a sedução (7,1-27), 44

Segundo discurso da Sabedoria personificada (8,1-36), 45

Dificuldade do discernimento: o banquete da Sabedoria e o banquete da Loucura (9,1-18), 46

Segunda Parte: Pr 10,1–31,9, 46

O sábio sabe reconhecer seu próprio lugar no mundo, 46

O sábio sabe distinguir o vício da virtude, 47

A sociedade vista com os olhos do sábio, 49

A relação do sábio com as riquezas do mundo, 50

A família do sábio, 51

O sábio e seus inimigos, 52

A relação do sábio com Deus, 53

Terceira parte: Pr 31,10-31, 54

Temáticas teológicas, 55

A dama Sabedoria e a senhora Loucura, 55

O sistema educacional em Israel, 58

Bibliografia comentada, 60

Comentários, 60

Textos de caráter divulgativo e espiritual, 61

Outros textos úteis, 61

Jó, 63

Introdução, 63

Título e origem do livro, 63

Autor, 63

Estrutura literária, 66

Época de composição, 68

Gênero literário, 69

Texto, 69

A localização no cânon, 69

O tema do justo sofredor no ambiente oriental, 70

Leitura rápida, 71

O prólogo (1–2), 71

Primeiro ciclo de diálogos (Jó 3–14), 71

Monólogo de Jó (3), 71

Intervenção de Elifaz (4–5), 72

Resposta de Jó (6–7), 72

Intervenção de Baldad (8), 72

Resposta de Jó (9–10), 73

Intervenção de Sofar (11), 73

Réplica de Jó (12–14), 73

Segundo ciclo de diálogos (Jó 15–21), 74

Segunda intervenção de Elifaz (15), 74

Discurso de réplica de Jó (16–17), 75

Segunda intervenção de Baldad (18), 76

Jó responde a Baldad (19), 76

Segunda intervenção de Sofar e réplica de Jó (20–21), 77

Terceiro ciclo de diálogos (Jó 22–27), 77

Jó (23–24), 77

Baldad (25), 78

Réplica de Jó (26–27), 78

Hino sobre a sabedoria (Jó 28), 78

Solilóquio de Jó (Jó 29–31), 79

Os discursos de Eliú (Jó 32–37), 80

O Senhor responde a Jó (Jó 38,1–42,6), 81

O epílogo (Jó 42,7-17), 82

Temáticas teológicas, 83

A reação de Jó diante da dor, 83

Fuga da realidade, 83

Luta com os amigos e com Deus, 83

Rumo à solução: silêncio e expectativa da bênção divina, 84

A busca de um novo rosto de Deus, 85

Não basta "ver", 85

Também não basta "refletir", 85

Urge "estar próximo de Deus" para "compreender" o seu plano salvífico, 86

Releitura do Livro de Jó na literatura patrística, 87

Bibliografia comentada, 89

Comentários, 89

Textos de caráter divulgativo e espiritual, 90

Outros textos úteis, 90

Eclesiastes (ou Coélet), 91

Introdução, 91

Um enigma para os comentaristas, 91

Autor e datação da obra, 91

Os interlocutores, 93

Linguagem e estilo do Eclesiastes, 93

O gênero literário, 94

A estrutura, 94

O Eclesiastes no cânon, 95

Leitura rápida, 96

O lema (Ecl 1,2), 97

Primeira parte: Que proveito? (Ecl 1,3–6,9), 97

A interrogação inicial (1,3), 97

Nada de novo debaixo do sol (1,4-11), 97

Fingimento real e o eu do sábio (1,12–2,26), 98

Há um tempo para cada coisa, mas qual é a vantagem? (3,1-15), 99

Vaidade do agir humano e temor de Deus (3,16–6,9), 99

1) Injustiça social e destino do homem (3,16-22), 100

2) Porque são preferíveis os mortos e não os vivos (4,1-3), 100

3) É bom trabalhar, mas com calma (4,4-6), 100

4) Melhor a companhia do que a solidão (4,7-12), 100

5) A parábola do príncipe pobre (4,13-16), 101

6) Sobre o culto e a religião (4,17–5,6), 101

7) A injustiça do Estado (5,7-8), 101

8) Vaidade das riquezas (5,9–6,9), 101

9) Unidade de transição: o homem diante do predefinido e do imprevisível (6,10-12), 102

Segunda parte: Coélet e a sabedoria tradicional (Ecl 7,1–11,6), 103

O que convém ao homem? (7,1-14), 103

É bom evitar os extremos (7,15-22), 103

A sabedoria é inalcançável (7,23–8,1a), 103

Os limites da sabedoria humana (8,1b–9,12), 104

1) Quem é o verdadeiro sábio (8,1b-9), 104

2) Uma antítese: justos e malvados (8,10-14), 104

3) Primeiras conclusões (8,15-17), 104

4) A incognoscibilidade do destino humano (9,1-12), 105

Força e vulnerabilidade da sabedoria (9,13–10,20), 105

O homem ignora o que pode acontecer (11,1-6), 106

O cântico final: juventude e velhice (Ecl 11,7–12,8), 107

O epílogo: elogio e defesa do mestre (Ecl 12,9-14), 108

Temáticas teológicas, 108

Por que vives?, 108

Hébel, 109

Alegria de viver, 109

Temor de Deus, 110

Uma sabedoria parcial, 111

Bibliografia comentada, 111

Comentários, 111

Textos de caráter mais divulgativo e espiritual, 112

Outros textos úteis, 113

Eclesiástico (ou Sirácida), 114

Introdução, 114

Autor e data de composição, 114

O homem Ben Sirac, 115

O problema textual, 116

O cânon, 117

Gêneros literários e modalidade de composição, 117

Estrutura, 119

Leitura rápida, 120

O portal teológico do Livro do Eclesiástico (Eclo 1–2), 120

Primeira parte: a sabedoria de Deus na vida do homem (Eclo 3,1–42,14), 122

O temor de Deus, princípio da sabedoria, 122

1) A sabedoria instrui seus filhos (4,11-19; 37,16-26), 122

2) Verdadeira e falsa vergonha (4,20-31; 41,14–42,8), 122

Pais e filhos, 123

1) Honra pai e mãe (3,1-6; 33,20-24), 123

2) Educação dos filhos (30,1-13), 123

3) Normas de temperança e de educação nos banquetes (31,12–32,13), 124

4) Os servos (33,25-33; 7,20-21), 124

Relações humanas, 124

1) Humildade e caridade (3,17–4,10), 125

2) Verdadeira e falsa amizade (6,5-17; 9,10; 11,29-34; 22,19-26; 37,1-6), 125

3) O conselheiro e a consciência (37,7-17), 125

4) Prudência no relacionamento com os outros (8,1-19), 126

Relacionamentos com as mulheres, 126

1) Conselhos acerca do comportamento com as mulheres (9,1-9), 126

2) Mulheres más e mulheres virtuosas (25,13–26,27), 127

3) A escolha da mulher (36,20-27), 127

4) Preocupações de um pai com sua filha (42,9-14), 128

A glória, 128

1) Os governantes e o pecado de orgulho (9,17–10,18), 128

2) A verdadeira glória do homem (10,19-31), 128

3) Deus não olha as aparências (11,1-28), 129

4) Prudência com o inimigo (11,29–12,18), 129

As riquezas, 129

1) Falsa segurança (5,1-8), 129

2) Ricos e pobres (13,1–14,2), 129

3) O avarento e o generoso (14,3-19; 20,9-17), 130

4) Empréstimos e garantias (29,1-20), 130

5) Viver de esmolas (29,21-28; 40,28-30), 130

6) A preocupação com as riquezas é idolatria (31,1-11), 130

Saúde, doença e morte, 130

1) Saúde da alma e do corpo (30,14-25; 37,27–38,15), 131

2) A morte (38,16-23; 41,1-13), 131

3) Alegrias e misérias da vida humana (40,1-27), 131

Frutos do pecado, 132

1) Não semear nas ranhuras da injustiça (7,1-36),132

2) O pecado não vem de Deus (15,11-20), 132

3) As consequências do pecado (16,1-23; 21,1-28), 132

4) A correção de Deus (22,27–23,27), 133

A sabedoria na criação, 133

1) A busca da sabedoria (6,18-37), 133

2) O elogio da Sabedoria (24,1-34), 134

Manifestações da Sabedoria, 135

1) O dom do discernimento (18,8-33), 135

2) Domínio da língua (19,4-17; 5,9-15), 136

3) Ser sábios não significa ser astutos (19,18-27), 136

4) Calar e falar (20,1-31; 5,14–6,1), 136

Outras manifestações da sabedoria, 136

1) Máximas (25,1-11), 136

2) A verdade no falar (27,8-24), 137

3) Na culpa existe a pena (27,30–28,26), 137

A busca de Deus, 137

1) A manhã, tempo de graça (32,14–33,6), 137

2) Diferença entre dias e seres da criação (33,7-19), 137

3) Sonhos, viagens e experiência humana (34,1-17), 138

4) Busca de Deus no culto (34,18–35,26; 7,9-10), 138

5) O artesão e o escriba (38,24–39,16), 138

6) Canto de louvor à sabedoria de Deus (39,16-35), 139

Segunda parte: A glória do Senhor no mundo e na história (Eclo 42,15–50,24[29]), 139

A glória do Senhor no mundo (42,15–43,33), 139

O elogio dos antepassados (44,1–50,24[29]), 140

Apêndices (51,1-30), 142

Temáticas teológicas, 142

Sabedoria, temor do Senhor e Lei, 142

Criação e história, 144

Um olhar responsável sobre o cotidiano, 144

Bibliografia comentada, 144

Comentários, 144

Textos de caráter divulgativo, 145

Textos de aprofundamento, 145

Livro da Sabedoria, 147

Introdução, 147

Título, 147

Autor, 147

Data e lugar, 148

Destinatário do livro, 148

O gênero literário, 149

Estrutura e unidade do livro, 150

Leitura rápida, 152

Primeira parte: o futuro do homem (Sb 1,1–6,21), 152

Exortação a seguir a justiça (1,1-15), 152

O projeto dos ímpios (1,16–2,24), 153

1) A participação nos grupos festivos (1,16–2,9), 153

2) Eliminação dos obstáculos à vida alegre dos ímpios (2,10-22), 154

3) O projeto de Deus é a vida (2,23-24), 154

O destino do justo e o do ímpio (3–4), 154

1) A prova dos justos e o castigo dos ímpios (3,1-12), 155

2) A esterilidade contra a fecundidade (3,13–4,6), 155

3) A morte prematura do justo (4,7-20), 155

Ímpios e justos no juízo escatológico (cap. 5), 156

1) Discurso dos ímpios (5,4-13), 156

2) Reflexões do autor (5,14-23), 156

Novo apelo a seguir a sabedoria (6,1-21), 156

Segunda parte: o presente (6,22–9,18), 156

Introdução (6,22-25), 157

Elogio da sabedoria (7,1–8,21), 157

1) A sabedoria é um dom de Deus (7,1-12), 157

2) A sabedoria e Deus (7,13-21a), 157

3) A sabedoria em suas perfeições (7,21b–8,1), 157

4) A sabedoria possui todos os bens desejáveis (8,2-9), 158

5) A sabedoria é a melhor companheira do justo (8,10-16), 158

6) A sabedoria é puro dom de Deus (8,17-21), 158

Oração de Salomão para obter a sabedoria (cap. 9), 158

Terceira parte: a sabedoria no passado (10–19), 159

O papel da sabedoria das origens ao êxodo (10), 159

Juízo de Deus sobre a história (11–19), 160

1) Introdução e tema da reflexão sobre o êxodo (11,1-5), 160

2) Primeira antítese: água da rocha, águas do Nilo ensanguenta-das (11,6-14), 161

3) Primeira digressão: magnanimidade de Deus onipotente para com o Egito e Canaã (11,15–12,27), 161

4) Segunda digressão: a idolatria (13–15), 162

   a) Culto da natureza (13,1-9), 162

   b) Acusação à idolatria (13,10–15,13), 163

   c) A zoolatria egípcia (15,14-19), 163

5) Segunda antítese: praga dos animais e dom das codornizes (16,1-4), 164

6) Terceira antítese: picadas das serpentes no deserto e praga dos insetos (16,5-14), 164

7) Quarta antítese: a praga do granizo e o dom do maná do céu (16,15-29), 164

8) Quinta antítese: a praga das trevas e a luz da Lei (17,1–18,4), 165

9) Sexta antítese: morte dos primogênitos egípcios e libertação de Israel na noite da Páscoa (18,5-25), 166

10) Sétima antítese: morte dos egípcios e libertação dos israelitas no juízo do mar (19,1-22), 166

Temáticas teológicas, 168

  O que é a sabedoria no presente?, 168

  O que foi a sabedoria no passado?, 168

  Qual será o fruto da sabedoria no futuro do homem?, 169

  A Sabedoria como esposa a ser escolhida e amada, 170

  A releitura midráxica do êxodo, 171

  O Livro da Sabedoria como guia à inculturação da fé, 172

Bibliografia comentada, 172

  Comentários, 172

Textos de caráter divulgativo e espiritual, 173

Outros textos úteis, 173

A literatura sapiencial e a teologia, 175

A sabedoria é humana ou divina?, 175

A sabedoria como busca da ordem, 176

Sabedoria e criação, 176

Limites da Sabedoria, 177

Criação e história, 178

Vida moral e retribuição, 178

Quem é a sabedoria?, 180

Jó 28, 180

Provérbios 1,20-33; 8; 9,1-6, 181

Eclesiástico 1,1-10; 24, 181

Sabedoria 7–9, 182

Conclusão, 182

Os Livros Sapienciais e o Novo Testamento, 182

O Livro dos Salmos, 185

Introdução, 185

A numeração e o nome, 185

O texto dos Salmos e versões antigas, 187

Sobrescritos ou cabeçalhos dos Salmos, 188

Dimensão retórica e poética dos Salmos, 189

1) Paralelismo, 189

2) Outros procedimentos estilísticos, 190

3) Ritmo, 191

4) Imagens, 191

Os principais gêneros literários do Saltério, 193

1) Súplicas, 194

2) Os Salmos de louvor, 197

a) Salmos de ação de graças, 197

b) Hinos, 198

Da exegese dos Salmos à exegese do Saltério, 199

Leitura contínua do Saltério: algumas técnicas de conexão entre os Salmos, 201

O Saltério, partitura musical da vida, 205

A estrutura do Saltério, 206

Leitura rápida, 207

O Primeiro Livro dos Salmos (Sl 3–41), 208

Um caminho na noite do sofrimento e da pobreza (3–14), 208

A comunidade de Israel descobre o rosto do Senhor e a própria missão no mundo (25–34), 209

Os problemas continuam (35–41), 210

Conclusão, 210

O Segundo Livro dos Salmos (Sl 42–72), 211

Primeira unidade: os Salmos de Coré (42–49), 211

O segundo Saltério davídico (51–72), 212

1) Jerusalém, transformada em cidade do caos, o Senhor é lugar de refúgio: quatro Salmos *maskíl* (52–55), 212

2) O sofrimento de uma comunidade fiel à própria identidade: os cinco Salmos de *miktám* (56–60), 213

3) A espiritualidade dos justos (61–64), 213

4) O louvor após o silêncio: os quatro Salmos shir (65–68), 214

5) As esperanças da comunidade são postas no futuro rei messias (69–72), 214

O Terceiro Livro dos Salmos (Sl 73–89), 215

Os Salmos de Asaf (73–83), 215

Ainda à espera de uma resposta do Senhor (84–89), 217

O Quarto Livro dos Salmos (Sl 90–106), 217

Primeira resposta à falência da dinastia davídica (90–94), 218

Segunda resposta à falência da dinastia davídica (95–100), 218

Terceira resposta à falência da dinastia davídica (101–106), 219

O Quinto Livro dos Salmos (Sl 107–145), 219

Uma comunidade do pós-exílio na expectativa do messias (107–112), 220

Os cânticos para a Páscoa (113–118), 221

Uma meditação sobre a Lei do Senhor (Sl 119), 222

O Saltério dos peregrinos (120–134), 223

O Grande *Hallél* (135–136), 224

Os cânticos de Sião não podem ser cantados no exílio (137), 224

O futuro Davi (138–145), 225

Doxologia final (Sl 146–150), 225

Temáticas teológicas, 227

O Saltério palavra de Deus ao homem, 227

1) Leitura sapiencial: o Saltério como Torá de Davi, 227

2) Leitura davídica do Saltério, 229

3) Leitura messiânica do Saltério, 230

4) Leitura teocrática do Saltério, 231

5) Leitura do Saltério como "peregrinação espiritual" a Sião, 232

Leitura cristã do Saltério, 233

O saltério palavra do homem a Deus, 234

1) A oração dos Salmos como busca de um refúgio no Senhor, 234

2) A oração dos Salmos é um louvor a Deus no coração da noite, 235

3) A oração dos Salmos tem uma força terapêutica: os assim chamados Salmos imprecatórios, 236

A oração no Antigo Testamento, 238

Bibliografia comentada, 245

O texto hebraico, 245

Introduções, 245

Comentários, 245

Mundo hebraico, 246

Comentários de tipo litúrgico, 247

Estudos particulares, 247

Cântico dos Cânticos, 249

Introdução, 249

A denominação e a posição no cânon, 249

Texto e versões, 250

O contexto histórico, 250

A linguagem poética, 251

As interpretações, 251

Leitura espiritual alegórica do Cântico, 252

Leitura literal antropológica do Cântico, 252

Uma leitura que aproveite o sentido literal e alegórico, 253

Estrutura do Cântico, 255

Leitura rápida, 256

Prólogo: o perfume guia na busca do amor (1,1-4), 256

Condições para iniciar o caminho rumo ao amor (1,5-8), 257

O amor é um perfume de mirra que sobe ao céu (1,9–2,3), 257

Tudo posso naquele que me dá força (2,4-7), 257

Tempo de amor romântico, tempo de liberdade (2,8-17), 258

O amor, um tesouro a ser buscado (3,1-5), 258

O amor, uma liteira contra os medos da noite (3,6-11), 258

Convite a sair da solidão para encontrar o amor (4,1–5,1), 259

As provas do amor (5,2–6,3), 259

O amor não suporta o meio-termo (6,4-9), 260

O amor é uma boa notícia para a comunidade (6,10-12), 260

O ser feminino se realiza no amor (7,1-10), 260

Superação da maldição da mulher (7,11-14), 260

A nova Eva reaprende a arte do amor (8,1-4), 261

O amor abre caminhos através da barreira da morte (8,5-7), 261

Somente o amor faz entrar na festa eterna (8,8-14), 262

Temáticas teológicas, 262

O Cântico dos Cânticos é uma boa notícia, 262

A veste de glória reencontrada, 263

O sentido cristão do Cântico dos Cânticos, 264

Bibliografia comentada, 266

Antiga interpretação hebraica do Cântico, 266

Autores modernos, 266

Textos de caráter espiritual e divulgativo, 268

Coleção Introdução aos Estudos Bíblicos

- *Livros Proféticos*
Patrizio Rota Scalabrini
- *Introdução geral às Escrituras*
Michelangelo Priotto
- *Cartas paulinas*
Antonio Pitta
- *Livros Históricos*
Flavio Dalla Vecchia
- *Livros Sapienciais e Poéticos*
Tiziano Lorezin
- *Cartas deuteropaulinas e cartas católicas*
Aldo Martin, Carlo Broccardo e Maurizio Girolami
- *Pentateuco*
Germano Galvagno e Federico Giuntoli
- *Literatura joanina*
Claudio Doglio

CULTURAL

Administração
Antropologia
Biografias
Comunicação
Dinâmicas e Jogos
Ecologia e Meio Ambiente
Educação e Pedagogia
Filosofia
História
Letras e Literatura
Obras de referência
Política
Psicologia
Saúde e Nutrição
Serviço Social e Trabalho
Sociologia

CATEQUÉTICO PASTORAL

Catequese
Geral
Crisma
Primeira Eucaristia

Pastoral
Geral
Sacramental
Familiar
Social
Ensino Religioso Escolar

TEOLÓGICO ESPIRITUAL

Biografias
Devocionários
Espiritualidade e Mística
Espiritualidade Mariana
Franciscanismo
Autoconhecimento
Liturgia
Obras de referência
Sagrada Escritura e Livros Apócrifos

Teologia
Bíblica
Histórica
Prática
Sistemática

REVISTAS

Concilium
Estudos Bíblicos
Grande Sinal
REB (Revista Eclesiástica Brasileira)

VOZES NOBILIS

Uma linha editorial especial, com importantes autores, alto valor agregado e qualidade superior.

VOZES DE BOLSO

Obras clássicas de Ciências Humanas em formato de bolso.

PRODUTOS SAZONAIS

Folhinha do Sagrado Coração de Jesus
Calendário de mesa do Sagrado Coração de Jesus
Agenda do Sagrado Coração de Jesus
Almanaque Santo Antônio
Agendinha
Diário Vozes
Meditações para o dia a dia
Encontro diário com Deus
Guia Litúrgico

CADASTRE-SE
www.vozes.com.br

EDITORA VOZES LTDA.
Rua Frei Luís, 100 – Centro – Cep 25689-900 – Petrópolis, RJ
Tel.: (24) 2233-9000 – Fax: (24) 2231-4676 – E-mail: vendas@vozes.com.br

UNIDADES NO BRASIL: Belo Horizonte, MG – Brasília, DF – Campinas, SP – Cuiabá, MT
Curitiba, PR – Fortaleza, CE – Goiânia, GO – Juiz de Fora, MG
Manaus, AM – Petrópolis, RJ – Porto Alegre, RS – Recife, PE – Rio de Janeiro, RJ
Salvador, BA – São Paulo, SP